디지털 폴리스

디지털 폴리스 : 디지털 플랫폼, 유토피아, 공동체
Digital Polis : Digital Platforms, Utopias, Communities

지은이	김은주, 김태연, 노대원, 배주연, 유인혁, 이양숙, 이현재, 채석진, 홍남희
펴낸이	조정환
책임운영	신은주
편집	김정연
디자인	조문영
홍보	김하은
프리뷰	박서연
초판 인쇄	2024년 8월 20일
초판 발행	2024년 8월 23일
종이	타라유통
인쇄	예원프린팅
라미네이팅	금성산업
제본	바다제책
ISBN	978-89-6195-356-6 93300
도서분류	1. 사회학 2. 인문학 3. 철학 4. 문화이론
값	24,000원
펴낸곳	도서출판 갈무리
등록일	1994. 3. 3.
등록번호	제17-0161호
주소	서울 마포구 동교로18길 9-13 2층
전화	02-325-1485
팩스	070-4275-0674
웹사이트	www.galmuri.co.kr
이메일	galmuri94@gmail.com

이 저서는 2022년 대한민국 교육부와 한국연구재단의
지원을 받아 수행된 연구이며(NRF-2022S1A5C2A02093521),
서울시립대학교 도시인문학총서 28권으로 출판되었습니다.

This work was supported by the Ministry of Education of the Republic of Korea
and the National Research Foundation of Korea(NRF-2022S1A5C2A02093521).

일러두기

단행본, 전집, 정기간행물,
보고서, 언론사에는 겹낫표(『』)를,
논문, 논설, 기고문, 기사, 텔레비전
이나 유튜브 방송의 제목, SNS
포스팅 제목 등에는 홑낫표(「」)를,
단체, 학회, 협회, 연구소, 유튜브
계정, 텔레비전 프로그램 이름,
전시, 공연물, 학술대회 제목에는
가랑이표(〈 〉)를 사용하였다.

디지털 폴리스, 새로운 공동체의 모색

포스트 메트로폴리스에서 디지털 폴리스로

동시대의 도시는 도시와 비도시, 공간과 비공간, 자연적인 것과 인공적인 것 간의 경계를 와해시키고 융합하는 관계적 공간이자, 에드워드 소자가 칭한 "포스트 메트로폴리스"로 이행하였다(소자 2018). 산업자본주의 도시이자 현대의 거대 도시인 메트로폴리스와는 달리 포스트 메트로폴리스는 근대적 도시 개념을 해체한다. 포스트 메트로폴리스는 디지털 기술과 글로벌 자본에 의해 재구성되는 새로운 도시 개념을 제안한다.

포스트 메트로폴리스는 포스트모던 조건에 따라 변화하는 메트로폴리스와 관련이 있으면서도, 분명한 경계를 갖는 하나의 도시 단위인 메트로폴리스와는 달리 도시와 연계되어 존재하는 권역region으로 제시된다. 이러한 포스트 메트로폴리스는 분절되고 양극화된 도시인 프랙털 도시이자, 경제 불평등이 야기한 사회적 양극화가 계급적, 민족적, 인종적인 교차와 함께 '혼종성'으로서 등장하는 장소이다. 무엇보다 포스트 메트로폴리스는 통치와 거버넌스의 재구조화를 통해서 사회적 통제 및 금지와 관련된 도시문화를 창출하며, 계급과 계층으로 구분 지어진 정교한 감시와 경찰 체계를 갖춘 요새 도시로 재구조화되기도 한다.

하지만 포스트 메트로폴리스의 가장 중요한 특징은 도시의 삶을 실재적이면서도 상상계적imaginary인 하이퍼-리얼리티hyper-reality로서 제시한다는 점이다. 도시에서의 삶은 물리적 공간에서 살아질 뿐만 아니라 사이버 공간에서도 진행된다. 다시 말해, 포스트-메트로폴리스는 점차 기술 매개적 도시 공간이 된다. 디지털 기술을 통해서, 그리고 인간·사물·정보·이미지의 다양한 이동을 통해서, 복잡한 디지털 네트워크로서의 도시 공간이 생성된다.

디지털 네트워크의 초연결·초지능·초현실의 특징은, 도시 공간을 물리적 거리와 무관하게 상호작용하는 배치의 효과로 생겨나는 비유클리드의 관계망으로 만든다. 디지털 기술과 소프트웨어 알고리즘 코드에 기반을 둔 자동화로 도시 운영이 가능해지면서 도시 자체가 기술화된다. 따라서 도시 공간의 매체 환경과 기술 환경의 변화로 인해, 인간 존재 조건과 도시문화 그리고 도시성은 급진적으로 변화하며, 포스트 메트로폴리스는 디지털화되고 도시는 디지털 매체로서 작동하게 된다.

이러한 점에서 포스트 메트로폴리스는 포스트모던적 조건을 넘어 인간과 비인간의 혼종적 연결인 포스트 휴먼의 조건으로의 이행이다. 포스트 메트로폴리스는 디지털 기술과 매개된 도시이자 새로운 도시 공동체의 형상인 디지털 폴리스로 칭해질 수 있다. 디지털 폴리스는 디지털 매체로 작동할 뿐만 아니라, 그 자체로 디지털 매체가 되는 도시이다. 이러한 디지털 폴리스의 공간은 사물과 사물 혹은 인간과 사물의 경계와 사이에서 접촉할 수 있는 인터페이스 차원으로 기능한다(김은주 외 2021, 15). 디지털 폴리스에서 도시의 삶과 경험, 문제 인식과 해결은 디지털 플랫폼 상에서 진행되는 디지털 도시성으로 나타난다.

이러한 디지털 폴리스를 쉽게 표현하는 낱말은, 기술만능주의의 낙관을 바탕으로 효율이 극대화되리라 상상하는, 자동화된 '스마트 시티'의 미래이다. 하지만 스마트 시티와 디지털 폴리스를 동일시할 경우, 도시의 재난과 위험을 조절한다는 명목으로 디지털 기술을 도시 통치술의 도구 장치로만 사용하고, 그로 인해 안전을 지향하는 빗장 공동체gated community가 될 가능성이 높아진다.

디지털 폴리스와 도시 인문학의 통섭적 접근

코로나19 팬데믹과 포스트 팬데믹의 상황은 우리로 하여금 디지털 폴리스의 작동과 작용을 몸소 체험하고 통과하게 했을 뿐 아니라, 디지털 폴리스를 작동시키는 디지털 플랫폼에 대한 우리의 의존성을 높이고 새로운 디지털 도시성의 출현을 목도하게 했다.

또한 디지털 기술 혁신은 기술의 접근과 활용에 따른 경제적 구조의 양극화를 심화시키고 공동체의 '사회 정치적' 의미를 재가치화하고 있다. 인공지능과 네트워크 기술의 결합은 친밀성의 관계에서 사회적 관계에 이르기까지 미래의 인간관계와 공동체에 큰 변화를 일으킬 것이 분명하다. 또한, 트랜스 휴머니즘을 중심으로 주류 과학 담론이 표방하는 기술 낙관론과 근대적 인간중심주의를 유지하려는 시도에 관한 비판적 검토 역시 필요하다. 이는 지구 행성이라는 거주지와 도시의 연결성을 이해하면서 생태 위기,

기후 위기를 인식하고, 포스트 휴먼의 관점에서 동시대 도시 공간의 복합적이고 역동적인 양상을 분석·성찰할 필요성을 제기한다.

이를 위해, 이 책은 '디지털 폴리스, 새로운 공동체의 모색'을 큰 주제로 삼아, 디지털 플랫폼과 문화 생산, 유토피아 이후의 '유토피아'와 재현, 디지털 폴리스 그리고 공동체라는 세 개의 소주제를 다룬다. 이 책은 우선 디지털 플랫폼을 디지털 도시성과 문화 생산의 관계 측면에서 다루면서, 디지털 폴리스를 기술 유토피아로 이해하는 관점과 거리를 두며 '유토피아'에 내포된 두 가지 의미인 '좋은 곳'eu-topia과 '없는 곳'ou-topia의 의미를 살핀다. 그리하여 인류세와 더불어 미래 도시의 이상에 대해 비판적으로 접근하고자 한다.

이 책의 최종적 의도는 디지털 기술로 인한 인간 존재의 변화와 디지털 도시성의 변화가 어떻게 공동체를 달라지게 했으며, 그로 인해 어떤 공동체가 생겨날 수 있는지를 탐구하는 것이다. 이러한 탐구는 통섭을 지향하는 도시 인문학의 방법론을 따르며, 연구 대상으로서의 도시가 인간과 세계에 대한 인문적 이해 방식 및 가치 생성과 결코 분리 불가능함을 재확인하는 것이기도 하다. 동시대 도시에서의 삶이 새로운 기술로 인해 급격히 변화하는 오늘날, 도시 인문학의 통섭적 접근은 디지털 폴리스라는 새로운 개념을 둘러싼 다양한 이론적·학제적·방법론적 접근과 담론을 생산하고 그 사회적 결과물들을 '인문학'적 지평에서 제시할 것이다.

이 책의 세부 내용은 다음과 같다.

1부 '디지털 플랫폼과 문화 생산'의 첫 번째 글 「기다리는 시간 제거하기 : 자동화된 노동의 가시성, 시간성, 취약성」에서 채석진은 음식 배달 앱 경제 속에서 기다리는 시간이 어떻게 가치 창출을 위해 재조립되며, 삶의 취약성이 심화하고 있는지 기술한다. 채석진은 '음식 배달 앱 이동 노동' 현장 연구에 기반해, 플랫폼 경제의 작동을 '시간 줄이기'에 초점을 맞추어 분석한다. 이 글에 따르면, 플랫폼에 연결된 각각의 행위자는 자신의 이해에 기반해 시간 통제의 능력 향상을 추구한다. 그러나 그와 같은 노력이 오히려 기대와는 반대의 결과를 산출한다. 그뿐 아니라 공동체의 삶에서 상호 돌봄과 존중을 사라지게 하며, 불평등을 심화시키면서 공동체의 구성원들을 더욱더 취약하게 만든다.

홍남희의 「매개된 유토피아와 진정성의 탐색 : 귀촌 브이로그를 통해 본 청년의 삶-노동 에토스」에서는 동시대 청년들의 귀촌 브이로그를 분석하면서 청년의 귀촌과 그것의 중계가 갖는 의미를 탐색한다. 청년의 귀촌은 당대의 도시성 및 매체성의 변화와 결부되는 사회적 현상으로 첫째, 도시적 삶과 신자유주의 '생존자 모델'에 대한 회의를 기반으로 진정한 나를 찾는 여정과 연관된다. 둘째, 청년의 귀촌은 진정한 삶의 의미와 도시적 삶의 대안을 찾고자 하는 문화 귀촌의 성격을 갖는다. 셋째, 청년의 귀촌은 퇴사, 탈도시, 창업, 노동, 빚 등을 포함해 결혼, 직업, 자아 및 세계관과 관련한 서사로 이어지는 자아 프로젝트를 브이로그를 통해 중계하면서 진정성을 연출하는 과정으로 나타난다. 나에게 의미 있는 일, 진정한 나, 내가 좋아하는 일을 찾는 진정성 추구의 과정과 브이로그를 통한 귀촌의 재현은 도시/자연, 일상과 자기와의 관계를 새롭게 구성해 가며 유튜브 알고리즘을 통해 또래 청년들의 비슷한 욕망과 충동을 자극하는 유토피아적 재현의 순환으로 나타난다. 이는 회사 인간의 거부라는 차원에서 시작되지만 끊임없는 자기계발과 새로운 노동에의 종속 등으로 나타나 청년 노동자의 새로운 삶-노동 에토스를 발전시키고 있다.

세 번째 글 「가상 세계 대^對 '현생', 혹은 다중 세계를 횡단하기 : 〈내언니전지현과 나〉와 유저들의 생존기」에서 배주연은 "국내 최초 유저 제작 게임 다큐멘터리" 〈내언니전지현과 나〉가 구현하는 현실 세계와 가상 세계의 관계를 살핀다. 또 디지털 장소로서 가상 세계가 갖는 의미, 장소 상실에 대처하는 유저들의 행위, 현실 세계 및 가상 세계와 관계 맺는 오늘날의 주체의 문제, '기술사회적 매개'technosocial medium로서의 동시대 도시 등을 살펴본다. 〈내언니전지현과 나〉는 이른바 '망겜(망한 게임)'으로 불리는 넥슨의 〈일랜시아〉 유저들을 다룬 다큐멘터리 영화로, 박윤진 감독은 〈일랜시아〉 게임 안에서 '마님은돌쇠만쌀줘'라는 길드의 마스터로 활동하고 있다. 이 영화는 게임 속 캐릭터와 감독 자신이 분리되지 않는다는 점에서 거리 두기의 실패를 향한 여정이기도 하다. 영화는 현실과 가상 세계가 분리 불가능하다거나 어느 한쪽이 다른 한쪽을 반영하고 있다기보다는 오늘날의 사회에서는 주체들이 다중 세계를 동시적으로 경험한다는 것을 보여준다. 배주연은 폐허가 된 공동체에 여전히 남아있는 이들이 디지털 공간을 장소로 전유하고 있음을 밝히고, 가상과 현실을 횡단하는 오늘날의 디지털 주체를 다중세계적 주체로 명명하면서 디지털 폴리스의 주체성 문제를 탐색한다.

2부 '유토피아 이후의 "유토피아"와 재현'을 여는 첫 번째 글 「진보 없는 시대의 유토피아 : 타임루프 장르의 서사학적·기술문화적 맥락과 이데올로기 연구」에서 유인혁은 한국 타임루프 장르의 문화적 의미에 착목한다. 한국에서 타임루프 장르는 2010년대 이후 본격적으로 재생산되고 있다. 이 형식이 탈근대적 조건의 시공간을 재현하고 있으며, 진보로 대표되는 근대적 시간관·역사관을 부정하는 측면이 있음을 이 글은 논증한다. 유인혁은 타임루프 장르가 반서사학적 측면을 가지고 있다는 점을 강조하며 타임루프 장르가 '게임 형식의 서사화'의 성격을 가진다는 점을 보여준다. 그러면서 타임루프 장르의 서사학적·기술문화적 맥락이 어떠한 이데올로기적 차원을 가지고 있는지 제시한다. 타임루프에서 시간성의 교란은 미래에 대한 전망을 갖기 어렵다는 현실 인식과 연결되어 있다. 그리고 비디오 게임은 재시작을 통해 최소한의 기회를 제공하는 유토피아적인 세계로서 재현되고 있다. 여기서 핵심은 타임루프 장르에 아로새겨진 욕망이 '비현실적'이며 따라서 현실 도피적이라는 것이 아니다. 오히려 타임루프 장르는 진보에 대한 전망을 갖기 어려운 환경 속에서, 불합리한 환경을 극복할 가능성과 기회를 상징적으로 요구하는 서사로 이해할 수 있다.

2부의 두 번째 글인 이양숙의 「인류세 시대의 유스토피아와 사이보그-'되기':『지구 끝의 온실』을 중심으로」는 김초엽의 첫 장편소설『지구 끝의 온실』을 분석한다. 이양숙은 이 소설이 과학기술에 대한 맹신과 인간 중심적 과학의 사용으로 빚어진 행성적 기후 위기를 전제한다는 점에 착목한다. 더 이상 인간의 편에 서 있는 '선한' 지구가 아니라 인간의 파괴적인 행동에 대해 행위자로 반응하는 지구와, 인간이 관여할 수 없는 사물의 법칙이 관철되는 작금의 상황은, 인간도 다른 지구 위의 사물이나 생명체들과 마찬가지로 지구의 일부에 불과하다는 인류세적 문제의식을 던져준다는 것이다. 이 글은『지구 끝의 온실』에서의 레이첼이라는 식물학자의 사이보그-'되기'를 인간과 사물, 인간과 비인간 사이의 차이와 위계에 대한 강력한 문제제기로 읽는다. 그리고 사이보그-되기를 계기로 더스트 폴이라는 디스토피아가 인간과 사물, 과학기술들과의 무수한 연결망을 만들어내며 재건된 지구공동체를 조망한다.

2부의 세 번째 글은 김태연의 「중화미래주의Sinofuturism, 디지털 유토피아와 테크노 오리엔탈리즘 사이에서」이다. 이 글은 디지털 시대에 접어들어 중국이 기술 영역에서 빠른 속도로 부상하면서 중국의 이미지가 변화하게 된 것에서 시작한다. 기존의 노동집약적 저개발 국가라는 이미지로부터 디지털 시대에 첨단 기술을 앞세워 패권을 장악하려는 국가라는 이미지로 중국의 이미지가 달라진 것이다. 하지만 이 이미지에는 두 가지 측면이 공존한다. 하나는 중국이 만들어 내는 '디지털 유토피아' 이미지이고, 또 하나는 서구에서 만들어 내는 '디지털 디스토피아'의 이미지다. 김태연은 이러한 상반된 견해를 '테크노 오리엔탈리즘'이라는 시각 속에서 점검한 뒤, 중국의 미래 담론 중에서 '중화미래주의'라는 개념을 탐구한다. 특히 미디어 아티스트 로렌스 렉Lawrence Lek의 작품 〈중화미래주의(1839-2046 AD)〉에 대한 텍스트 분석을 통해 중화미래주의 담론의 심층적 의미에 대해 문화연구의 시각에서 접근한다.

3부 '디지털 폴리스 그리고 공동체'의 첫 번째 글 「디지털 시대의 혐오: 자아상실의 공포와 상상계적 봉합」에서 이현재는 지그문트 프로이트의 "두려운 낯섦", 줄리아 크리스테바의 "비체" 그리고 자끄 라캉의 "거울단계"를 분석하고 연결한다. 그러면서 혐오가 자아상실의 공포를 상상계적으로 봉합하는 가운데 행해지는 것임을 보여준다. 프로이트와 크리스테바를 분석하는 이 글은 혐오의 감정이 신체적 자아의 파편화 및 비체성을 마주하게 될 때의 기이한 공포와 밀접하게 연결되어 있음을 분석한다. 그리고 에드워드 소자와 셀레스테 올랄퀴아가를 통해 탈영역화와 혼종화가 본격화되는 디지털 시대의 조건이 자아상실의 공포와 더불어 정신쇠약을 부추기는 경향이 있음을 제시한다. 이 글에서 이현재는 자아상실의 공포에 휩싸인 자들은 디지털 거울에서 발견되는 통일된 자아 이미지를 통해 파편화된 에고를 상상계적으로 봉합함으로써 이 공포에 대응하며, 파편화된 자아 및 비체를 배제하려는 혐오감을 드러낸다고 주장한다.

3부의 두 번째 글은 노대원의 「기후 위기 시대의 인공지능: 한국 SF에 나타난 AI와 기후 위기의 서사」이다. 노대원이 말하는 인류세 서사란 기후 위기나 지구 행성의 곤경을 다루는 SF 장르나 특정 문학 텍스트의 경향을 지칭하기보다는 그러한 문학적 장르/서사를 포함하되, 과학기술에서부터 국가 정책과 시민들의 실천, 그리고 현실의 삶에 관여되는 담론과 서사까지를 모두 지칭하는 표현이다. 이 글은 이러한 관점에서 특별히 기후 위기와 AI의 문제를 함께 다룬 한국 SF 서사에 초점을 맞추어 비판적으로 분석한다. 노대원은 이 글에서 텍스트 바깥의 (컨)텍스트를 강조하고자 한다. 즉, 이 글에 따르면 기후 위기 속의 AI 서사는 과학기술 담론과 정책, 기술자본-테크기업이 만들어

내는 실제 기술과 이미지, 언론매체와 사회적 담론으로도 유통되고 확산된다. 또한, 기후 위기 속의 AI 서사는 다른 서사들과 경합하고, 기후 위기와 AI 시대의 현실을 바라보는 서사의 생산자-향유자 각각에게로 영향을 미친다. 이 글은 세계에 대한 파국과 구원의 서사를 상상하도록 한다는 점에서 기후 위기와 AI 서사의 강력한 서사적, 수사적 힘(효과)을 긍정한다.

3부의 마지막 글은 김은주의 「사물들의 플랫폼으로서의 디지털 폴리스와 블랙박스를 펼치는 사물의 정치」이다. 김은주는 인류세를 근대성의 산물로 이해하고 이를 비판한다. 그러면서 근대성이 상정한 선형적 역사의 발전상인 기술 유토피아라는 상에서 벗어난 디지털 폴리스의 상을 모색한다. 이를 위해, 사물로의 전회와 행위자 네트워크 이론을 통과해 디지털 폴리스를 사물들의 플랫폼으로 제시하고, 블랙박스화와 디지털 행위 경관을 디지털 폴리스의 한 양상으로 설명한다. 그러면서 디지털 폴리스라는 공동체를 물物 정치의 장으로 변모시킬 것을 제안한다. 이 글은 물의 정치를 질 들뢰즈와 펠릭스 가타리의 지각 불가능하게 되기와 히토 슈타이얼의 "안 보여주기"의 전략으로 소개한다. 그리고 디지털 폴리스가 지닌 이종적 네트워크를 펼치며, 없는 장소로서의 유토피아의 역량을 확인한다.

이 책에는 서울시립대학교의 〈도시인문학연구소〉에서 2022년과 2023년에 개최한 두 번의 학술대회 '디지털 폴리스와 도시 정의의 쟁점들'과 '인류세와 유토피아, 디지털 폴리스'의 발표 원고들을 발전시킨 글들과 관련 논문들을 수록했다. 이 책은 디지털 폴리스를 새로운 공동체의 모색이라는 맥락 안에 위치시키고자 하며, "당신의 세계가 무너져 내리기 시작할 때 당신은 무엇을 하는가?"(Tsing 2015, 1)라는 안나 칭의 물음에 화답하려는 하나의 시도이다.

이 책이 나오기까지 많은 분들의 도움을 받았다. 원고를 주신 필자 선생님들에게 머리 숙여 감사의 인사를 드린다. 본서를 기획하고 출간하기까지 지원을 아끼지 않은 서울시립대학교 〈도시인문학연구소〉의 선생님들에게 고마움을 전한다. 바쁜 일정 중에도 완성도 있는 책으로 출판 가능하게 힘 써준 갈무리 출판사에게 감사드린다.

2024년 봄에
엮은이 김은주 씀

:: 참고문헌

김은주 외. 2021. 『디지털 포스트휴먼의 조건』. 갈무리.

에드워드 소자. 2018. 『포스트메트로폴리스 1』. 이성백 외 역. 라움.

Tsing, Anna. 2015. *The Mushroom at the End of the World*. Princeton University Press. [『세계 끝의 버섯』. 노고운 역. 현실문화. 2023.]

기다리는 시간 제거하기:
자동화된 노동의 가시성, 시간성, 취약성

채 석 진

이 글은 음식 배달 앱 경제 속에서, 기다리는 시간이 어떻게 가치 창출을 위해 재조립되는지, 그리고 삶의 취약성이 어떻게 심화하고 있는지를 기술한다. 이 글의 논의는 2018년부터 2020년에 걸쳐 수행한 '음식 배달 앱 이동 노동'에 관한 현장 연구를 기반으로 한다. 현장 연구에서 나는 참여관찰, 심층 인터뷰, 문헌 조사 등을 수행하였으며, 음식 배달 앱을 매개로 새롭게 조립되는 노동의 속성, 노동 과정, 노동관계에 주목했다. 음식 배달 앱 노동은 음식 배달 산업에 종사하는 운영자, 노동자, 이용자 등 다양한 행위자들의 기다리는 시간을 없애려는 시도와 맞물려 끊임없이 재조립되고 있었다. 이들은 모두 자신의 이익에 맞추어 기다리는 시간을 줄이려고 노력한다. 앱 운영자는 일상의 기다리는 시간을 플랫폼 경제의 가치 창출 사슬에 통합하여 새로운 시장을 생성하고자 하고, 배달 노동자는 기다리는 시간을 최소화함으로써 노동 효율성을 높이려고 하며, 사용자들은 일상생활에서 시간 효율성을 높이고자 음식 배달 앱을 이용한다. 이러한 실천들은 시간을 통제하는 능력을 키움으로써 삶의 취약성을 감소시킬 수 있다는 기대 속에서 수행된다. 하지만 이 글은 역설적이게도 이러한 실천들이 시간 통제성을 오히려 축소시킬 뿐만 아니라, 더 나아가 공동체 구성원으로서의 집단적 실천들을 심각하게 훼손하며 우리 삶의 취약성을 더욱 심화시키고 있음을 기술한다.

1. 공공의 적, 배달 라이더

지난 몇 년 사이 배달 앱으로 음식을 주문해서 먹는 것이 일상 문화로 뿌리내리며 음식 배달 앱 노동자의 수도 급증하였다. 이들은 한국 플랫폼 노동의 확산을 상징하는 사례로 많은 사회적 관심을 받았다. 이러한 관심은 도시의 공적 공간에서 음식 배달 앱 노동자가 만들어 내는 높은 수준의 가시성 때문이기도 하다. 헬멧을 쓰고 커다란 배달 가방을 달고 질주하는 배달 라이더들은 도시 거리에서 확연히 눈에 띄는 존재이다. 도드라지는 겉모습 때문만이 아니라, 이들이 거리라는 공적 공간에서 작동하고 있는 일반적인 규범을 벗어나서 움직이기 때문이다. 배달 라이더들은 빠른 배달을 위해 교통 신호를 무시하며 차들 사이를 아슬아슬하게 비집고 들어가 이동하고, 심지어 차도와 인도를 오가며 내달린다. 이 때문에 많은 사람들은 배달 라이더들을 도로, 인도, 주거 단지에서 언제 튀어나올지 예측할 수 없는 잠재적 위협으로 마주한다. 특히 이 글의 기반이 된 현장 연구를 진행하던 시기에는 배달 라이더와 관련된 사고가 증가하였고, 라이더들은 자기 삶뿐만 아니라 공동체 일원들의 삶에 위협이 되는 존재로 많은 언론의 집중 조명을 받았다. 배달 노동자의 죽음이 지상파 뉴스와 인터넷 뉴스를 빈번하게 장식하였고, 이러한 뉴스에는 이들의 죽음을 애도하기보다는 이들을 비난하는 댓글이 줄줄이 달리곤 했다. 주로 돈을 벌 욕심에 무리해서 위험하게 내달렸으므로 죽어 마땅하다는 내용이었다. 나 또한 초등학생 아이를 키우는 엄마로서 거리에서 배달 라이더들을 마주할 때마다 적대적인 감정이 들곤 했다. 동시에 연구자로서 나는 배달 라이더들을 비도덕적인 존재로 비난하는 기사와 댓글을 볼 때마다 이들에 대한 비난이 과연 정당한지, 그리고 이 문제가 배달 라이더 개개인의 도덕성의 문제인지에 대해 의문이 들곤 했다. 이 글은 배달 라이더에 대한 나의 이러한 이중적인 감정에서 출발하여, 라이더들이 수행하는 위험한 배달 노동이 어떠한 연결망 속에서 구성되고, 이들이 그 과정에서 경험하는 '취약성'은 무엇인지를 이해해 보고자 한다.

　'취약성'precarity 혹은 vulnerability은 자신의 삶이 외부의 힘에 좌우되는 상태를 의미하는 것으로, 삶의 통제권이 약화되어가고 있는 신자유주의적 삶의 특성을 포착하는 용어로 발전해 왔다. 이 용어는 2000년대 중반 이후 자율주의 맑스주의 전통과 페미니즘 전통 속에서 학문적인 개념으로 진화하였다. 지난 이십 년간 진행된 취약성에 관한 수많은 연구는 삶의 취약성이 성, 나이, 지역, 인종 등의 다른 사회적 범주와 교차하여 상이하게 작동하고 있음을 보여준다(채석진 2018). 삶의 취약성은 다양한 차원에서 경험되는데, 배달 앱 노동은 특히 시간의 차원에서 경험되는 취약성이 두드러지는 사례이다. 배달 앱 노동 과정은 높은 강도의 시간 압박을 생성한다. 이 글은 시간 압박이 강하게 작동하는 배달 앱 노동이 어떠한 사회기술적 연결망에서 조립되고 있고, 이 속에서 어떠한 속성의 노동, 노동관계, 그리고 사회적 관계가 형성되고 있는지 살펴본다. 이를 통해 도시 공간에서 수행되는 배달 노동자의 '초가시적인' 이동 노동을 구축하는 '비가시적인' 연결망을 드러내고자 한다. 이를 위해 먼저 음식 배달 앱 산업과 노동이 지난 이십 년간 어떻게 진화해 왔는지에 관해 기술한다. 이후 가시성의 이중 구조 속에서 배달 앱 노동자들이 경험하는 취약성의 속성을 기다리는 시간을 중심으로 살펴본다. 마지막으로 시

그림 1. 도시 공간 속의 배달 앱 노동자 (저자 촬영)

간 효율성을 추구하는 배달 앱 경제의 시간 실천이 어떻게 노동자 개인만이 아니라 전체 공동체의 삶의 취약성을 심화시키고 있는지 논의한다. 이를 통해 이 글은 공동체적인 도시 공간을 구축하는 데 있어서 기다리는 시간이 가지는 가치를 생각해 보고자 한다.

2. 배달 앱 이동 노동 조립하기

배달 앱 노동에 관한 현장 조사를 수행했던 시기는 음

식 배달 노동이 빠르게 플랫폼 노동으로 전환되던 때였다. 국내 플랫폼 노동의 확산은 IMF 금융 위기 이후 특수고용 방식으로 전환된 산업을 중심으로 진행되었다. 음식 배달 노동도 이러한 경우이다. 과거 식당에 직접 고용되어 일하던 배달원은 IMF 위기 이후 배달대행업체에 고용되어 일하는 프리랜서로 전환되었다. 배달대행업체는 십여 명의 배달원을 고용하여 지역을 중심으로 운영하는 소규모 인력공급업체였다. 2010년대 이후 스마트폰 사용이 보편화되는 기술적 환경 속에서 지역 중심 경제였던 배달대행업은 전국 규모의 디지털 플랫폼 산업으로 진화했다. 먼저, 배송 경로 프로그래밍을 제공하던 업체가 지역에 산재해 있던 배달업체들을 통합해 전국적인 배달 대행 플랫폼 회사를 만들었다. 이후 몇 년이 지나지 않아 배달 주문 앱 기업들이 등장하였고, 이들이 자체적으로 배달 대행까지 하면서 주문에서 배달까지 배달음식 산업의 전 과정을 통합한 원스톱 시스템을 구축했다. 이러한 배달 산업의 변화 과정 속에서 배달 노동력은 임금 노동자에서 프리랜서 특수고용노동자로, 또다시 플랫폼 노동자로 재조립되었다. 이후 플랫폼 배달 노동자들은 또다시 다양한 방식의 고용 상태(직접 고용, 간접 고용 등), 노동 조건(근무 가능한 시간 등), 노동

수단(도보, 자전거, 오토바이, 자동차 등)에 따라 분화했다.

이처럼 음식 배달 산업은 지역 기반 소규모 자영업자 중심에서 전국적인 기술 연결망을 가진 기업을 중심으로 통합되어 왔다. 이는 배달 산업이 원거리 감시 기술을 매개로 방대한 규모의 노동력을 조직 및 관리하고, 이를 통해 수집되는 데이터를 주요한 수익 창출의 원천으로 활용하는 새로운 속성의 시장, 즉 "데이터 자본주의" 혹은 "감시 자본주의"(Zuboff 2019) 시장으로 전환되는 과정이기도 했다.

플랫폼을 매개로 한 새로운 배달 시장의 형성에서 주요한 요소는 기술적 연결망을 구축하는 것, 그리고 이러한 연결망에 접속하여 배달 이동 노동을 수행할 배달 노동자를 대규모로 확보하는 것이다. 초기 배달 앱 기업은 배달 노동자들이 경험해 온 오래된 취약성을 해소하겠다고 홍보하며 숙련 노동자들을 빠르게 흡수했다. 배달대행업체에 고용되어 수행하는 배달 노동은 오랫동안 비싼 오토바이 대여료, 보험료, 수수료, 면대면 관리 등으로 '노예 노동'으로 불렸다. 일례로 배민 라이더스는 초창기 오토바이 무상 대여, 무상 수리 및 교환, 유상 종합보험 제공 등을 제공하며 대규모의 숙련 배달 노동력을 유인하였다. 다른 업종의 노동자들 또한 기존의 임금 노동의 취약성에서 벗어나고자 하는 시도 속에서 배달 앱 노동력에 합류했다.

배달 앱 기업은 흩어져 있는 대규모 배달 노동력을 관리하기 위하여 배달 단가, 배차 방식, 위치 추적, 고객 평가, 계정 삭제 등의 다양한 방식의 원거리 기술 통제를 활용하고 있다. 이는 영국 노동 사회학자 어슐라 휴즈(Huws 2016a ; 2016b)가 "로그드 노동"logged labour으로 명명한 디지털 경제의 새로운 노동 양식의 특성을 공유한다.

우리는 언제 어느 정도 일을 해야 할지 알 수 없다. 그래서 항상 스마트폰을 손에 쥐고 '수락'을 누를 준비를 한다. 우리는 영구적으로 로그인되어 있다. 우리가 끊임없이 생산하는 데이터들은 더욱 촘촘하게 우리를 감시하는 것을 가능하게 한다. 우리는 미래 분석을 위해서 녹화되고 있다 (Huws 2016b).

위에 인용한 단락에서 휴즈는 디지털 경제의 지배적 노동 양식으로 부상한 새로운 형태의 노동이 직면하는 삼중의 취약성을 지적하고 있다. 이는 기술 연결망에 상시 접속(로그인)해 있는 상태에서 노동을 수행하는 플랫폼 노동(디지털 노동 혹은 앱 노동으로도 불린다)의 특성에서 기인한다. 첫 번째 취약성은 항상 로그인한 상태에서 대기 상태를 유지하고 있어야 한다는 것이다. 이는 사용자의 시간 통제력 확장을 약속하는 플랫폼 경제의 지배적 서사와는 상반되는 현실의 모습이다. 플랫폼 경제에 대한 지배적 서사는 "언제 어디서든 원하는 만큼 일할 수 있다"고 강조하며 노동자들의 시간 주권을 강화할 것이라고 강조해 왔다. 하지만 플랫폼 노동 양식은 오히려 노동자들이 자신의 노동 시간을 통제할 수 있는 역량을 현격히 축소하고 있다. 시간에 대한 통제력은 삶에 대한 예측성을 기반으로 구성된다. 우리는 언제 어느 정도의 일을 해야 할지에 대한 예측을 기반으로 일상의 시간을 계획하고 조직한다. 배달 앱 노동을 포함한 플랫폼 노동은 주문 양에 따라 끊임없이 유동적으로 변화하기 때문에, 일하는 시간과 양에 대한 예측과 계획이 불가능하다. 이러한 예측 불가능성은 언제 올지 모르는 주문을 위해 대기하는 방대한 규모의 '기다리는 노동'을 형성한다. 배달 앱 노동자들은 앱에 로그인한 채 주문이 들어올 때까지 항시적으로 대기 상태를 유지해야 한다. 두 번째 취약성은 모든 노동과정이 기술적 감시하에 수행된다는 점이다. 로그인 상태에서 노동자들이 움직이는 활동 정보는 끊임없이 기록되고 모니터링된다. 배달 앱 노동을 예로 들면, 배달 앱 노동자들의 이동 동선, 픽업 시간, 배달 완료 시간 등이 끊임없이 데이터로 저장되고, 이들에 대한 감시 도구로 활용된다. 세 번째 취약성은 이러한 데이터들이 추후 미래 시장 개발에 활용된다는 점이다. 여기에는 자동화된 시스템 개발, 홍보 및 프로모션, 시장 정보 등 광범위한 데이터 기반 시장이 포함된다. 이처럼 배달 앱 노동은 나무토막처럼 조각나고 연결되고 기록되고 판매된다.[1]

이러한 새로운 취약성에 대응하여, 연구 기간 동안 배달 앱 노동자들은 집단적인 움직임을 형성하기도 했다. 주요 성과는 2019년 11월 '요기요' 배달 노동자들의 '근로자성'을 인정한 법원 판결이었다. 하지만 법적 판결의 효과는 그리 긍정적이지만은 않았다. 판결 이후 대부분의 배달 앱 기업은 법원이 배달 노동의 근로자성을 인정하는 주요한 근거가 되었던 면대면 관리를 대폭 축소하고 원거리 기술 관리를 더욱 확대했다. 즉, 근태 관리의 증거가 될 수 있는 전화나 채팅방을 통해 시행하던 출근, 근로 일정표 기입 등을 전면 폐지하고, 대신 노동 관리를 위한 자동화 시스템('AI'라고 불린다)을 적극적으로 도입했다. 동시에 배달 앱 기업

---

1. 휴즈는 'logged'라는 단어를 조각나고, 접속되고, 기록된다는 삼중의 의미로 사용한다.

은 장시간 일하는 숙련 노동자 중심의 노동력(주로 오토바이를 사용하여 배달하는 '라이더')을 단기간 일하는 비숙련 노동력(도보나 자전거 등을 이용하여 배달하는 '커넥터')을 중심으로 급속하게 재편하였다. 일례로, 요기요 판결 이후 배민 라이더스는 숙련 노동자인 라이더들의 수를 줄이고, 자전거와 도보로 이동하는 커넥터 수를 대폭 확대했으며, AI 배차 시스템을 도입하였다.[2] 이로써 면대면 관리는 원거리 감시 체계로 빠르게 대체되었다. 이 과정에서 2019년 11월 배달 노동자의 현재 위치가 실시간으로 고객에게도 제공되기 시작하였고 초창기 플랫폼 기업이 배달 노동자에게 제공하였던 혜택들도 빠르게 사라졌다.

이에 대응하여 배달 노동자 노동조합 〈라이더유니언〉은 2020년 2월 '배달의 민족' 운영사인 '우아한 형제들' 본사 앞에서 "프로모션 요금 폐지" 항의 집회를 열기도 했다. '프로모션 요금'은 배달 앱 기업이 주문에 따라 노동력을 조절하는 핵심 수단으로, 플랫폼 경제에서 소비자와 노동자를 새로운 시장으로 끌어들이는 전형적인 '미끼'hook에

---

2. 커넥터는 2019년 7월에 도입되어, 2019년 12월에 그 수가 1만 명을 넘어섰고, 코로나 시기를 거치며 가파르게 증가하여 2020년 12월에는 5만 명을 넘었다.

해당한다. 할인 쿠폰을 발행하여 소비자를 새로운 시장으로 유인하고, 배달 노동자에게는 비나 눈이 내리는 날에 프로모션 요금을 높여서 위험한 날씨에도 로그인을 하도록 이끈다. 2019년 하반기에 배달 앱 노조는 이러한 '프로모션 요금제'가 배달 노동과정에서의 예측 가능성과 안정성을 현격히 훼손하고 있다고 비판하며, 이에 대한 대안으로 기본 배달 요금 인상을 요구했다. 이에 대응하여, 배달 앱 기업은 "예측 가능성과 안정성을 높이기 위해서" 일별 프로모션 요금제를 폐지한다고 공지하였다. 이는 표면적으로는 프로모션 요금의 폐혜를 비판하는 노조의 주장을 수용한 것으로 보이지만, 실제로는 징벌적인 조치였다. 기본 배달 요금을 인상하지 않은 상황에서 프로모션 요금까지 폐지하는 것은 배달료를 일방적으로 깎는 것이었다. 이는 문제제기를 하면 결국 불이익이 더욱 커진다는 것을 배달 노동자들에게 보여주는 조치였다. "프로모션 요금 폐지 항의 집회"는 기본 배달료 인상 없이 프로모션 요금제만 폐지한 본사의 일방적인 조치에 항의하는 것이었다. 이 집회는 배달 앱 노동의 불평등한 노동관계를 잘 드러낸다. 배달 앱 노동자들은 노동 조건을 협상할 대상이 불분명했기 때문에 본사 앞에서 요구사항을 말했지만, 본사에서 참석한 사람은 없었다. 대신 우아한 형제들 사측은 이날 눈이 내린 강남 배달 할증료를 5천 원을 넘게 책정하여, 해당 지역 배달 노동자를 유인하였다. 이는 원거리 기술 통제를 매개로 작동하는 플랫폼 기업과 노동의 비대칭성을 선명하게 보여준다.

3. 기다리는 시간을 둘러싼 역동

앞서 기술했듯이 배달 앱 노동과정은 '기다리는 시간(대기 시간)'이 필수적인 부분을 차지한다. 주문을 받아 배달하는 건수별로 임금을 받기 때문에 배달 앱 노동자들은 주문을 기다리는 시간에 대한 임금을 받지 못한다. 이는 기업의 입장에서 이익 창출로 곧바로 이어지지 않는 기다리는 시간에 대한 비용을 노동자에게 전가한 것이다. 몇 해 전 영국에서 배달 앱 노동자들이 기다리는 시간에 대한 임금 지급을 요구하며 법정 공방이 벌어지기도 했다(Cater 2021). 하지만 '기다리는 시간'을 둘러싼 역동을 고용인-피고용인 양자 구도에서 논의하는 것은 디지털 플랫폼 노동을 이해하는 대단히 제한적인 접근이다. 그 이유 가운데 하나는 플랫폼 경제에서 고용인-피고용인, 혹은 소비자-노동자 사이의 경계가 매우 모호하기 때문이다. 예컨대, 배달 앱 노동자는 음식을 배달시키는 주요 소비자이기도 하다. 많은 배달 앱 노동자는 (배달 음식을 이용하는 다른 사람들처럼) 근무 전후에 배달 음식을 주문하여 식사를 해결한다. 또한 배달 기사를 부르는 음식점 사장님도 장사하다가 직접 배달을 하기도 한다. 배달 앱 노동자들도 특정한 고용인의 지시에 따라 움직이는 임금 노동자로보다는 더 많은 수입을 만들기 위해 움직이는 기업가로 스스로를 인식하는 경향이 강하다.

이러한 기업가적 주체성은 시간 효율성을 추구하는 디지털 경제의 시간 레짐time-regime과 결합하여 작동한다. 음식 배달 앱 연결망에 결합되어 있는 다양한 행위자들(고객, 상점, 배달 앱 기업, 배달 노동자)은 끊임없이 적극적으로 자신의 시간 효율성을 추구하며, 시간 압박이 강한 배달 앱 노동의 시간성을 구축한다. 예를 들면, 상점 주인은 실제로 필요한 조리 시간보다 더 일찍 배달 기사가 도착하도록 요청하기도 하고, 고객은 빨리 배달되는 지역으로 주문이 설정되도록 자신의 위치 핀을 조정하기도 하며, 배달 노동자는 더 많은 묶음 배송을 하기 위해 배달 완료를 실제보다 일찍 누르기도 한다. 이처럼 배달 앱의 연결망에서 다양한 행위자들은 자신의 기다리는 시간을 줄이기 위하여 끊임없이 데이터를 등록 및 조정한다. 이러한 기술사회적 연결망 속에서 많은 배달 앱 노동자는 투자 대비수익률을 극대화하고자 하는 기업가적인 실천을 추구한다. 앞의 절에서 언급한 배달 앱 노동자들의 집단적인 저항은 노조를 중심으로 이루어졌는데, 실제 노조 활동에 관여하는 배달 앱 노동자는 극소수이다. 당시 법원에서 배달 앱 노동자의 근로자성을 인정하는 판결이 나왔을 때조차 많은 배달 앱 노동자는 노동자성을 인정받으려는 노조의 움직임에 냉소적인 반응을 보였다. 이러한 냉소적 반응은 이들이 임금 노동자의 취약성에서 벗어나려는 시도로 플랫폼 노동을 받아들였기 때문이기도 하고, 무엇보다도 노동자성을 인정받아 법의 테두리로 들어가는 것이 더 많은 이익 창출을 위해 이동하는 기업가로서의 자율성을 제한할 수 있다는 우려 때문이다. 예컨대, 노동자성을 인정받는다는 것은 특정한 기업과의 고용 관계를 형성하는 것으로, 이는 다양한 배달 대행업체와 배달 앱을 오가며 일할 수 있는 자율성을 제한한다. 많은 배달 앱 노동자는 한 업체에 묶이기보다 상황에 따라 그때그때 자유롭게 다양한 업체를 오가며 일하고자 한다. 일례로 다양한 배달 앱 기업들은 배달 상황과 가용한 배달 노동력의 양에 따라 배달 프로모션을 제공하며 배달 요금을 조정하는데, 배달 노동자들은 프로모션을 많이 제공하는 앱에 그때그때 로그인하여 배달 노동을 수행하기를 원한다.

배달 과정에서 배달 앱 노동자들이 우선적으로 추구하는 것은 투자 대비 수익률을 최대화할 수 있는 효율적인 동선 짜기이다. 기다리는 시간에 대한 비용이 거의 전적으로 배달 노동자에게 전가되는 상황에서, 배달 노동자들은 최대한 여러 개를 묶어서 이동함으로써 시간당 수익률을 높이려고 한다. 이러한 동선 묶기의 능력은 배달 노동의 숙련도에 따라 차이가 나고, 배달 노동자들의 시간 실천은 연결망에 직접적인 영향을 미친다. 예컨대, 여러 배달 주문을 동시에 수행하는 '묶음 배송'은 배달 노동자에게는 시간 효율성(시간당 수익률)을 높이지만, 배달 시간 지체와 배달 음식 상태 불량으로 이어져서, 상점과 고객 불만을 초래한다. 또한 배달 노동자들은 시간 효율성이 좋은 '꿀콜'은 선호하고 그렇지 않은 '똥콜'은 기피하기 때문에, 수많은 '똥콜'들이 밀려나서 쌓이게 된다. 따라서 배달 앱 기업 입장에서는 어떻게 빠른 시간 내에 배달이 이루어지게 하고, 밀려나는 콜들을 처리해서 안정적인 서비스를 제공할 것인지가 핵심적인 문제이다.

배달 앱 기업들은 자동화를 통해 비숙련 노동력을 확대하는 방식으로 이러한 문제에 대응해 왔다. 자동화된 비숙련 노동력의 확대는 앱 기업이 배달 노동과정에 대한 통제력을 확대하는 것을 의미한다. 예를 들면 배민 라이더스는 초기에 배달 노동자들이 자신들이 원하는 주문을 선택하여 배달할 수 있게 허용하였다. 당시 숙련 배달 노동자들이 노동과정에서 주문을 선택하고 이동하는 경로들은 배달 앱 시스템에 기록되어 이후 자동화된 시스템(자동 배차 시스템)을 구축하는 핵심적인 데이터로 활용되었다. 이후

그림 2. 배달 음식을 기다리는 배달원들 (저자 촬영)

배민은 자동 배차 시스템을 사용하여 배달 노동자에게 주문 배당뿐만 아니라 이동 경로까지 정해주기 시작했다. 차량 운전자들이 내비게이션 앱이 제안하는 경로를 따라 이동하는 것과 동일한 방식으로, 자동화된 시스템에서는 배달 노동자들이 배달 주문과 이동 경로를 선택할 수 없고, 추천된 주문과 경로를 따라 배달 노동을 수행해야 한다. 이러한 자동화된 배달 노동 시스템은 숙련 노동자의 자율성을 통제하면서 동시에 배달 노동 경험이 없는 비숙련 노동자가 음식 배달 노동 시장에 진입하는 것을 훨씬 쉽게 만들었다.

배민 라이더스는 자동화 시스템을 도입하여 단거리 주문(배달 앱 노동자 사이에서 흔히 '꿀콜'로 불리는 주문)을 중심으로 배차함으로써 배달 경험이 없는 사람들을 배달 노동 시장으로 유인하였다. 자동화와 비숙련 노동자가 확대되면서 배달 앱 노동력은 배달 수단, 즉 오토바이·자전거·도보에 따라 분화되었고, 이들 간의 적대적 관계가 확산되었다. 배달 노동은 기본적으로 일정한 배달 주문 수를 배달 노동자들이 나누어 처리하는 방식으로, 새로운 노동력의 유입은 곧 경쟁의 증가를 의미한다. 특히 비숙련 노동자에게 단거리 주문을 우선 배차해 주는 정책은 기존의 숙련 노동자로부터 많은 반발을 받았다. 신규 노동자의 유입과 이들을 대상으로 한 단거리 배달 주문 우선 배차는 기존의 숙련 노동자에게는 묶음 배송을 할 수 있는 기회를 현저히 떨어뜨렸다. 이는 배달 노동자로서는 그만큼 배달 과정에서 기다리는 시간이 늘어나는 것을 의미한다.

이러한 상황에서 배달 노동자들은 사측에 문제제기를 하는 방식이 아니라, 경쟁을 하는 다른 배달 노동자들을 공격하는 방식으로 대응하였다. 예를 들면, 배달 노동자들이 사측의 기술 관리를 따르지 않는 다른 배달 노동자들을 적극적으로 살펴보고 사진을 찍어서 신고하는 현상이 생기기도 했다. 그 한 예가 '자토바이' 사건이다. 자토바이는 "자전거로 등록하고 오토바이로 배달"하는 사람을 가리키는 용어로, 자전거에 우선 배차되는 단거리 배달 주문을 받아서 오토바이로 빠르게 배달하는 사람들이다. 배달 노동자들은 사측이 배달 수단에 따라 부여한 제한에 따르지 않는 사람들을 배달 과정에서 직접 감시하기도 하고, 배달을 쉬는 시간 동안에 배달 음식을 시켜 먹으면서도 다른 배달 노동자가 앱상에 등록된 배달 수단으로 배달하고 있는지, 지정된 경로에 따라 움직이는지 등을 감시한다. 그렇지 않은 경우 고객의 신분으로서 신고하기도 한다. 이처럼 자동화된 노동과정은 거대한 규모의 감시 실천과 문화를 동반한다. 배달 앱 노동자들의 경쟁 관계에 있는 노동자들에 대한 감시 실천은 안드레예비치(Andrejevic 2005)가 동료들에 의한 "수평적 감시"lateral surveillance가 수직적인 감시top down surveillance를 방해하기보다는 모방한다는 주장을 지지한다.

또한, 비숙련 배달 노동자들에 대한 숙련 노동자들의 적대적 반응은 전업 노동자와 부업 노동자 간의 상상적 위계질서를 재생산하고 있다. 오픈채팅방에서 숙련 배달 노동자(주로 오토바이를 타고 배달하는 '라이더'로, 전업으로 일하는 남성들이 다수이다)는 전업 남성 노동자로서의 집단 정체성을 형성하며, 능력주의와 결합한 노동 윤리를 광범위하게 공유하고 있다. 배달 노동은 장시간 노동을 지속해서 수행할 수 있는 육체와 정신을 겸비해야 가능하다. 따라서 이들 사이에서 공유되고 있는 고수익을 올린 사람들에 대한 숭배는 수익 자체를 넘어서 이것을 가능하게 하는 성실함과 근면함으로 향한다. 반면에 주로 부업으로 배달을 하는 비숙련 노동자(주로 자전거나 도보로 배달을 수행하는 '커넥터'로, 학생, 여성, 투잡러 등이 많다)는 이러한 노동 윤리에 어긋나는 사람들로 인식된다. 이들은 "편할 때

일하고 힘들면 쉬는 사람들로, 배달 노동자로서의 책임감과 정체성이 없는 사람이자, 재미로 배달을 하는 사람들"로, 신규 모집 프로모션 행사만 챙기고 이동할 철새로 그려진다. 이에 반하여 어떠한 상황 속에서도 성실하게 꾸준히 버티며 일하는 것('존버')에 대해 높은 가치를 부여하며, 이를 기준으로 비전업 노동자들과 전업 노동자들의 윤리적 위계가 구성된다. 이러한 노동 윤리는 숙련 노동자인 라이더들이 사측으로부터 더 많은 인정과 혜택을 보장받아야 한다는 주장의 근거가 된다(예를 들면, "배민을 키우고 지키는 것은 우리들"이라는 인식이다).

배달 앱 노동자 집단 내의 위계는 비단 특정한 배달 앱 내에서만이 아니라 다양한 배달 앱 플랫폼을 가로질러 구성되고 있다. 현장 연구를 수행하던 당시 쿠팡과 배민은 일반 배달 앱보다 상대적으로 많은 자본을 가지고 막대한 프로모션을 통해서 배달 노동자들을 흡수하고 있었다. 특히 비 오는 날과 같이 배달 노동력을 구하기 어려운 상황에서 쿠팡과 배민은 높은 프로모션을 시행하여 배달 노동력을 빨아들였다. 배달 노동자들이 단가가 높은 쿠팡과 배민의 배달 주문으로 몰리면서, 일반 배달대행업체들의 주문은 순식간에 수십 개씩 쌓였다. 늦어지는 배달은 일반 배달대행업체에 대한 가맹점들의 불만과 이탈로 이어진다. 이는 결과적으로 배달 노동 시장의 독점화를 심화시키고 있다. 이 과정에서 숙련된 배달 노동자들은 더 높은 수익을 창출할 수 있다고 생각하는 배달 앱으로 이동하고, 그 빈자리를 점점 이주노동자들이 채우고 있다. 이러한 측면에서 새로운 기술 환경 속에서 수행되는 배달 앱 노동 실천은 오래된 위계 질서를 지속해서 강화하고 있다.

4. 음식 배달 앱 경제의 비대칭성

배달 앱 노동이 어떠한 기술사회적 연결망 속에서 조립되며, 어떤 새로운 속성의 노동, 노동관계, 그리고 사회적 관계를 만들고 있는지 간략하게 살펴보았다. 이는 배달 앱 노동자가 수행하는 이동 노동의 방식이 개개인의 도덕성의 차원에서 조직되는 것이 아니라, 플랫폼 경제의 기술사회적 연결망에 결합되어 있는 다양한 행위자들의 상호작용 속에서 구성되고 있음을 보여준다. 즉, 우리가 일상적으로 마주하는 배달 앱 노동자들의 위험한 노동 실천은 이러한 연결망 속에서 구성되는 복합적인 시간 압박의 산물이다. 배달 앱 경제에서 작동하고 있는 시간 압박은 연결망의 위계성에서 가장 말단에 위치해 있는 배달 앱 노동자들의 몸을 통해 구현되고, 시간 압박에 맞추어 이동하는 데 따르는 위험과 책임 또한 이들의 몫이 된다.

이는 플랫폼 경제의 여러 차원에서 작동하고 있는 비대 칭성과 긴밀하게 결합되어 있다. 첫째, 비대칭적인 가시성이 다. 배달 앱 이동 노동은 플랫폼 경제를 구성하는 두 가지 연결망 사이에 존재하는 이중적인 가시성 속에서 구성된 다. 우리에게 높은 수준의 시간 압박을 형성하는 기술적 연 결망은 상대적으로 비가시적인 반면에, 이러한 시간 압박 에 따라 배달 노동을 실행하는 노동자의 몸은 초가시적이 다. 배달 노동자들은 기술적 연결망에서 여러 행위자가 구 성하는 시간 실천 규범과 리듬에 따라 움직인다. 동시에 이 들은 이와는 다른 시간 실천 규범과 리듬이 존재하는 사 회적 공간에서 물리적으로 이동한다. 기술 연결망과 사회 적·물질적 공간의 상이한 시간 규범과 리듬 사이에서 배달 노동자들은 도시 공간에서 많은 이들의 안전을 위협하는 존재로 구성된다. 둘째, 효율적인 시간 실천과 기업가적 실 천을 수행할 자격을 둘러싼 비대칭성이다. 효율적인 시간 실천은 현대 사회의 지배적인 가치 가운데 하나이다(Rosa 2020; Wajcman 2016). 배달 앱 기업 또한 "효율적인 시간 관리"를 내세워 디지털 미디어를 사용하여 시간과 삶에 대한 통제력을 확산시킬 수 있다는 환상을 만들며 성장해 왔다. 배달 앱 기업은 소비자에게는 다양한 지역의 음식을 집에서 클릭 한 번으로 경험할 수 있음을, 음식점주에게는 더 많은 지역의 고객에게 더욱 쉽게 도달할 수 있음을, 배달 노동자에게는 더 많은 콜을 더 쉽고 효율적으로 수행할 수 있음을 강조한다. 하지만 효율적인 시간 관리와 시간 주권을 추구할 자격에 대한 인정은 대단히 불균등하게 주어진다. 배달 앱 운영자와 소비자에게는 효율적인 시간 실천을 할 수 있는 권한이 전적으로 주어지는 반면, 배달 노동자들은 이들의 효율적인 시간 실천을 위해서 대기하도록 기대된다. 배달 노동자가 자신의 시간 활용의 효율성을 추구하는 것은 이러한 노동 윤리에 어긋나는 것이다. 이러한 비대칭은 배달 노동의 자동화 과정에서 더욱 심화된다. 자동화된 배달 노동에서 제시되는 노동 윤리는 주어지는 주문을 따라 묵묵히 일하는 것이다. 이러한 두 차원에서 배달 노동자의 몸은 시간 압박에 따라 수행하는 위험한 이동에 대한 법적이고 윤리적 책임을 떠안는다.

이러한 비대칭성으로 인해 배달 노동자만이 아니라 공동체의 삶 전체의 취약성이 확산된다. 배달 앱 연결망에 연결된 모든 행위자는 각자의 기다리는 시간을 제거하기 위해서 노력하지만 모순되게도 이러한 행위들이 더 많은 기다리는 시간을 만들어 내곤 한다. 예를 들면 비 오는 날에 배달 단가를 높게 부르는 앱의 주문으로 배달 노동자가 몰리면, 배달 단가가 낮은 배달업체의 주문은 한없이 밀린다. 게다가 이러한 문제가 발생했을 때 대규모의 기술적 연결망에서 문제가 생긴 원인을 찾는 것은 거의 불가능하기 때문에 문제 상황을 통제하는 것도 대단히 어렵다. 더 나아가 자신의 기다리는 시간을 제거하려는 시도들은 서로 간에 적대적 관계를 구성하고, 적대적 관계는 서로에 대한 감시의 확산으로 이어진다. 즉, 시간 효율성의 증대를 통해 삶에 대한 통제성을 높일 것이라는 배달 앱 기업의 홍보와는 달리 새로운 연결망 속에서 조직되는 배달 노동은 배달 노동자만이 아니라 공동체 일원들의 삶의 취약성을 심화시키고 있었다.

5. 기다리는 시간의 가치

이러한 현상은 공동체적인 도시 공간의 구축에서 기다리는 시간이 가지는 가치에 대해서 생각하도록 이끈다. 기다리는 시간은 오랫동안 우리가 서로의 생존을 지지하는 공동체 구성원으로서의 감각을 구성하는 핵심적인 부분을 차지해 왔다. 일례로 영국 인류학자 케이트 폭스는 『영국인 관찰하기 : 영국인 행동의 숨겨진 규칙들』에서 '줄서기'queuing를 가장 영국적인 규칙 가운데 하나로 제시한다. 영국은 여왕이라는 상징적 존재가 보여주듯 계급 구조가 여전히 지속되고 있는 사회이다. 개인의 계급적 위치는 수 세대에 걸쳐 형성되고 계승되는 '문화자본'을 통해 지속되고, 이는 억양·단어·옷차림·매너 등의 세분화된 취향과 습관으로 일상에서 드러난다. 이처럼 계급적 위계와 구별짓기가 일상적인 영국 사회에서 줄서기는 공동체 구성원에게 동일하게 적용되는 규칙으로 '공정함'의 감각을 구성하는 순간으로 작동한다. 이와 유사하게 미국에서는 '문 잡아주기'가 공동체의 일원으로서 수행하는 대표적인 상호작용 행위로 작동한다. 앞사람이 뒤에 오는 사람을 위해 문을 잡아주는 행위는 뒤따라오는 사람이 이어서 문을 잡아주는 것으로 마무리된다. 이러한 상호작용을 통해 사람들은 서로의 안전에 대해 책임을 지는 상호의존적 존재이자 공동체의 일원으로서의 정체성을 형성한다. 미국에서 문 잡아주기는 어렸을 때부터 공교육 기관에서 반복적으로 훈련시키는 시민적 행위이다. 줄서기와 문 잡아주기는 모두 '기다리는 시간'을 통해 사회 구성원으로서 서로에 대한 인정과 돌봄을 수행한다. 이를 통해 개인은 사회 공동체의 일원으로서의 정체성을 획득한다. 또한 이러한 기다리는 의례를 위반하는 것은 '존중받을 만한 시민'의 자격을 훼손하는 것으로, 대면 상황에서 찌푸린 인상과 따가운 시선과 마주하게 되거나, 직접적인 제재를 받기도 한다.[3] 여기서 기다리는 시간은 집단적 돌봄으로서의 가치를 가진다.

반대로 디지털 플랫폼 경제에서 기다리는 시간은 효율성을 저해하는, 제거해야 할 요소로 간주된다. 이는 오랫동안 집단적 돌봄으로 실천해 온 기다리는 시간의 상실로 이어지고 있다. 새로운 노동 덕목으로 부상한 시간 효율성은 사회 구성원으로서 서로의 생존을 지켜주는 윤리와 크게 충돌한다. 대표적인 예로서 시간 압박이 강하게 작동하는 기술적 환경은 이동 속도를 늦추는 것에 대한 적대감을 생성한다. 여기에는 사람만이 아니라 어린이 보호구역의 속도 제한, 길고양이, 엘리베이터 등 수많은 사물도 포함된다. 이러한 적대감은 도시 공간의 속도를 따라가지 못하는 약

---

3. 기다리는 시간과 관련된 영국과 미국 사례 부분은 나의 『경향신문』 칼럼 (채석진 2022)에서 부분 발췌하였다.

자에 대한 혐오로 쉽게 전이된다. 이는 시간 압박이 강하게 작동하는 도시 공간에서 기다리는 시간이 약자들에게 외주화되고 있을 뿐만 아니라, 이들에 대한 혐오가 함께 확산되고 있음을 보여준다. 효율적 삶에 대한 우리의 숭배는 속도를 늦추는 타자를 쉽게 제거하고자 하는 욕망을 생성한다. 이러한 욕망과 결합하여 새로운 물결의 자동화는 계속해서 채택되고 수용되고 있다.

기다리는 시간은 사회적 관계의 핵심인 신뢰, 존중, 배려를 형성하는 데서 오랫동안 핵심적인 역할을 해 왔다. 우리의 삶에 대한 통제력은 혼자 구축할 수 있는 것이 아니며, 나와 연결된 수많은 사람의 기다리는 시간을 통해 실현된다. 앞서 기술한 배달 앱 노동이 형성되는 과정은 우리가 기다리는 시간의 가치를 잃어가고 있으며, 이와 더불어 우리 삶의 통제력이 약화되고 있음을 보여주는 사례이다. 지난 수십 년 동안 한국 사회는 기다리는 시간이 가지는 사회적 가치를 급격하게 잃어온 듯하다. 현재 많은 사람들에게 기다림은 사회 구성원에게 공평하게 적용되는 규칙으로 상호 존중과 돌봄이 경험되는 순간이라기보다, 가진 것이 없는 사람들이 강압적으로 감당해야 하는 '불평등'으로 경험되는 듯하다. 따라서 많은 사람들은 기다리는 시간을 제거함으로써 공평함을 이룩하고자 시도한다. 이러한 경향은 디지털 미디어의 확산 속에서 더욱 심화되고 있다. 수많은 디지털 미디어 상품은 '기다리는 시간'을 제거함으로써 시간 효율성을 높이라고 조언한다. 예컨대 '줄서기 앱'은 현장에서 굳이 기다릴 필요 없이 앱으로 줄서기 신청이 가능하다고 선전한다. 이로 인해 앱에 접근하기 어려운 사람들은 오히려, 현장에서 그리 길지 않아 보이는 대기 줄에서 기다리다 발길을 돌리기도 한다. 디지털 미디어 환경에서 확산되는 이러한 불평등은 흔히 새로운 시대 변화에 따라가지 못하는 개인의 탓으로 여겨진다. 이처럼 디지털 경제의 확산 속에서 추구되는 기다리는 시간의 제거는 동등한 사회 구성원으로서의 감각과 돌봄을 약화시킬 뿐만 아니라, 서로에 대한 적대감의 확산으로 이어진다. 여기에 '우리'는 없다.

사진 한 장을 공유하며 글을 마치고자 한다. 2019년 하반기에 방문 학자로 거주하였던 미국 매사추세츠주 근처에서 찍은 사진이다(그림 3). 사진 한가운데를 보면 공립 초등학교 통학버스가 정지 사인을 펼치고 멈춰 있고, 그 앞으로 버스에서 내린 아이와 함께 길을 건너는 부모의 모습이 보인다. 해당 주에서는 통학버스가 멈추면 양쪽 방향의 모든 차가 동시에 멈추어야 한다. 통학버스가 학교에 도착해서 주차장에 주차한 후 아이들이 내리고 있는 동안에도 절대 통학버스를 추월해서는 안 된다. 이는 안전에 대한 책임을 약자에게 전가하지 않고, 더 안전한 위치에 있는 사람들이 기다리는 시간을 통해 함께 구축하는 '집합적 돌봄'의 형태이다. 이처럼 "기다리는 시간"은 비효율적인 것이 아니라, 도시 공간에서 사회적 약자들이 활동할 수 있는 공간을 생성하기 위해서 필수적이고 핵심적인 부분이다. 또한 이는 사회 공동체 구성원들이 서로의 생존을 지켜주는 행위이자, 이러한 믿음을 구성하고 확인하는 행위이다. 이 점에서 배달 앱 플랫폼 경제와 노동에서 확산하는 '기다리는 시간

그림 3. 집합적 돌봄으로서의 기다리는 시간 (저자 촬영)

제거하기'는 우리 사회에서 집합적 돌봄의 상실 과정의 한 부분으로 이해할 수 있다. 동시에 자동화된 노동의 확산은 일상적인 감시를 기반으로 한 일상과 사회적 관계의 확산과 맞물려 형성되고 있다. 이는 우리 모두의 "도시로의 권리"right to the city(Lefebvre 1968)를 심각하게 훼손하고 있다.[4]

---

4. "도시로의 접근권"(right to the city)은 르페브르가 1968년 처음 사용한 개념으로 이후 도시 연구자와 사회운동가 들이 채택하여 도시 공간에서의 거주민의 권리를 강조하는 작업에 사용되어 왔다.

: : 참고문헌

채석진. 2021a. 「기다리는 시간 제거하기 : 음식 배달 앱 이동 노동 실천에 관한 연구」.
　　『한국언론정보학보』 108 : 58~91.

＿＿＿. 2021b. 「팬데믹 시대의 숨쉬기에 관하여」. 『한국언론정보학보』 109 : 40~66.

＿＿＿. 2021c. 「한국 플랫폼 노동 청년들의 숨쉬기」. 『문턱의 청년들』. 책과 함께.

＿＿＿. 2022. 「기다리는 시간의 가치」. 『경향신문』. 2022년 11월 26일.

Andrejevic, M. 2005. "The Work of Watching One Another : Lateral Surveillance,
　　Risk, and Governance." *Surveillance & Society* 2(4) : 479~497.

＿＿＿. 2019. *Automated Media*. London : Routledge. [『미디어 알고리즘의 욕망 : 자동
　　화된 미디어는 우리의 일상을 어떻게 바꾸는가』. 이희은 역. 컬처룩. 2012.]

Aneesh, A. 2009. "Global Labor : Algocratic Modes of Organization." *Sociological
　　Theory* 27(4) : 347~370.

Cater, L. 2021. "Uber UK unions battle over waiting times." *Politico*. March 17, 2021.

Ellison, R. 1995. *Invisible man*. New York : Vintage books. [『보이지 않는 인간』 1 · 2.
　　조영환 역. 민음사. 2008.]

Eubanks, V. 2019. *Automating Inequality*. New York : St. Martin's Press. [『자동화된
　　불평등 : 첨단 기술은 어떻게 가난한 사람들을 분석하고, 감시하고, 처벌하는가』. 김
　　영선 역. 홍기빈 해제. 북트리거. 2018.]

Fox, Kate. 2004. *Watching the English : The Hidden Rules of English Behaviour*. Lon-
　　don : Hodder & Stoughton.

Huws, U. 2015. "A review on the future of work : Online labour exchanges, or 'crowd-
　　sourcing' : Implications for occupational safety and health." *European Agency for
　　Safety and Health at Work*.

＿＿＿. 2016a. "Logged labour : a new paradigm of work organisation?" *Work Organ-
　　isation, Labour & Globalisation* 10(1) : 7~26.

＿＿＿. 2016b. "Logged In." *Jacobin*. January 6th, 2016.

Lefebvre, H. 1968. *Le Droit à la ville* [The right to the city] (2nd ed.). Paris, France : An-
　　thropos. [『도시에 대한 권리』. 곽나연 역. 이숲. 2024.]

Marcuse, P. 1997. "Walls of fear and walls of support." In Nan Ellin(ed.), *The Archi-
　　tecture of Fear*. New York : Princeton Architectural Press.

Rosa, H. 2020. *The Uncontrollability of the World*. Cambridge. UK : Polity.

Zuboff, S. 2019. *The Age of Surveillance Capitalism : The fight for a human future at the new frontier of power*. London, UK : Profile Books.

Wajcman, J. 2016. *Pressed for Time : The acceleration of life in digital capitalism*. Chicago & London : The University of Chicago Press.

매개된 유토피아와 진정성의 탐색 :
귀촌 브이로그를 통해 본 청년의 삶-노동 에토스

홍남희

1. 들어가며 : 청년의 귀촌과 로컬의 재현

임순례 감독의 영화 〈리틀 포레스트〉에서 주인공 혜원 (김태리)은 임용고시를 준비하며 편의점 아르바이트를 병행하는 '고시생'으로, 도시에서 쫓기는 듯한 바쁜 일상에 밥 한 끼 차려 먹을 시간도 여유도 없다. 아르바이트를 하는 편의점에서 팔다 남은 삼각김밥과 도시락으로 끼니를 때우다시피 하며 살아가던 혜원은 임용고시에 떨어지고 남자친구와도 헤어지자 도시를 떠나 고향행을 감행한다. 혜원의 삶은 게오르그 짐멜(2005, 36)이 묘사한 "외적, 내적 자극들이 급속도로, 그리고 끊임없이 바뀌는 데서 기인"하는 "신경과민"의 삶이라고 해도 과언이 아니다. 도시 생활 3년 만에 다시 찾은 고향은 사계절이 느껴지는 자연과 널찍하고 탁 트인 힐링의 공간으로, 제철 재료로 정성껏 집밥을 만들어 먹을 수 있는 심신의 여유가 있는 곳으로 묘사된다. "본격 퇴사 권장 영화"로도 불리는 〈리틀 포레스트〉는 청년의 귀촌을, 잃었던 '자기'와 '일상'을 되찾고 자연을 통해 도시 생활의 염증을 치유받는 유토피아적 실천으로 제시한다.

〈리틀 포레스트〉는 신자유주의적 도시의 물질적 조건

을 벗어난 대안적 삶을 농촌[1]으로 제시하는 동시에 청년
세대의 매체 조건인 브이로그의 요건을 예비하고 있다. 먹
방, 쿡방 포맷의 집밥 판타지의 생성, 농촌과 자연에서 주인
공들이 내면의 성숙을 거치게 된 것, 집방이 보여주는 청년
세대의 공간에 대한 판타지, 롱 숏과 롱 테이크를 통해 자
연의 느림과 사계절 변화를 담은 카메라 워크 등이 그러한
예시다(임혜린 2021). 귀촌의 재현은 스펙터클이나 선정적인
요소보다는 잔잔하고 느린 일상, 요리, 농사, 집밥 등을 통
해 자기와의 관계를 성찰하는 방식으로 나타나는데, 이는
브이로그의 미학과 닮았다. 귀촌 브이로그는 유튜브라는
'흐름'의 공간(이희은 2020)을 통해 제시됨으로써 유사한 콘
텐츠들의 유통과 소비, 제작을 유도하고 있으며, 청년의 귀
촌을 사회적 현상으로 부상시키고 있다.

　이러한 맥락에서 이 글은 청년의 귀촌과 그것을 소재로
한 브이로그에 관심을 갖는다. 귀촌은 그간 직업인의 은퇴

---

1. 이 글에서 '농촌'은 전통적 의미의 농업 공동체 공간이라기보다는 도시성에
서 탈주한 주변부 공동체의 의미로 사용된다. '농촌'이라는 명명이 도시-농
촌을 중심-주변의 서사로 재생산하거나 청년의 로컬 이동을 농촌으로 대
표시킨다는 우려가 있지만 이 글에서는 귀촌 브이로그가 많은 부분 '땅'을
매개로 한 이동, 농업 종사, 농촌의 자연환경 등을 포함한다는 의미에서 '농
촌'이라는 명명을 사용하였다.

나 경제적 여유가 있는 일부 사람들에 의해 행해졌던 결심으로 인식되었었다. 이와 달리 최근 부상하고 있는 '청년'의 귀촌은 노동·거주·라이프스타일 등의 소위 '정상성'에서 이탈하고자 하는 열망이 추동하는 사회문화적 현상이며 소셜 미디어를 통해 중계된다는 특징을 띤다. 다시 말해 오늘날 청년의 귀촌은 개인적 차원의 선호나 결심을 넘어 당대의 도시성과 매체성과의 관계 속에서 파악될 수 있다. 청년의 귀촌은 도시적 삶의 거부 혹은 불안에서 비롯되는 것이자, 도시의 거주 조건과 고용 및 인구 문제, 청년 정책 및 로컬 정책, 노동 문화와 라이프스타일의 변화, 미디어 조건의 변화 등과 연관되는 사회적 현상이다. 또한 동시대 청년의 귀촌은 유튜브나 인스타그램 등의 소셜 미디어를 통해 퇴사, 탈도시, 귀촌, 지역 정착, 농사, 창업 등의 아이템으로 중계되는 소재기도 하다.

한편 농촌의 재현은 주류 미디어를 통해서도 빈번하게 지속되어 온 콘텐츠 유형이다. 〈삼시세끼〉, 〈1박 2일〉, 〈효리네 민박〉 등이 대표적인 사례다. 이러한 콘텐츠들이 도시에서 일시적으로 벗어난 잠깐의 일탈을 보여주었다면 코로나19 팬데믹을 거치며 로컬에 거주하는 삶은 점차 대안적인 삶의 형태로 부상하기 시작했다. 연예인 이효리의 제주행은 대안적 삶의 한 형태를 유행시키는 데 큰 역할을 했다. 화려한 도시의 삶에서 벗어나 텃밭에서 농사를 짓고 동물, 음식, 자연과 함께하는 여유를 보여준 이효리의 삶은 힐링의 가치를 전달한 동시에(Fan Bo·남윤재 2018), 제주도 정착 인구의 증가, 각 지역에서의 '한 달 살기 열풍'을 불러오기도 했다. 이후 〈서울 체크인〉 같은 프로그램은 오늘날 '오도이촌'으로 불리는 사회적 열망과 현상의 시작으로 해석될 수 있다.[2]

이와 같이 귀촌은 대안적 삶의 실천이라는 의미를 강하게 내포한다. 은퇴 후의 귀촌과 달리 청년의 귀촌은 도시적 삶에서의 (자발적) 탈주라는 결심과 연관된다. 또한, "지배적인 대도시적 삶의 양식에 대한 개인의 인식과 실천"으로의 전환이자 "새로운 삶의 방식"으로서 생태적이고 대안적인 삶, 자립문화와 문화정치의 실천으로서의 "문화 귀촌"(송수연 2013, 147)이라고 부를 수 있는 새로운 형식과 내용으로 나타나고 있다.

일단 '귀촌'은 '촌락으로의 회귀'라는 의미에서 우리의

---

2. '오도이촌' 현상은 5일은 도시에서 2일은 농촌에서 보낸다는 의미의 신조어로 전원에 세컨드하우스를 마련하거나 주말이나 주중 일정한 시간을 자연과 더불어 보내는 새로운 라이프스타일을 말한다.

'근원'이 도시가 아닌 '촌락'에 있음을 내포하고, 촌락을 자연·근원·전통 등의 공간으로 규정한다. '귀농'에는 촌락을 농촌과 동일시하는 시각이 반영되어 있으며, 촌락에서의 정착 수단을 농업으로 삼는 사례를 말하기도 한다. 귀촌歸村의 '歸'가 '돌아가다'라는 의미를 띠는 한자라는 점을 고려하면, 귀촌은 도시가 고향인 사람이 촌락으로 이주하는 경우를 포괄하지는 못한다. 하지만 오늘날의 '귀촌'은 원래 고향이 어디냐에 관계없이 대도시를 떠난다는 의미를 갖는다. 귀촌 유형 또한 고향이 도시냐 지방이냐에 따라 U턴, I턴, J턴 등으로 정리된다.[3] 오늘날 '귀촌'은 "영농을 제1목적으로 주된 주거지를 도시에서 농촌으로 옮겨야 한다"는 '귀농'에 국한되지 않고 있다는 것이 특징적이다(주성식 2015).

또한 오늘날 농촌은 지역 소멸 서사와 함께 논의되고 있다. 수도권으로의 인구 집중, 저출생/고령화 등의 여러 현상과 연계된 지역 소멸 서사는 청년의 지역 이주를 장려

---

3. U턴이 농어촌에 살던 사람이 도시로 갔다가 고향으로 돌아오는 경우를 의미한다면, I턴은 도시에서 나고 자란 사람이 농어촌으로 가는 것, J턴은 농어촌 출신 도시 거주자가 연고 없는 타향으로 가는 것을 뜻한다(주성식 2015).

하는 여러 가지 정책적 지원으로 나타난다. 청년의 이촌향도가 1960~70년대 한국 사회 인구 이동의 주된 특징이었다면, 1990년대 외환위기 이후 부상한 "이도향촌"(주문희 2018) 현상은 다양하고 이질적인 인구를 농촌으로 유입하는 계기였다. 1990년대 귀촌이 IMF 이후의 대량 실직 및 해고 등의 경제적 위기와 관련되었다면, 오늘날 청년 귀촌은 도시적 삶의 문제와 그에 대한 대안을 찾아 나선 청년의 수요가 지방자치단체들의 지역 소멸에 대응한 각종 프로젝트들과 만나는 방식으로 나타나고 있다. 또한 청년의 도시 탈주 욕망, 도시적 삶이 갖는 문제들, 진정성을 찾아 헤매는 청년의 여정이 귀촌 브이로그 형식의 유튜브 콘텐츠를 통해 물질화되고 있다.

이러한 맥락에서 이 글은 특히 유튜브 브이로그 형식으로 순환되고 있는 '청년 귀촌'을 하나의 사회적 현상으로 보고, 이를 분석의 대상으로 삼고자 한다. 청년의 귀촌과 그것을 물질화하는 브이로그 실천이 '진정성'을 추구하고자 하는 삶의 여정의 일환이라고 보고, 청년들이 생애 주기에서 매우 중요한 결정들을 글로벌 플랫폼을 통해 타인과 공유하면서 도시와 자연, 직업과 자기 정체성, 일상과 자기와의 관계를 새롭게 구성해 가는 방식에 대해 탐색하고자 한다.

2. 디지털 민속지학을 통한 귀촌 브이로그 탐색

오늘날 디지털 공간에서 발생하는 다양한 사회적 현상에 대한 연구는 디지털 민속지학으로 수렴되는 방법론적 시도를 통해 이루어질 수 있다. 디지털 민속지학은 민속지학의 참여 관찰과 "두꺼운 기술"thick description(Geertz 2008)을 주요 기반으로 하며, 주로 특정한 주제의 온라인 콘텐츠와 온라인 커뮤니티에 대한 분석으로 대표된다. 디지털 기술의 발전에 따라 온라인 콘텐츠와 커뮤니티의 실시간성이 확장되면서 분석의 영역이 고정되고 특정되기보다는 일시적이고 분산적이라는 성격 또한 갖는다(Paoli and D'Auria 2021). 오늘날의 디지털 민속지학은 다양한 담론이 형성되고 기술적 속성이 매개된 "메타-영역"meta-field(Airoldi 2018)으로 볼 수 있다. 즉 디지털 공간은 연구의 현장인 동시에 댓글, 좋아요, 공유 등 다양한 기술-인간의 상호작용이 일어나는 영역이다. 콘텐츠 또한 크리에이터의 '연출된 자아'를 드러내는 재현의 수단이자 이용자와 생산자 모두의 행동을 알고리즘을 통해 끊임없이 조율하게 하는 공간이다.

조영한(2012, 102)은 가상공간을 연구의 '현장'으로 보고, 그 안에서 살아가는 사람들의 정체성, 그들 사이의 관계, 그 안에서 소비되는 각종 기호의 의미를 분석하는 것이 인터넷 민속지학의 목표라고 설명한다. 인터넷 초기에 인터넷 공간을 현실과 분리된 '가상의' 공간으로 인식했던 것과 달리, 스마트폰을 통해 개인 "일상의 콘텐츠화"(강신규 2022)가 쉴 틈 없이 이루어지고, 구독자, 플랫폼과 실시간으로 상호작용할 수 있게 된 현재의 매체 환경은 현실/가상의 대비를 무색하게 한다.

이러한 맥락에서, 이 글은 유튜브에서 '청년 귀촌', '귀촌 브이로그' 등을 키워드로 검색하여 도출된 청년 귀촌 브이로그 콘텐츠들을 구독하면서, 이러한 콘텐츠에 나타난 서사 및 재현의 방식, 댓글 등을 참여 관찰하였다. 해당 검색어를 통해 유튜브에서 검색된 채널 중 꾸준히 영상을 업로드하는 10개 채널을 관찰하였다. 검색 대상 중 대다수는 2~30대 여성이었으나, 40대 여성, 30대 남성도 있었다. 또 귀촌 유형은 도시에서 살다가 고향으로 돌아간 U턴 유형, 고향이 아닌 다른 지역으로 귀촌한 I턴 유형, 지상파 방송 PD로 '오도이촌'의 삶을 보여주는 유형 등이 있었다. 대다수는 도시에서 지역으로 귀촌한 J턴으로 분류될 수 있었다.

3. 진정성을 찾아가는 여정 : 청년의 귀촌과 브이로그

브이로그에 나타난 청년의 귀촌은 표준적인 도시적 삶
이 표방하는 '정상성'에서 탈주하고자 하는 주체적인 노력
에서 시작된다. 타인과 사회에 의해 통제되지 않는 진짜 '자

분류	내용 및 특징	구독자 수 및 영상 수	연령/성별	귀촌 유형
A	귀농, 농장, 카페 운영	448명, 51개	30대/남성	U
B	엄마와 시골 카페 운영	61명, 24개	20대/여성	J
C	시골 카페 운영	9천 명, 51개	20대/여성	J
D	동생과 시골 카페 운영	846명, 27개	20대/여성	I
E	직장생활 9년 후 귀촌, 카페 운영	124명, 15개	30대/여성	J
F	귀촌, 해외 유학 동생과 운영	21만 명, 96개	30대/여성	J
G	부부 귀촌, 아파트 귀촌	1,300명, 18개	30대/남성	J
H	자연과 음식, 요리	6천 명, 40개	40대/여성	J
I	지상파 프로듀서, 시골집, 책방	31만 명, 186개	30대/여성	오도 이촌
J	자연, 음식	4천 명, 85개	30대/여성	J

표 1. 관찰 대상 목록

기'와 자신이 좋아하는 일을 모색하는 과정을 통해 진정성authenticity을 찾고자 하는 여정의 일환으로 귀촌이 실행된다. 진정성이란 자기 삶의 주인이 되는 것을 뜻한다(김예실·이희경 2001). 찰스 테일러(Taylor 2001, 66)는 진정성이란 발견되는 것이자, 창조되고 구성되는 것으로서, 원작성originality을 내포한다고 보았다. 이는 사회의 규칙이나 도덕률처럼 외부에서 부과되는 것을 넘어 "자신의 내면과의 대화를 통해 옳고 그름의 기준을 판단하는 근대적 자아의 도덕적 이상"과 관련이 있다. 또한, "자신의 욕망과 이상에 충실하다는 것, 타율적 규범을 맹목적으로 따르지 않는다"는 의미를 갖는다(Taylor 2001, 40~46 ; 김홍중 2016 에서 재인용).

김홍중(2016)에 의하면 진정성은 공동체와 사회의 지배적인 문화 규범과 갈등하면서 자기 자신이고자 하는 몸짓으로, 자기와의 관계 속에서 구성된다. 그런데 이 또한 "하나의 체제이자 장치로서 주체를 형성하는 논리"를 갖는다(김홍중 2009b, 13). 그에 의하면 진정성이란 첫째, 자아와의 관계, 자기 주관성과 관련되며, 둘째, 상호작용 속에서 실행되는 수행적 사건이다(Albrecht 2008, 379~380). 셋째, 그것이 실현된 상태를 지향하는 미래의 소망 표상 즉 꿈이라는 맥락에서 접근할 수 있다. 좋아하는 것을 향한 열정과 "진정한 자기self"에 대한 열망은 경험, 체험을 통해 자기를 구성하는 "자기의 테크놀로지"이자 미래 지향적인 꿈이라는 것이다(김홍중 2016, 204~205).

이러한 맥락에서 청년의 귀촌과 브이로그 실천은 첫째, 지배적인 문화 규범과 갈등을 겪는 과정에서 '진짜 자아'와 '내가 좋아하는 것'을 찾는 진정성 탐색의 여정과 연관된다. 둘째, 이는 브이로그를 통해 중계, 기록되는 '수행적 사건'으로 나타나는 자아 프로젝트이며 아카이브로 물질화된다. 귀촌이라는 사적인 사건이자 개인 생애사에서 중대한 의미를 갖는 사건을 공개적으로 게시함으로써 로컬과 도시, 글로벌을 잇는 취향 공동체가 매개된다. 셋째, 이 과정을 통해 청년은 진정성이 실현된 귀촌의 삶이라는 미래를 꿈꾼다.

4. '진짜 나'를 찾는 과정과 그 기록

1) 진정한 나 : 도시적 삶과 생존자 모델에 대한 회의

도시는 높은 주거비와 불안정한 노동으로 청년 세대의 도시 적응을 어렵게 한다. 이양숙(2017)은 "도시적 폭력"이

현대 도시에서 공간의 분리와 사회적 배제로 나타나는 구조적 폭력으로, 청년 세대에게는 개인적이고 주관적인 폭력으로 전환되고 있다고 보았다. 공존이 허용되지 않는 도시공간에서 불안과 두려움, 고립감은 청년들의 극심한 고통으로 나타난다(이양숙 2017, 519). 우석훈과 박권일(2007)이 『88만원 세대』에서 공론화한 청년 비정규직화와 양극화 문제는 시간이 갈수록 심화되어 왔으며, 오늘날의 청년들은 이전 세대가 당연시해 왔던 생애 주기에 따른 과업을 더 이상 수행하지 못할 것으로 여겨지고 있다. 연애, 출산, 결혼을 포기한 삼포세대를 포함해, 인간관계, 내 집 마련 등을 포기한 오포세대, 꿈과 희망까지 포기한 칠포 세대 등(이승윤 2019, 21)의 신조어들은 청년들이 전통적인 생애 과업을 달성하기가 매우 어려워지고 있음을 드러낸다.

이러한 상황에서 신자유주의는 사회적, 경제적 불안정성의 증대와 개인화 및 선택의 담론으로 불안을 개별화하고 있다. 김홍중(2009a, 175)은 신자유주의가 제도의 차원을 넘어 "자신에게 고유한 인간형과 그의 행위 패턴을 지도하는 '문화'로서의 의미를 내포"하고 있으며, 행위자들의 "몸과 마음에 아비투스로서 육화"되어 있다고 본다. 그는 '육화된 신자유주의'를 주체의 형식(생존자)과 그의 도덕

체계(생존주의)로서 살핀다. 살아남는 것이 지상 최대 목표인 생존주의 사회에서 생존자는 살아남고자 노력을 경주하는 현실 행위자인 생존 추구자survival-seeker와 이들이 행위 준거로 삼는 이상적 모델인 생존자 모델survivor-model의 결합으로 나타난다. 생존자 모델은 부유함, 인정, 건강 등 세 유형의 생존을 성취한 존재로 탁월한 직무 수행 능력과 열정, 사교성, 신체 및 정신건강을 두루 갖춘, 사회적·경제적·문화적 삶에서 일정한 성취와 성공을 획득한 신자유주의의 영웅이다(같은 글, 192). 그러나 이러한 생존자조차도 "성공이 결코 보장되지 않은 일상적 불안의 주체"이자 "성취할 수 없는 것에 강박적으로 접근하는 주체"(같은 글, 180)다.

귀촌 브이로그에서 귀촌의 이유로 꼽히는 것은 도시적 삶의 불안정성과 감정적 소외 때문이다. G의 경우는 "북적대는 사람들, 그 속에서 느껴지는 외로움, 빌딩 숲" 그리고 "돈을 죽어라 모아도 살 수 없는 집"으로 인해 "도시가 싫어서" 귀촌을 했다고 밝힌다. 귀촌은 "200만 원의 월급으로는 도시에 살 견적이 안 나오는" 상황에서 오히려 "매우 비정상적으로 현실적이어야만"(G) 선택할 수 있는 선택지다. 따라서 G는 도시에 비해 매우 저렴한 지역의 아파트를 구입했다. F도 "10년 뒤에 20억짜리 아파트를 사기 위해 지금의 나를 희생하는 것은 별로 합당하지 않다"고 여기고 현재의 행복이 더 중요하다고 본다. 도시의 삶은 주거 비용의 면에서 일반 월급쟁이의 삶으로는 '견적이 안 나오는' 현실이기도 하지만, 미래의 안정을 위해 현재를 견디게 하는 수동적 삶을 살게 한다.

귀촌은 수동적이고 소외된 삶에서 벗어나 "삶의 정수"(F)를 맛보게 한다. 도시의 삶은 규칙적으로 일터에 나가 노동하고 주말에 소비와 여가를 즐기는 루틴으로 구성되는 산업 사회의 표준적 삶이지만 노동과 인간관계, 자기 자신으로부터의 소외를 동반한다. 석사까지 마친 이른바 "고학력 백수"인 F는 모범생의 표준적 삶을 살아 왔지만, 졸업 후 취업이라는 '정상적' 경로를 택하지 않고 '프리랜서'를 택했다.

이 사회의 일원이 되고자 혹독한 교육을 거친 나는 그럼에도 졸업 후 취업하지 않았다. 취업을 하기 싫었기 때문이었다. 회사 생활을 하기에 내 육신과 정신은 너무 나약했다. 아침마다 지옥철에서 모르는 사람의 냄새를 맡으며 주 3회 이상 술을 마시고 무엇보다 매일 9시부터 5시까지 날

소중히 하지 않는 회사에서 즐겁지 않은 일을 하며 좋아하지도 않는 사람들과 잘 지내는 척을 해야 한다면 나는 누구보다 빠르게 위장에 구멍이 뚫릴 자신이 있었다. 그래서 나는 프리랜서가 되기로 했다. 자유인이 되는 건 쉽다. 다만 돈을 못 벌 뿐이다. (F)

경쟁에서 도태되지 않는 것을 주요 과제로 보고 최선의 노력을 다하는 생존주의의 마음가짐을 일반화한 청년 세대들(김홍중 2015)은 대기업, 정규직의 삶을 이상화하고 주 5일 노동과 야근, 회식 등에도 굴하지 않고 다음 날 벌떡 일어나 출근하는 대학 졸업자의 이상적인 청년을 생존자 모델로 삼아 왔다. 그러나 귀촌 브이로그에서 확인할 수 있는 생존자 모델로부터의 자발적 이탈과 귀촌은 노동, 직업, 삶의 진정성 추구가 결부되는 방식을 탐색하게 한다. 분석 대상에 포함된 귀촌 브이로그는 도시 직장에서의 퇴사를 수반한다. 직장과 일의 의미에 대한 깊은 회의감과 자신의 남은 인생을 헌신할 즐겁고 의미 있는 일을 찾기 위해 퇴사와 귀촌이 이어진다. "애정했던 직장 생활"을 과감히 관두거나 일을 하면서 경험한 지역 소멸의 현실이 안타까워 귀촌에 관심을 가진 경우(D), 직장에서 '남의 일을 해 주는 느낌', 회사가 '나를 좌우하는 느낌'을 거부하기 위해 퇴사를 결심하고 귀촌한 사례(E) 등이 대표적이다. D의 경우 귀촌이 방송 작가로 일했던 자기 경험을 살릴 수 있는 자산이라고 여긴 한편, E의 경우 귀촌이 "찐 행복"을 찾고 "욕심내지 않으며 천천히 행복을 찾는" 여정이라고 생각했다.

『워싱턴 포스트』를 필두로 국내외 언론이 앞다투어 보도한 MZ 직장인들의 "조용한 퇴사"Quiet Quitting 현상은 직장인이 직장에서 주어진 것 이상을 하려는 생각을 중단하고 있다는 의미로 '돈 받은 만큼만 일한다', '정해진 시간만 일한다', '초과근무는 거부한다'는 식의 새로운 노동 양식을 뜻한다. 귀촌 브이로그 외에도 유튜브를 채웠던 '퇴사 브이로그' 유행 또한 그러한 맥락으로 직장과 일에 헌신하지 않고 업무 시간에 콘텐츠를 만들거나 퇴사를 위해 다른 일자리를 찾는 과정을 담는다. 이러한 청년상은 김홍중이 말하는 "신자유주의 생존자 윤리의 해체"(김홍중 2015, 207)로 볼 수 있다. 이는 생존자 모델이 제시하는 매력적인 성공의 판타지에서 각성하는 것으로(같은 글, 207) 청년들이 이상화해 왔던 생존자 추구와 지금껏 달성해 온 과업(학벌, 직장, 돈 등)의 성취가 자신이 진정으로 바라던 것이 아님을 자각하고 자아, 진정성, 내가 좋아하는 일을 찾아

나서는 여정과 연관된다. 이러한 각성이 바로 오늘날 청년의 퇴사 및 귀촌 브이로그에서 공통으로 나타나는 서사의 유형이다. 천주희(2019)는 청년 세대들의 퇴사 결심이 단순히 청년 '세대'의 문제가 아니라 변하지 않는 위계적이고 폭력적인 조직 문화에 있음을 보여준다. 또 이현서와 심희경(2016, 319)의 연구는 청년층이 열악한 노동 현실을 실제로 겪으면서 일에 대한 의미 부여가 변화해 간다고 보았다. 즉 생존 및 생계유지를 위한 일에서 삶의 목적과 진짜 하고 싶은 일을 찾는 과정으로 일의 목적과 의미가 변화한다는 것이다. 이러한 연장선상에서 귀촌은 도시를 전제로 한 노동과 정상성에서의 탈주와 자아에 대한 자발적 탐색을 수반한다.

산책과 자연에 대한 갈망이 귀촌 감행의 계기가 되기도 한다. 자칭 "도시 노처녀" H는 음식과 자연, 산책에 대한 선호가 귀촌의 계기였다. 일반적으로 귀촌은 가족 및 배우자와의 논의가 필요한 사안이기도 하다. 결혼을 하지 않은 경우 의사 결정의 단계가 한결 단순해지기는 하지만(H), 끊임없이 결혼과 관련한 질문에 시달리게 되기도 한다. 귀촌 여성 브이로거들의 영상에 자주 나타나는 유형은 결혼에 대한 사회 및 가족의 압박, 시시때때로 경험하는 결혼 관련

질문에 대한 견해를 밝히는 내용 등이 포함된다. 특히 여성에게 귀촌은 결혼에 대한 사회적 통념과 가족의 기대를 어느 정도 포기시키고 '정상성'에서 이탈하겠다는 선언의 일종이기도 했다.

2) 진정한 삶 : 문화 귀촌과 도시적 삶의 전환

청년의 귀촌은 도시와 노동과의 관계 속에서 진정성 있는 자아와의 관계, 자기가 좋아하는 일의 탐색으로 이어진다. 오늘날 귀촌은 농업 종사뿐 아니라 체험형 농장, 독립서점, 북 스테이, 카페, 숙박업 등 대안적 문화공간의 창업으로 확장되고 있으며 이 과정 자체를 브이로그로 담아내기도 한다.

송수연(2013)은 이러한 다양한 오늘날의 귀촌 현상을 "문화 귀촌"으로 명명한다. 이는 대도시를 떠나 지역으로 이동한다는 공간의 이전이나 물리적 삶의 이동을 넘어 "지배적인 대도시적 삶의 양식"에서의 전환을 의미하고 "표준화되지 않은 방식으로 소통하고 공유되는 문화적 통로를 만드는 과정"을 말한다. 문화 귀촌은 "창의적 삶으로의 새로운 이행"이자 "문화의 일상화, 일상의 문화화"를 제안하며, 대도시의 소비 중심적 삶과 "뿌리 뽑힌 삶"을 극복해 생태적이고 대안적, 문화적인 삶을 추구한다(같은 글, 149~150).

지금 당장 도시형 신체와 사고에 수동적으로 익숙해진 삶을 해체하고 다른 정주를 선택하기에는 무리가 있을 것이다. 그러나 바로 선택할 수 없다 하더라도 생활에서 자기 생산 능력을 적극적으로 찾아가야 한다. 도시 텃밭 운동을 통해 로컬 푸드를 즐기고, 가급적 육식보다는 채식을 선택하고, 일회용품을 사용하지 않고, 자전거를 즐기는 생활에서 우리의 삶은 자연과 함께하는 생태계를 구성해 갈 수 있다. 문화 귀촌은 지금 자신이 사는 곳에서도 가능하고 그것은 자급하는 삶의 가능성을 만들어 갈 것이다. 그래서 문화 귀촌은 농촌이나 소도시로의 이주가 아니라 새로운 삶을 위한 '선언'이 될 것이다(송수연 2013, 150).

이러한 의미에서 '문화 귀촌'은 기후 위기에 대한 문제의식과 실천, 생태적 삶에 대한 실천을 기조로 한다. 탈도시, 지역과 자연을 찾아 정주하는 것 자체가 표준화된 삶에 대한 거부 선언이다. 귀촌은 자급자족, 무소유, 즉 미니멀 라이프와 연결되며 불편하지만 단순한 삶을 살게 한다(J). "요즘 세상이 너무 복잡해졌기 때문"(J)에 "기술이 발달해도

시간 여유는 없는"(G) 삶을 살고 있으며 이러한 삶에 대한 "피로도"(J)가 느린 삶과 미니멀 라이프에 대한 필요성을 떠오르게 한다.

대안적인 라이프스타일로서의 '문화 귀촌'은 카페 등 자립적 문화공간의 창업으로 이어진다. 고용 불안정성이 높아진 시대에 문화적 취향을 전시하고 자본으로부터 독립한 유토피아적 공간으로서 '카페'는 새로운 세대의 직업관과 직업이 수행되는 장소가 된다. 김영롱(2021, 108~109)은 업무와 여가 시간을 "기존의 산업 공간에 바칠 수 있을 것이라는 전제를 부정해야만 청년 친화적 산업 공간을 이해"할 수 있다고 지적하면서 경리단길, 연트럴파크 등 골목 상권 인기로 대표되는 로컬 지향성, 학연과 지연, 혈연 대신 소셜 네트워크에 기반한 느슨한 연대, 정규직 형태의 표준적 고용 형태 대신 자유로운 노동의 추구 등이 오늘날 청년 세대의 특징이라고 보았다.

브이로그의 귀촌 서사들 역시 어디서 어떻게 노동할 것인가를 주요 테마로 다룬다. 농업 관련 창업 교육을 받고 농사를 지어보기도 했으나 농사로는 "2만 평 하지 않는 이상 승산이 없다"(D)고 보고 카페 창업을 하는 경우, 부모의 농업 일을 도우면서 인터넷 전국 유통망을 구축해 부모님

농장의 성장에 직접적 기여를 하는 경우(A) 등을 포함해 모친의 귀농에 뒤이어 시골 카페에 뛰어들거나(B), 여동생과 귀농해 카페를 차린 경우(D), 부모님 계신 곳으로 귀향해 농장 혹은 카페를 운영하게 된 경우(A, E) 등 가족 단위 창업으로 이어지기도 했다.

청년의 문화 귀촌은 청년 세대의 새로운 라이프스타일과 노동 문화를 반영하는 사례로서 익명성·개별화·부품화로 대표되는 거대한 조직의 일원으로 일하기보다는 가족 규모의 창업과 시간, 공간에서 독립적이고 자유로운 노동 환경의 마련(F, G, J) 등으로 나타난다. 이는 지방자치단체의 청년 지원 정책, 청년의 일상적 공간 실천, 새로운 노동 문화, 디지털을 통한 공간과 일상의 재현, 지역 공간의 미학화 등과 결부되어 진행되고 있다.

3) 진정성의 연출과 자아 프로젝트의 기록 : 브이로그 실천

브이로그를 통한 귀촌의 기록은 물리적 자아가 속한 지역과의 경험을 도시와, 세계와 나누는 경험으로, 퇴사, 귀촌, 정착 과정, 창업, DIY 인테리어 등의 내용이 브이로그를 통해 중계된다. 브이로그는 비디오video와 블로그blog의 합성어로, 유튜브 플랫폼에서 대중적인 장르로 자리 잡았다. 소소한 일상을 읊조리듯이 공유하는 형식의 브이로그는 유튜브의 90% 이상을 차지하고 있는 장르지만 셀리브리티 유튜버는 극소수로 대다수가 구독자 수 1만 명 이하로 나타난다(김소형 2022, 8).

브이로그는 보통 사람들의 일상, 자아, 개성, 자기표현이라는 "오랜 문화적 이상을 재작업할 수 있는 새로운 공간"(Smith 2017, 699)으로 디지털 기술의 특성이 반영된 새로운 담화 양식을 통해 평범한 개인들의 이야기 루프가 형성되는 문화적 공간으로 의미화되기도 한다(이해수 2022). 또한 브이로그는 유튜브의 하위문화일 뿐 아니라 일상성의 발견, 보통의 생산자에 의한 수행 등의 특징으로 근본적이고 급진적인 의미를 갖는다(김예란 2020).

사라 바넷-와이저(Banet-Weiser 2012, 10)는 진정성의 개념이 개인들이 일상을 조직하고 자신을 주조하는 방식과 관련해서 이해될 수 있다고 본다. 특히 상업적 브랜딩의 논리와 전략을 통해 이해되고 경험되는 문화에서 진정성은 "개인적 저항의 가능성과 동시에 기업 헤게모니의 가능성"을 갖는다(같은 글, 12). 브이로그를 통한 귀촌 일상의 중계는 상업적 수익화보다는 소소한 일상의 가치를 기록하는 것에 의의를 둔다고 의미화된다. 실제로 귀촌 브이로그의 처음은 "대박이 나든 말든 우리의 젊은 날을 영상으로 담아 놓는 것에 의의"(F)를 두는 것으로 시작한다. 그러나 브이로거들은 귀촌의 삶이 갖는 불안정성으로 인해 전업 유튜버로서의 가능성을 늘상 고려하는 것으로 이어진다. 브이로그는 청춘과 귀촌의 기록을 포함해 "대충 넘겼을 일들이 소중한 기억처럼 기록이 되어 남게"(F) 하는 장점이 있는가 하면 그로 인해 모든 일상을 콘텐츠화(강신규 2020)하려는 강박에 사로잡히게 해 "유튜브에 잡아먹힌 삶"(F)을 살게 한다.

김예란(2020, 159)에 의하면 브이로그는 점점 더 눈에 띄고 표준화된 문화 작업 형식으로서 진정성의 연출에 기술이 필요하다는 점을 상기시키며(Ashton and Pacel 2018) "친밀성의 자본화"(Raun 2018)와 "자아의 상품화"라는 플랫폼 자본주의의 상업 논리 속에서 작동한다(김예란 2020 ; 강신규 2020). 특히 귀촌 브이로그 형식에서 농촌의 자연과 일상은 "소셜 미디어 엔터테인먼트"(Cunningham, Craig 2017)의 일환으로 이색적인 재현 대상으로 중계된다. 이 과정에서 브이로거로서 개인은 유튜브 플랫폼 알고리즘의 작동 원리를 파악해 섬네일, 자막 등을 포함한 콘텐츠 형식을 조율하며 귀촌 브이로그의 전형성을 전시한다. 잔잔한 일상, 얼굴이 나오지 않거나 음성 녹음 혹은 자막으로 속마음을 표현하는 방식이 브이로그의 주요한 형식이다.

귀촌 브이로그의 내용으로는 퇴사, 귀촌의 계기, 가족 구성원들의 반응, 시골에서 집을 사고 꾸미는 과정, 카페 창업 등의 과정, 농사와 수확, 시골에서의 텃세 경험, 생계의 문제와 돈, 투자, 빚의 문제 등이 포함된다. 시골 생활의 의미, 삶의 지향성, 결혼의 의미, 미니멀라이프, 자연과의 관계, '리틀 포레스트식'의 자연 묘사, 요리 및 집밥 등도 주요 콘텐츠다. 특히 여성의 경우 시골 생활의 어려움에 대한 질문들, 결혼에 대한 생각, 귀촌 후 오히려 좁아진 생활반경에서 여성에 대한 과도한 관심에 대한 불안 및 불만 등을 콘텐츠화하기도 한다(H).

가족의 귀촌 반대도 주요한 콘텐츠 유형이다. 고향에서 평생 농사를 짓고 산 A의 아버지는 아들이 도시에서 예쁜 옷과 구두를 신고 좋은 차를 타고 "출퇴근하는 삶"을 살았으면 하는 "모든 부모와 같은 마음" 때문에 아들의 귀향을 반대했다고 밝힌다. 그러나 A는 농업이 산업으로서 성장 가능성이 있는 미래가 있는 직업이라고 보았다. 인터넷을 통해 아버지의 농산물을 전국 유통망으로 수월하게 확장시킬 수 있고, 농장 내 카페를 오픈해 소셜 미디어를 통해 홍보하면서 지역성은 고립된 것이 아닌 도시 대중과 끊임없이 소통하는 것이 된다. 실제로 귀촌 브이로그를 통해 확인 가능한 것은 이들이 물리적 공간의 한계를 넘어 네트워크로 연결된 디지털 공간에서 자신과 유사한 상황의 "네트워크 공중"networked public(Boyd 2010)을 만나고자 하는 욕구가 기반이 되고 있다는 것이다. 귀촌 브이로거들은 댓글로 수용자와 "연결의 관계적 노동"relational labor of connection(Baym 2015)을 수행하는데, 이는 로컬을 도시와 세계와 연결하는 동시에 로컬의 삶을 꿈꾸는 다른 이들을 독려하면서 귀촌을 하나의 문화적 양식으로 부각시킨다.[4]

그런데 브이로그를 통한 귀촌의 기록은 창의 산업의 노동 성격과도 닮아 있다. 헤스먼달프와 베이커(Hesmond-halgh and Baker 2011)는 창의 산업의 노동과정에서 좋은 노동이 좋은 급여, 적절한 노동 시간, 자율성, 흥미와 참여, 사회성, 자존감, 자아실현, 일-삶의 균형, 노동 보장성 요

---

4. 귀촌을 꿈꾸는 이들의 응원과 공감의 내용이 댓글을 통해 나타난다. "서울에서만 50년 가까이 살았어요. 꽤 괜찮은 직장도 얻고 나름 나쁘지 않은 직장생활을 하고 있다고 생각하지만, 시간이 지나면서 조금씩 지쳐가는 걸 느낍니다. 서울은 너무 분주해요. 항상 바쁘고 정신없고 사람을 더 빨리 달리도록 하는 것 같아요."/"와⋯. 시골에서 직접 부딪히면서 배워가시는 모습이 정말 많은 걸 생각하고 느끼게 하네요"/"전 미국 시골에 사는데 말씀하시는 것에 완전 공감합니다."(F 영상에 대한 댓글)

소를 갖추고 있다면, 나쁜 노동은 형편없는 급여, 지나친 노동 시간, 무력감, 따분함, 고립, 낮은 자존감, 창피함, 자기 발전의 좌절, 과잉 노동, 리스크를 갖고 있다고 보았다. 이러한 대비적인 성격은 배타적이지 않으며, 자아실현의 좋은 노동이 과잉될 때 나쁜 노동의 자기 착취로 이어질 수 있다(Hesmondhalgh and Baker 2011 ; 김소형 2022에서 재인용). 이는 플랫폼 자본주의의 일환으로 자기 삶을 기록하는 브이로그 노동 자체는 물론 문화 귀촌이라는 현상을 추동하고 실현시키는 방식에서도 나타난다. 문화 귀촌 자체가 '대도시'와 '나쁜 노동'과의 변증법적 관계 속에서 실행되는 것이고, 창업과 브이로그를 통한 이러한 내용의 공유는 퇴사, 귀촌 등 삶의 고난 혹은 새로운 결정을 극복하고 새롭게 재기하는 서사로서 작동하고 있다. '귀촌'의 기록은 단순한 일상 브이로그가 아니라 삶에서의 급진적인 변화로서 도시와 대비되는 이색적인 지역의 풍광, 지역 정착 과정에서의 어려움, 정착 과정 자체의 기록과 공유 등으로 이어지며, '귀촌'이라는 일련의 문화적 흐름을 만들어 내는 데 기여한다.

　'귀촌 브이로그' 형식 자체가 유튜브 브이로그의 새로운 유형으로 부상하는 만큼 "유튜브를 찍기 위해 귀촌한"(F, I) 사례도 있다. 구독자 20만 명이 돌파한 F는 "고품질의 영상을 만들기 위해 스스로를 갈아 넣는" 상황에 직면했고 유튜브에 "쏟아붓는 노력과 에너지는 더 이상 취미 수준이 아니게" 되었다고 밝힌다. "매주 마감에 시달리는 자유 노예"로서 "엉덩이가 헐도록 오랫동안 작업해야 하는 쳇바퀴 같은 삶"이지만 구독자들의 응원이 힘을 얻게 한다(F). 피디 출신의 귀촌 브이로그는 오도이촌을 콘텐츠화한 사례로 높은 조회수와 구독자 수를 기록하는데, 영상 퀄리티, 초대 게스트, 시골집의 규모 및 인테리어 수준 등에서 일반 개인의 소소한 귀촌을 넘어서는 볼거리를 제공한다(I).

성공의 과정을 보여주거나 고품질의 영상미를 뽐내는 귀촌 브이로그가 흔한 것은 아니다. 귀촌은 그 자체로 삶의 정착지를 옮기는 일이자 타향에서 자신의 자리를 잡아가는 과정으로서 다양한 실패의 과정을 동반하기도 한다. 이러한 실패 과정을 다룬 콘텐츠 또한 귀촌 브이로그의 한 유형이다. 마을 사람들의 텃세에 직면하기도 하고, 이어받은 카페에서 사기를 당하거나 실패하면서 '귀촌 실패'를 선언하고 서울행을 결심하기도 한다. 그러나 "다시 기회를 얻게 되어" 다른 카페를 오픈한 경우 오히려 뒤늦게 귀촌한 여동생의 설득으로 정착을 결심했다(D). 카페를 "잘 모르는데 카페를 열어서" 1년간 밤잠을 설치기도 한다(B). 카페 창업, 귀농 등은 "리틀 빚레스트"(H)로 묘사되면서 귀촌이 삶을 불안정하게 만드는 경제적 위기감으로 나타나고 있는 현실을 전달하기도 한다. 동네 어르신들의 사생활에 대한 과도한 관심, 빚 청산을 위한 노동, 생업을 찾기 위한 노력 등이 귀촌 현실을 다루는 영상의 주요한 내용이다.

이러한 사례들은 '자기가 좋아하는 일'이라면 노동권의 보호를 받지 않고도 끊임없이 자기계발을 수행하는 열정 노동의 대표적 사례로(최태섭 2020) 한편으로는 스스로를 다른 형태의 새로운 '생존가 유형'으로 갈고 닦는 '개인화 과정'과도 결부된다. F는 "나다운 삶을 표방하는 유튜브 채널"을 운영하는 만큼 높은 연봉의 스카우트 제의를 고민 끝에 거절하면서 "정해진 궤도를 벗어나려 노력"했으나 돈에 자주 굴복했고 그 때문에 "주체적인 생활에 브레이크"가 걸린다고 여긴다. '나다움', '진정성'은 경제적 자유와의 관계에서 아슬아슬한 줄타기를 벌이는 셈이다. 귀촌 친구들과 귀촌의 장점을 나열해 보자는 F의 제안에 친구들은 모두 귀촌 생활의 경제적 불안정성을 토로하기도 했다. 또 B는 카페 수익으로 200만 원이 채 되지 않는 수익을 냈다고 공개하면서 지출을 어떻게 줄일까를 함께 고민하기도 한다.

주체적인 생활을 방해하는 도시와 회사를 떠나 귀촌,

창업, 유튜버를 택하는 청년의 문화 귀촌과 브이로그를 통한 중계는 정상성과 '생존가 추구형'의 삶을 벗어나 주체적이고 대안적인 삶을 찾으려는 개인의 욕구와 관련된다. 그러나 텃세를 극복하고 카페를 성공시키면서 바쁜 노동의 굴레에 다시 종속되거나 빚을 갚아야 하는 상황, 구독자를 고려한 유튜브 노동에 얽매이는 과정, 농촌 생활의 예측 및 통제 불가의 삶이 귀촌 사례에서 반복되기도 한다.

이와 같이 귀촌 브이로그를 통해 확인할 수 있는 것은 귀촌이 청년들에게 새로운 삶의 방식이자 대안으로 제시되고 있으며 네트워크 연결성으로 인해 로컬 이주가 비슷한 라이프스타일의 공동체 혹은 연대로 구성되고 있다는 점이다. 다른 한편으로 자기계발과 자기 통제, 개인화를 바탕으로 한 "생존을 향해 특수하게 정향된 새로운 유형의 진정성(생존주의적 진정성)"(김홍중 2015)이 새로운 노동의 유형으로 구성되고 있음을 확인할 수 있다.

5. 나가며

이 글은 오늘날 두드러지는 사회적 현상으로서 청년 귀촌과 그것을 중계하는 귀촌 브이로그에 주목하였다. 청년의 귀촌은 대도시의 경쟁적 삶으로 대표되는 신자유주의 '생존자 모델' 혹은 '생존자 추구형'에서 벗어나고자 하는 시도에서 비롯된다. 지금과 다른 삶은 없을지, 그것은 무엇일지, 구체적으로 어떻게 실행해 나갈지를 고민하고 그것을 수행하는 하나의 수단으로 귀촌이 상상되고 실현된다. 또한 농촌을 다루는 미디어 재현물을 포함해 유튜브 등의 소셜 미디어를 통한 귀촌 브이로그가 청년의 귀촌을 부추기고 성사시키는 매개체가 된다. 유토피아로서 농촌은 자연의 사계절을 온전히 느낄 수 있고 인스턴트가 아닌 집밥을 느린 속도로 여유 있게 만들어 먹을 수 있는 곳이자 바빠서 잊고 있는 사소한 일상을 온전히 누릴 수 있게 하는 공간으로 상상, 재현된다. 귀촌은 진정한 나, 진정한 삶, 즐길 수 있는 일을 찾아가는 자아 프로젝트의 일환으로 브이로그를 통해 기록, 저장되며 네트워크를 통해 지역을 넘어 공유된다.

청년들의 도시 탈주 욕망, 도시적 삶이 가진 문제와 한계들, 진정성을 찾아 헤매는 청년의 열망이 결합하여 청년 귀촌이 구성되고 있다. 내 삶의 주인이 되는 과정으로 그간 억압되어 있던 '나'의 존재를 발견하고, 내가 좋아하는 일이 무엇인지를 찾으며, 자연의 일상 속에서 청년들은 위안을 받는다. 귀촌은 다양한 삶의 방식을 인정하고 생태주의적, 대안적 삶을 선택하는 '문화적인 것'으로 나타난다.

귀촌을 통해 청년들은 도시적 삶과 생존자 모델에 대한 회의를 표출하고 진정한 나를 발견하고자 한다. 이들은 "정해진 길을 가지 않으려는" 열망으로 개성 없는 부품으로서의 회사형 인간의 삶을 거부한다. 프리랜서, 창업 등으로 새로운 노동을 수행하고자 하며 유튜버도 그러한 과정의 일환이다. 자신이 누구고 무엇을 좋아하는지, 어떠한 일을 좋아하고 할 수 있는지 파악하는 과정이 나에 대한 탐색이었다면 진정한 삶에 대한 추구는 '문화 귀촌'으로 나타난다. 자급적이고 생태적 삶을 표방하는 '문화 귀촌'은 타율적 규범보다는 소신을 믿고 따르겠다는 새로운 삶에 대한 가치적 선언으로 도시적 삶의 전환으로서의 의미를 갖는다.

브이로그를 통해 기록되는 진정성 추구의 여정은 청년의 청춘과 귀촌이라는 이벤트를 중계하면서 개인의 성장 서사와 지역성을 재현한다. 퇴사와 탈도시, 귀촌, 창업 등 삶의 주요 사건을 브이로그로 공유하면서 알고리즘을 통해 비슷한 청년들의 열망이 순환된다. 또 브이로거로서 일상의 모든 것을 콘텐츠화하려는 열망, 진정성과 아마추어리즘의 연출을 통해 자아를 상품화하고 브랜드화하는 플랫폼 자본주의의 논리하에서 귀촌 브이로그는 하나의 주요한 브이로그 형식으로 부상하고 있다. 또 귀촌 브이로그는 노동 조건에 대한 통제 열망을 강하게 표출한다. 도시적 삶의 표준적인 방식인 '출퇴근하는 삶'을 벗어나 자기 삶과 노동 조건을 스스로 통제하려는 열망을 표출하며, 물리적 장소와 관계없이 네트워크로 연결된 자신과 유사한 '네트워크 공중'을 만나려는 바람으로 브이로그를 중계한다.

이러한 과정은 신자유주의적 생존자 모델이 더는 이상적인 삶의 모델이 아님을 보여준다. 청년들의 귀촌 브이로그들이 이러한 생존자 모델에 대한 거부에서부터 시작하기 때문이다. 그러나 유튜브 플랫폼의 알고리즘과 새로운 형식의 기술 자본주의 자장 안에서 귀촌 브이로그는 특정한 전형성과 내용을 담보한 콘텐츠로 자리 잡고 있다. 소소함과 대안적 삶을 향한 열망이 유튜브 공간의 귀촌 브이로그라는 흐름을 만들어 내고 있으며 진정성을 향한 추구와 진정성의 연출이 귀촌 브이로그의 내용과 형식을 채우고 있다. 이러한 사례는 대안적 삶을 향한 청년 세대의 열망을 유튜브의 흐름으로 확인하게 하는 동시에, 귀촌의 중계가 생계의 새로운 방식으로 떠오르고 있음을 확인시킨다. 청년의 귀촌과 귀촌의 브이로그화는 도시적 삶의 대안을 찾고자 하는 열망을 보여줄 뿐 아니라 끊임없는 자기계발, 자기 통제, 개인화(김홍중 2016)를 수반하는 청년 노동자의 새로운 삶-노동 에토스를 발전시키고 있음을 보여주는 것이기도 하다.

:: 참고문헌

강신규. 2020. 「커뮤니케이션 소비로서의 랜선문화: 브이로그 수용과 '연결' 개념의 확장」. 『한국방송학보』 34(6): 11~55.

김소형. 2022. 「아마추어 브이로그 유튜버의 자기 계발 현상과 노동에 관한 연구」. 『한국언론정보학보』 114: 7~29.

김영롱. 2021. 「청년들이 왜 떠나는데? 일만 하기 싫으니까」. 『국토』 (2021): 108~109.

김예란. 2020. 「플랫폼 생산자와 일상성: 일상 브이로거의 삶과 노동」. 『한국언론정보학보』 101: 153~199.

김예실·이희경. 2001. 「진정성에 대한 고찰」. 『인간이해』 31(2): 1~21.

김초롱·오세일. 2017. 「대기업 청년 퇴사자의 진정성과 자기계발」. 『사회이론』 51: 103~139.

김홍중. 2009a. 「육화된 신자유주의의 윤리적 해체」. 『사회와이론』 14: 173~212.

_____. 2009b. 「진정성의 기원과 구조」. 『한국사회학』 43(5): 1~29.

_____. 2015. 「서바이벌, 생존주의, 그리고 청년 세대」. 『한국사회학』 49(1): 179~212.

_____. 2016. 「진정성의 수행과 창조적 자아에의 꿈」. 『한국사회학』 50(2): 199~229.

송수연. 2013. 「새로운 문화정치의 장, 자립문화 운동」. 『문화과학』 73: 145~159.

우석훈·박권일. 2007. 『88만원 세대』. 레디앙.

이승윤. 2019. 「청년 불안정노동의 시대」. 『황해문화』 여름호: 20~43.

이양숙. 2017. 「도시적 삶과 폭력의 양상」. 『외국문학연구』 67: 155~174.

이해수. 2021. 「디지털 스토리텔링의 재조명: 암 환자들의 유튜브 투병 브이로그를 중심으로」. 『미디어, 젠더 & 문화』 36(1): 229~273.

이현서·심희경. 2016. 「청년층 이직과정에 나타난 일 경험과 일의 의미: '가족 중심 개인화' 전략으로써의 이직」. 『문화와 사회』 22: 283~348.

이희은. 2019. 「유튜브의 기술문화적 의미에 대한 탐색: '흐름'과 알고리즘 개념의 재구성을 중심으로」. 『언론과 사회』 27(2): 5~46.

임혜린. 2021. 「〈리틀 포레스트〉에 나타난 청년세대의 재현 양상」. 석사학위. 한양대학교 일반대학원.

조영한. 2012. 「인터넷과 민속지학적 수용자 연구」. 『미디어, 젠더 & 문화』 21: 101~134.

주문희. 2018. 「농촌 마을의 재구성과 차이, 공존의 장소정치」. 『한국지역지리학회지』

24(3) : 447~465.

주성식. 2015. 「제주도서 콩농사 지은 이효리는 귀농? 귀촌?」. 『아시아투데이』. 2015년 3월 12일.

짐멜, 게오르그. 2005. 『짐멜의 모더니티 읽기』. 김덕영 · 윤미애 역. 새물결.

최태섭. 2020. 「오늘날 일이란 도대체 무엇인가? : 청년노동의 난점들」. 『문화과학』 101 : 243~252.

천주희. 2019. 『회사가 괜찮으면 누가 퇴사해』. 바틀비.

Fan Bo · 남윤재. 2018. 「예능프로그램에 내재화된 힐링 : 〈효리네 민박, 시즌1〉 서사분석」. 『커뮤니케이션학 연구』 26(3) : 363~387.

Airoldi, M. 2018. "Ethnography and the digital fields of social media." *International Journal of Social Research Methodology*. 21(6) : 661~673.

Ashton, Daniel and Karen Patel. 2018. "Vlogging careers : Everyday expertise, collaboration and authenticity." *The New Normal of Working Lives : Critical Studies in Contemporary Work and Employment* pp.147~169.

Banet-Weiser, Sarah. 2013. "Authentic : The politics of ambivalence in a brand culture." *Canadian Journal of Communication* 38 : 443~454.

Baym, Nancy K. 2015. "Connect with your audience! The relational labor of connection." *The Communication Review* 18(1) : 14~22.

Boyd, Danah. 2010. "Social network sites as networked publics : Affordances, dynamics, and implications." In *A Networked Self*. pp. 47~66. Routledge.

Cunningham, Stuart and David Craig. 2017. "Being 'really real' on YouTube : authenticity, community and brand culture in social media entertainment." *Media International Australia* 164(1) : 71~81.

Delli Paoli, A. and D'Auria, V. 2021. Digital Ethnography : A Systematic Literature Review. *Italian Sociological Review* 11(4S) : 243~267

Geertz, Clifford. 2008. "Thick description : Toward an interpretive theory of culture." *The Cultural Geography Reader*. Routledge. pp. 41~51.

Hesmondhalgh, D. and Baker, S. 2011. "Toward a political economy of labor in the media industries." *The Handbook of Political Economy of Communications*. pp. 381~400.

Raun, Tobias. 2018. "Capitalizing intimacy : New subcultural forms of micro-celebrity strategies and affective labour on YouTube." *Convergence* 24(1) : 99~113.

Smith, Daniel R. 2017. "The tragedy of self in digitised popular culture : The existential consequences of digital fame on YouTube." *Qualitative Research*

17(6) : 699~714.

Taylor, Charles. 2001. *The Ethics of Authenticity*. Harvard University Press.

가상 세계 대 '현생',
혹은 다중 세계를 횡단하기 :
〈내언니전지현과 나〉와 유저들의 생존기

배주연

1. 위기를 감지하기

2020년 개봉한 〈내언니전지현과 나〉(박윤진 감독)와 2021년 부산국제영화제에서 최초 공개된 〈성덕〉(오세연 감독)의 공통점은 이른바 '덕밍아웃' 영화이자 덕질의 위기를 경험하게 된 여성 감독들의 자기 고백/성찰적 서사라는 데 있다. 전자가 더 이상 업데이트되지 않는 게임에 빠져 있는 사람들이라는 데서 이야기가 출발했다면 후자는 남성 연예인들의 성폭력과 추행 등으로 인해 팬질의 대상을 상실한 여성들의 이야기를 담고 있다. 이들은 자신들이 오랜 시간을 들여서 '애정한' 대상을 자신들과 마찬가지로 즐기고 공유했던 사람들을 찾아가 이들을 카메라에 담고, 자신이 아닌 타자들의 이야기를 통해 자신이 몸담고 있는 혹은 몸담았던 '취향의 공동체'를 우회적으로 돌아보고자 한다.[1]

게임 커뮤니티와 팬 커뮤니티에는 종종 "현생에 치여서 게임을/덕질을 한동안 못했어요"라는 이야기가 올라온다. 게임과 팬 커뮤니티라는 온라인 공간은 여기에서 현실

---

1. 특히 게임과 덕질이라는 '취향의 공동체'는 자본주의 경제 질서 내에서 비효율적이고 비생산적인 것으로 간주되어 왔다는 점에서 이들의 자기 서사화는 기존 시스템의 비주류적 영역을 전면에 내세우는 글쓰기 전략이 된다.

의 세계 혹은 현생과 대비되는 일종의 가상 세계인 셈이다. 이런 점에서 가상의 공간은 현실의 대리 보상물 혹은 대항-유토피아counter-utopia로서 종종 이야기된다. 그러나 가상 세계는 현실에 부차적인 것이거나 대항 유토피아 — 그 정의대로라면 현실에 존재하지 않는 것 — 에 머무르지 않는다. 김양은은 사이버 문화의 특징으로 개인의 문화 생산, 커뮤니티 문화, 생산의 문화를 꼽는데, 여기에서 개인은 개인의 정체성을 부여하는 아이디, 아바타 등을 생산하고 이를 통해 가상의 공동체와의 커뮤니케이션에 참여하며 기존 소수의 전문가들이 전유하던 문화생산의 역할을 넘어 자신들만의 고유한 문화를 만들고 공유한다(김양은 2009, 11~14). 온라인 공간이 놀이, 커뮤니케이션 공간으로서 중요한 역할을 하고 있다는 것이다. 특히, 오늘날 도시에서 살아가고 있는 사람들에게 온라인으로 매개되지 않은 관계나 삶은 상상하기 힘들다. 이런 점에서 티지아나 테라노바는 현대 도시를 "기술사회적 매개"technosocial medium라고 부른다(Terranova 2021 ; Kim and Chung 2023, 5에서 재인용).

그렇다면 두 영화가 다루고 있는 가상 세계의 붕괴는 하나의 대안적 탈출구가 사라진 것이 아니라 자기 정체성의 기반 상실의 문제와 맞닿는다. 이 글에서는 〈내언니전지현과 나〉가 구현하는 현실 세계와 가상 세계의 관계, 디지털 장소로서의 가상 세계의 의미와 장소 상실에 대처하는 유저들의 행위를 살펴보고 이를 통해 현실 세계 및 가상 세계와 관계 맺는 오늘날 주체의 문제를 살펴보고자 한다.

영화 〈내언니전지현과 나〉는 이른바 '망겜(망한 게임)'으로 불리는 넥슨의 〈일랜시아〉 유저들을 다룬 다큐멘터리다. 다큐멘터리를 만든 박윤진 감독은 〈일랜시아〉 게임 속 '마님은돌쇠만쌀줘'라는 길드의 마스터로 활동하고 있다. 제목에 소개된 '내언니전지현'은 감독의 게임 속 활동명이다. 따라서 영화의 제목인 '내언니전지현과 나'는 동일 인물을 가리키는 두 개의 호칭인 셈이다. 그러나 감독은 게임 아이디인 '내언니전지현'과 감독 자신을 지칭하는 '나', 이렇게 두 개의 호칭을 사용해 게임 속 자신과 '나'를 구분한다. '내언니전지현'은 길드 마스터이고, 오랫동안 〈일랜시아〉를 이용한 게임 유저이자, 길드 회원들에게 다가갈 때 자신을 소개하는 이름이 되며, 카메라 앞에서는 16년 차 〈일랜시아〉 유저로서 인터뷰에 응하는 자이다. 반면 '나'는 이 다큐멘터리의 감독이고, 길드 회원들을 찾아가 인터뷰하는 자이다. 그러나 "내가 아플 때 게임 속 캐릭터를 병원에 데려다 놓으면 덜 아픈 것 같다"는 감독의 말처럼 이 둘이 분명하게 분리되지 않는다는 점에서 어쩌면 이 다큐멘터리는 거리 두기의 실패를 향한 여정이기도 하다. 그리고 이러한 분리의 실패는 아래에서 설명하겠지만, 현실과 가상 세계가 분리 불가능하다거나 어느 한쪽이 다른 한쪽을 반영하고 있기 때문이 아니라 오늘날 사회가 다중 세계를 동시적으로 경험하는 주체를 요청하기 때문이다.

이 글에서는 폐허가 된 공동체에도 여전히 남아있는 이들이 디지털 공간을 장소로 전유하고 있음을 밝히고, 이것이 가상 세계와 현실 세계를 동시적으로 경험하는 세대들의 장소 상실에 대한 저항임을 밝히고자 한다. 또한 이 글에서는 가상과 현실을 횡단하는 오늘날의 디지털 주체를 다중세계적 주체로 명명하고 이를 통해 디지털 폴리스의 주체성 문제를 탐색하고자 한다.

2. 붕괴된 '현생'의 구원자, 〈일랜시아〉

넥슨이 개발한 〈일랜시아〉는 최초의 레벨 없는 MMOR-PG 게임(다중 사용자 온라인 롤플레잉 게임)으로 2000년대 초반 큰 인기를 누렸으나 보다 화려한 그래픽과 상업성을 갖춘 새로운 게임들이 출시되면서 점점 인기를 잃게 되었다. 이용자가 줄어들자, 넥슨 역시 10여 년 넘게 업데이트하지 않아 게임은 방치된 채 남았다. 〈일랜시아〉의 많은 유저들이 새로운 게임으로 옮겨 갔지만, 여전히 〈일랜시아〉에는 사람들이 찾아와 게임을 하고 있다. 감독 역시 이러한 유저 중의 한 명이다. 영화는 여전히 〈일랜시아〉를 떠나지 '못하고' 남아 있는 사람들을 찾아 왜 〈일랜시아〉를 하고 있는지에 대해 답을 찾고자 한다.

감독이 찾아가는 이들은 '마님은돌쇠만쌀줘'의 길드 회원들로 대부분이 90년대생이다. 감독의 게임 아이디에도 '전지현'이라는 2000년대 초 가장 '핫'했던 스타 중의 한 명의 이름이 들어가 있다. 이런 점에서 영화는 90년대생들의 문화적 기억을 소환한다. 유운성은 "게임의 길드 구성원들과 21세기 초반의 사회문화적 구성물들이 서로 교착되는 장을 가로지르는 흥미진진한 자기민속지"라는 말로 영화를 정의내린다(유운성 2020, 226).

이는 〈일랜시아〉와 IMF로 대표되는 1997년의 외환위기를 연결시키는 장면에서 가장 두드러지게 드러난다. 영화는 IMF 사태의 시작을 알리는 뉴스 화면을 영화 초반에 삽입하고, 그로부터 2년 뒤 〈일랜시아〉가 등장했다는 사실을 알린다. 이러한 연결은 한편에서는 '망한' 국가에 대한 대리 보충물로서 게임의 등장을 의미한다. 박동수는 "지구에 떨어진 카오스를 피해 떠난 고대인들이 영력을 하나로 모아 〈일랜시아〉를 만들었다는 게임의 설정은, IMF 외환위기와 연관된 뉴스 화면을 보여주며 시작되는 〈내언니전지현과 나〉의 대응물이다"라고 지적하며, 위기에 나타난 구원자적 존재로 일종의 게임을 바라본다(박동수 2021, 153).

그러나 성공적으로 출시된 〈일렌시아〉가 이른바 '망겜'(망한 게임)이 되면서 결과적으로 OECD 가입 1년만에 외환 위기를 맞이하게 된 '망한' 국가와의 유사성이 강조되는 결과를 낳는다. 힘든 세상을 구원하는 일종의 판타지처럼 보였던 게임 세계는 결국 현실의 위기를 고스란히 반영하는 것처럼 보인다.

3. '노력의 보상'에서 '능력의 보상'이 된 〈일랜시아〉

"누구든지 무엇이든지 될 수 있는 곳, 국내 최초 레벨 없는 RPG 게임 〈일랜시아〉 출시"라는 자막에서 알 수 있듯이 〈일랜시아〉가 인기를 얻었던 이유는 계급 없이 모두가 평등하게 꿈을 꿀 수 있는 곳, 높은 자유도로 인해 모두가 노력한 만큼의 보상을 받을 수 있다는 게임의 설정 때문이었다. 〈일랜시아〉의 유저들은 "넥슨의 모든 게임은 돈이 없으면 아무리 노력해도 고스펙 유저가 될 수 없다. 버려진 〈일랜시아〉만이 그나마 평등을 유지하고 있다"는 자막처럼 현실에서는 노력을 해도 얻을 수 없는 것이 많지만 게임 안에서는 노력한 만큼 보상을 받기 때문에 〈일랜시아〉를 계속한다고 말한다. 이른바 '노오력의 배신'이라는 말처럼 노력해도 되지 않는 삶을 경험한 90년대생들에게 〈일랜시아〉는 유일하게 자신의 노력을 보상받을 수 있는 곳처럼 보인다. 2000년대 초반 〈일랜시아〉가 호황을 누리던 때 '가위바위보' 게임이라는 일종의 도박 시스템을 도입한 뒤 유저의 절반 이상이 떠나게 되었다는 일화는 〈일랜시아〉의 유저들이 이러한 '정의', '공정'의 논리를 기대하고 있음을 반증한다.

그러나 게임이 업데이트되지 않고 방치되는 동안 매크로(자동으로 어빌리티를 증가시켜 주는 프로그램)를 돌려 별로 시간과 노력을 들이지 않고도 큰 성과를 낼 수 있게 된 유저들이 생겨났다. 높은 자유도가 장점이라고 했지만, 결과적으로 이미 정해진 '루트'를 따르지 않으면 게임에서 도태되는 결과가 나오기도 했다. 처음에 사람들은 매크로를 사용하는 사람들을 비판했지만, 개발자들이 업데이트를 하지 않는 사이 매크로의 사용은 더욱 증가했고, 결국 모두가 매크로를 돌리지 않으면 안 되게 되었다. 게임은 무법의 공간이 되었고, 몇몇 유저들은 여전히 매크로를 돌리는 데 대한 저항감이 있지만 게임을 지속하기 위해선 별수 없이 게임의 새로운 룰을 따를 수밖에 없었다. 이는 불공정한 구조 속에서 살아남기 위해 나 역시 불공정해질 수밖에 없다는 신자유주의 각자도생의 논리를 체화한 것이기도 하지만(임윤서·안윤정 2022, 92) 특이한 점은 영화 속 몇몇 유저들은 그것을 불공정이 아닌 '공정'의 다른 이름으로 인식하기도 했다는 것이다. 박윤진 감독은 영화 홍보 영상에서 매크로의 사용으로 인해 자리를 비워도 어빌리티 증가가 수치로 보이기 때문에 생각보다 많은 사람이 매크로를 돌리면서 성취감이나 충족감을 얻는 것 같다고 말한다(컬처앤스타 2021). 이제 '노력의 보상'은 '능력의 보상'으로 자리바꿈한다. 여기에서 '매크로'를 사용하는 것은 능력이고, 매크로에 의한 보상은 능력에 의해 보상받는 것이므로 공정이 된다. 그러나 마이클 샌델은 능력주의를 옹호하는 이들이 효율성과 공정성, 운명에 대한 자기 결정권을 옹호하지만, 결과적으로 능력주의가 능력에 따른 또 다른 차별을 낳는다고 비판한다(샌델 2020).

감독 역시 매크로를 돌리는 것에 대해 필요성과 무력함을 동시에 느낀다. "매크로 도입 후 10년, 현재 고급 매크로를 가진 유저들만이 게임을 독점하고 매크로가 없거나 사용할 줄 모르는 유저들이 게임을 떠나가고 있다. 밸런스가 무너지는 곳에서 우리는 더 이상 아무것도 할 수 없다"(〈내 언니전지현과 나〉의 자막). 감독과 현재 남아있는 유저들은 매크로의 사용이 결과적으로 게임을 망칠 것이라는 것을 알지만, 그럼에도 매크로를 돌리지 않으면 게임을 지속하기 힘들다는 것 역시 안다.[2] 슈퍼빌런인 '팅버그'(게임 속에서 특정 캐릭터를 마주치면 게임이 종료되는 현상)가 등장해 게임을 진행하기 어려울 지경에 이르러도, 〈일랜시아〉에 남아있는 사람들은 자칫 회사가 다시 돌아와 매크로까지 없애버릴까 봐 선뜻 신고하지 못한다. 박창호는 인터넷 문화의 소비에 대해 "인터넷에 걸쳐있는 문화들을 섭렵하고 이용하는 사람들은 인터넷 속도에 민감하게 되었다. 그만큼 콘텐츠 이용 시간이 짧은 것을 선호한다. 사람들에게 오랫동안 무언가를 찾기 위해 노력하는 인내심을 기대하는

---

2. "켜두고 자기 할 것 하면 되니까, 장점이면 장점이지. 켜두기만 하면 알아서 자라는 그런 것. 그게 장점인 사람이 있을 테고, 없애면 100명이 5명 될 거야. 매크로 때문에 하는 사람이 엄청 많으니까…"(〈내언니전지현과 나〉).

것은 인터넷에선 어렵다"(박창호 2020, 14)고 지적하는데, 감독의 남동생은 이제 성인이 된 〈일랜시아〉 유저들이 〈일랜시아〉에서 보낼 수 있는 시간이 많지 않으므로, 여전히 게임을 하기 위해선 매크로에 의지할 수밖에 없다고 말한다.

그러나 매크로의 사용은 매크로에 익숙해진 기존 유저들을 제외한다면, 새로운 유저들의 진입을 막아 더더욱 게임을 낙후시키는 요인이 되기도 한다. 여기에서 유저들은 게임의 새로운 확장이 아닌, 기존의 커뮤니티를 유지하기 위한 폐쇄적 공동체로서 자리매김한다. 이 공동체는 취향의 공동체로 이루어져 있지만, 한편에서는 개인의 다양한 취향 존중을 넘어서지 못하는 "세계 없는 공동체"를 구성하는 한계를 노정하고 있다(김병규 2021). 그러나 아래에서 구술하겠지만, 감독의 카메라는 이들을 비판적으로 바라보기보다는 '그런 세계'라도 유지되는 것이 필요하다고 말한다. 그렇다면 유저들은 왜 〈일랜시아〉를 떠나지 못하는가?

4. 디지털 장소 : 행위성의 기록

유인혁과 이준희는 일반적으로 슬럼에서는 사람들의 떠남이 발생하고 이로 인해 슬럼의 가속화가 진행되는 데

반해, 〈일랜시아〉의 '디지털 슬럼' 내에서는 유저들이 쉽게 이동할 수 있음에도 불구하고 자발적으로 떠나지 않는 것처럼 보인다고 지적한다(유인혁·이준희 2021, 113). 여기에서 저자들은 "우리는 불편함을 감수하면서 과거의 성격을 간직한 장소에 머무르려는, 강한 애착을 발견할 수 있다"라고 말한다(같은 글, 115). 그렇다면 무엇이 무너져 내리고 있는 세계에 여전히 유저들을 머무르게 하는가?

C. 티 응우옌은 게임을 '행위성의 예술'로 제안하며 게임의 동기 및 가치가 게임의 목표 달성이나 현실에서의 도피와 같은 것이 아닌 행위 그 자체에 있다고 주장한다. 그는 "게임 플레이어는 특정 목표를 특정 비효율성 속에서 성취하고자 한다"라고 말하며 게임의 의미는 다양한 실천과 행위 그 자체에 있다고 말한다(응우옌 2022, 16). 그러나 게임의 동기나 가치를 행위성으로 이해할 때 매크로를 돌려서라도 게임을 유지하려는 〈일랜시아〉 유저들의 동기는 설명이 되지 않는다. 영화평론가 이광호는 영화 속 게임 화면을 평면이라고 부르고, 감독이 길드원들과 나누는 대화 장면을 입체라고 부른 뒤 게임 화면의 움직이는 커서들이 플레이어라는 주체의 위치를 화면 위에 새겨 넣음으로써 깊이를 만들지만, 매크로의 실행 이후, 주체가 삭제된 체

"지독하게 평면적인 평면, 어떠한 마찰과 돌출도 없이 매끈한 평면으로 퇴행한다"(이광호 2021, 5, 96)고 말한다. 즉 행위의 측면에서 주체의 개입 없는 매끈한 자동화된 행위(평면)만이 남게 된다는 것이다.

그러나 응우옌은 게임을 행위의 예술이라고 지칭하면서도 게임이 그 행위가 기록되는 장소라는 점에 주목한다.

> 게임은 행위성 형식을 '적어 두는', 즉 그것을 인공물에 기입하는 하나의 방식인 것이다.⋯ 우리가 만들어 온 게임은 행위성의 거대한 라이브러리를 이루고 있다. 우리는 그 안에 정말 다양한, 서로 다른 행위성의 형식들을 기록해 왔으며, 행위자가 되는 여러 가지 방식을 탐험하고자 할 때 이를 이용할 수 있다. 우리가 이 라이브러리를 이용할 수 있게끔 해 주는 것은 바로 다른 행위성에 이입하는 역량이다. (응우옌 2022, 36~37)

즉, 게임을 행위자의 관점이 아닌 행위성 형식을 적어 두고 기입하는 장소로서 이해하고, 행위자들은 그 행위성 형식을 이용하는 역량의 증대를 통해 게임의 동기와 흥미를 얻는다고 한다면, 이제 게임을 공동의 역사성을 지닌 기록의 공간으로 사유할 수 있게 된다. 게임은 찰나적 순간의 행위 그 자체가 아닌 행위들의 역사가 기입되는 장소인 것이다.

실제로 영화 속에서 게임을 떠나지 못하는 이유에 대해 길드 회원들은 자신들의 추억이 묻어 있는 장소이기 때문이라고 말한다. 〈일랜시아〉가 인터넷 문화의 빠른 소비와 휘발성에 대조되는 역사적 공간이 된 것이다. 이에 대해 김소미는 "〈일랜시아〉가 다시금 마음의 안식처로 자리 잡은 건 대중문화의 레트로 회귀나 유튜브 알고리즘에 따른 '기억 조작' 트렌드와 무관하지 않다. 상당수의 〈일랜시아〉 유저들은 최신 그래픽 게임에 비해 아기자기하고 귀여운 그래픽, 듣기 좋은 오르골 배경음악을 떠올리며 〈일랜시아〉로 돌아온다"는 것을 지적하며 이를 일종의 '추억 보정'이라고 말한다(김소미 2020, 12~19). 그러나 이것을 단순히 추억 보정으로만 치부하기에는 〈일랜시아〉는 이미 폐허에 가깝다는 점에서, 그리고 이들이 오랜 시간 〈일랜시아〉를 지속적으로 해오고 있다는 점에서 이것은 보정된 추억이라기보다 추억 상실에 대한 저항에 가깝다. 조혜영은 이들의 저항을 수익성 없는 게임을 고사枯死시키려는 넥슨의 방임 정책에 맞선 "살아있는 생명 그 자체로 생명 관리 권력의 정치적 삶을 초과하"는 저항이라고 지적한다(조혜영 2023, 82). 즉, 그들의 존재 자체가 신자유주의 시장 논리에 대한 저항이 된다는 것이다.

이러한 '그곳에 있음', 그리고 이를 통한 '존재의 증명'은 게임 〈일랜시아〉를 디지털 '장소'로 볼 여지를 준다. 마르크 오제는 정체성, 관계, 역사의 장소를 인류학적 장소로, 이것 들로 정의될 수 없는 공항, 쇼핑몰, 기차 안과 같은 장소를 비장소라 부른다(오제 2017). 그렇다면 물리적인 공간이 없 는 온라인상의 공간은 장소인가 비장소인가? 박변갑과 박 성룡은 다음과 같이 온라인 공간이 장소가 될 수 있는 가 능성을 열어둔다.

오제가 전통적 개념의 인류학적 장소와 다른 장소를 비장 소로 표현한 것에 대해, 정헌목은 공간을 이용하는 개인의 입장에서 완전한 비장소란 있을 수 없다고 하였다. 디지털 공간 역시 전통적 개념의 장소에서 벗어난 새로운 공간이 지만 상호교류와 만남이 일어나고 관계를 통한 역사성과 정체성이 발현되며 심지어 노스텔지어를 일으키는 장소로 작동한다. 네그로폰테Negroponte는 컴퓨터로 매개된 가상 의 공간에서 일어나는 상호작용성에 관해 이것이 '공간 없

는 장소'라 말한다. (박변갑·박성룡 2022, 389)

〈일랜시아〉는 유저들의 정체성이 형성되는 공간이자 게임 안에서 관계가 형성되고 행위들이 기입되는 곳이라는 점에서 마르크 오제가 말한 인류학적 장소의 특징인 정체성, 관계, 역사를 가지고 있다. 또한 익명성과 일시적 정체성의 부여가 가능하다는 점에서 여전히 〈일랜시아〉는 비장소의 성격도 가지고 있다. 사람들은 익명의 공간이기 때문에 보다 편하게 자신의 고민 상담을 할 수 있고, 자신의 성격과는 다른 정체성을 자신의 아바타에 부여할 수 있다. 그러나 로그인 후 돌아오지 않는 회원을 붙잡을 방법도 알아낼 방법도 여전히 없다. 온라인 공간은 그래서 장소이자 동시에 비장소이다. 누군가에게는 장소이고 누군가에게는 비장소가 아니라, 장소이자 비장소의 성격을 동시적으로 가지고 있고 양자 사이의 전환은 언제든 이루어질 수 있다.

5. '현생'으로 '가상 세계' 구하기

장소가 갖는 이러한 불안정성으로 인해 감독과 남아있는 유저들은 '언제든 게임이 종료될 수 있다'는 불안감에 시달린다. 유인혁과 이준희는 인문학적 장소가 바깥의 무한 경쟁과 대비되는 안전지대였다면, 유저들의 불안감은 이러한 장소의 상실placeless에 대한 공포로 설명될 수 있다고 말한다(유인혁·이준희 2021, 109~110). 그리고 이런 장소 상실의 불안에 감독과 몇몇 유저들은 직접 맞서기로 한다.

영화제 버전 이후 재편집된 개봉 버전에서 추가된 장면들은 이러한 유저들의 생존기를 적극적으로 보여준다. 당초 영화제 버전은 71분의 상영본이었는데, 이후 개봉하면서 86분으로 새롭게 편집되었다. 새롭게 추가된 장면은 더 이상 업데이트되지 않는 〈일랜시아〉에 나타난 슈퍼빌런 '팅버그' 문제를 해결하기 위해 감독이 직접 넥슨 본사를 찾아가 문제를 해결하는 과정을 담고 있다. 그리고 영화제 버전에는 '시도'에 그치는 것으로 보였지만, 영화제 이후 넥슨 측의 반응이 오면서 에필로그에 해당하는 성공담을 영화의 오프닝에 배치했다. 그래서 영화제 버전이 가상 세계 유저들의 자기민족지적 기술에 가까웠다면 후자는 유저들의 액티비즘에 가깝다. 영화평론가 유운성은 이에 대해 "편집이 바뀌는 과정에서 자기민속지적 친밀함은 다소 뻔한 저널리즘적 무용담에 자리를 내주고 말았는데 이는 크게 아쉬움이 남는 부분"(유운성 2020, 226)이라고 평한다. 김병규 역시 이 영화가 현실의 액티비즘으로 전환되는 과정에서 기존 세대들의 '회고담'을 반복하게 되면서 진부해진다고 비판한다(김병규 2021). 반면 조혜영은 이를 전통적인 다큐멘터리의 액티비즘과는 구분되는 포스트다큐멘터리적 특성을 지닌 것으로 이해한다. 이 영화의 각기 다른 버전들 사이 편집의 차이가 전통적인 액티비즘 다큐멘터리의 방식이기보다 지속적인 주목과 관심에 바탕을 두고 편집을 달리해 가는 디지털 시대의 포스트다큐멘터리 특성에 더 가깝다는 것이다(조혜영 2023, 91). 확실히 이 영화의 액티비즘은 소극적, 개인적 액션과 이를 주목하는 이들에 의해 이루어진다는 점에서 기존의 호전적, 집단적 액티비즘과는 구별된다.

이러한 액티비즘 형태의 변화는 디지털 자아의 출현과 무관하지 않다. 여기에서 디지털 자아는 현실의 '나'와 구분되면서도 현실의 '나'를 추동한다. '나'는 '내언니전지현'의 삶을 지키기 위해 넥슨을 찾아간다. 그리고 거기까지 영화가 만들어져서 공개되었다. 그리고 감독인 '나'에 의해 만들어진 영화로 인해 넥슨에서 반응이 왔고, 이후 십몇 년 만에 처음으로 업데이트가 진행되었다. 영화감독인 '나'는 온라인 플랫폼의 주목 경제를 적극적으로 활용한 '디지털 자아'

를 모방한다. 즉, 여기에서 가상 세계는 현실 세계의 변화를 촉발시키고, 변화된 현실은 다시 가상 세계를 풍요롭게 한다.

사실 영화가 처음 공개되었을 때만 해도 넥슨의 반응과 이후의 업데이트는 기대하기 어려워 보였다. 이미 〈일랜시아〉는 넥슨에서 효용가치를 상실한 '망겜'으로 평가받고 있었기 때문이다. 특히 〈일랜시아〉 유저들이 거둔 성과는 소비자-능력주의와도 구분되는데, 소비자-능력주의에서 소비력, 구매력이 곧 능력이 되는 반면 이들은 전혀 구매하지 않는 이들이기 때문이다. 넥슨이 업데이트에서 '매크로'를 없애지 않았다는 점은 이것이 소비자의 구매력을 염두에 둔 반응이 아님을 분명히 한 것이다. 조혜영은 이에 대해 수익성 없는 〈일랜시아〉를 방치하는 것이 오히려 기업으로서는 이익이지만, 브랜드 이미지 때문에 폐쇄는 할 수 없기 때문에 간신히 살려놓는 정도로 방치한다는 점을 지적한다 (조혜영 2023, 81). 그래서 이 영화가 변화를 이끌어내는 방식은 자본주의의 바로 그 허점에 기대어 자신들의 영역을 확장해 가는 것이다.

물론 영화의 잠재적 영향력을 고려하여 넥슨이 움직일 수 있었다는 점에서 이것은 다시 감독 개인의 능력으로 환원되기도 한다. 실제로 〈일랜시아〉 유저 커뮤니티 안에서 감독은 유명 인사가 되었고 이른바 '능력자'가 되었다. 그래서 이러한 변화가 공동의 것이 아닌 '능력 있는' 개인에게서 추동되는 것이라는 비판도 가능하지만, 다른 의미에서 산발적이고 산개한 각자의 저항의 합들이 넥슨의 변화를 이끌어낸 것이기도 하다는 점에서 그 변화는 개인으로만 귀결될 수는 없다. 김정희원은 차별과 배제를 만들어 내는 현재의 '공정' 담론을 대신하여 '변혁정의'를 제안하는데, 변혁정의는 "법이 내가 처한 현실을 보지 못할 때, 법과 제도가 우리를 보호하지 않을 때, 우리가 살고 싶은 세계를 우리 스스로 구현하려는 운동"이라고 설명한다(김정희원 2022, 234). 〈내언니전지현과 나〉의 감독과 유저들은 자신들이 점유하고 있는 공간을 현재적 의미에서의 '장소'로 만들어 가기 위해 노력한다는 점에서 변혁정의의 가능성을 모색한다고 할 수 있을 것이다. 넥슨을 찾아가 면담을 진행하고 소기의 성과를 얻어낸 것은 이러한 자신들의 장소를 지키기 위한 작은 성취이다.

한편 〈일랜시아〉 맵에는 게임 개발자들의 숨은 메시지인 이스터에그가 숨어 있다. "개발자님은 자신이 청춘을 바쳐 만들었지만, 이제는 기억나지 않는 세계를 마주했다. 아직도 그곳에 남겨진 다음 세대를 통해"라는 자막에서 드러나듯 개발자는 그곳을 떠났지만, 뒤이은 세대들은 그곳을 지키며 이미 떠난 이들의 흔적을 찾아내고 있다. 영화의 마지막에 감독은 사람들이 떠난 빈자리들을 스케치한다. 그것은 아마 더 이상 게임을 하게 되지 않을 날에 대한 상상이기도 하지만, 그 빈 화면 앞을 채울 다음 세대를 기다리는 자리이기도 하고, 그들이 떠나 있는 동안에도 '자율적으로' 움직이고 있을 디지털 세계에 대한 은유이기도 하다. 영화는 "카오스가 지구에 떨어졌다. 고대인들이 모두 전멸했고…"라는 〈일랜시아〉 게임 도입부의 자막을 마지막에 다시 한번 반복해서 보여주는데, 이는 역사성을 지닌 장소로서 〈일랜시아〉가 존재할 것이라는 감독의 선언과도 같아 보인다. 도시의 행위자들이 떠난 다음에도 도시의 과거 위에, 과거와 닮은, 그러나 과거와 같지는 않은 새로운 역사가 기입되는 것처럼 말이다.

6. 다중세계적 주체

다큐멘터리 〈내언니전지현과 나〉는 현생의 구원자로서 등장한 게임 〈일랜시아〉의 붕괴를 현실 속의 행위를 통해 다시 구원하는 이야기다. 그러나 이 서사를 통해 말하고자 하는 것은 현실 세계와 가상 세계의 우위가 역전되고 있다거나 이 두 세계가 분리 불가능하다는 이제는 익숙해진 이야기가 아니다.[3] 오히려 영화는 '현실'과 '가상'이라는 분리된 두 개의 세계가 존재하고 있고, 현실의 위기가 가상의 위기로 이어졌기 때문에 현실의 행위를 통해 가상의 세계를 구원한다는 멀티버스적 세계관에 더 가까워 보인다. 그리고 이것이 현실과 가상 세계 사이의 분리 불가능성으로 유추되는 이유는 우리가 이미 이런 다중세계적 세계관에 익숙해져 있기 때문이다. 하나의 세계가 바뀌면 다른 세계가 변한다. 그러나 두 세계는 연결된 세계이지 어느 하나가 다른 것을 재현하는 것이 아니다.

이는 특히 영화가 현실의 이미지와 디지털 이미지, 그리고 스토리를 무작위적으로 엮어 새로운 이야기를 만드는 방식에서 드러난다. 영화평론가 김병준은 히토 슈타이얼의 "디지털 이미지는 현실을 재현하지 않"으며 "그것은 현실 세

---

3. 반면 조혜영은 이 영화가 "태어나면서부터 디지털과 함께 자라온 첫 세대인 1990년대생들에게 가상과 현실의 디스토피아/유토피아는 분리되지 않고 끊임없이 침투하며 서로를 반영"하고 있음을 보여준다고 말한다. 조혜영 2023, 72.

계의 파편이자 별개의 자연"이라는 주장을 가져와 영화 속 가상 그래픽 공간의 표면(게임 화면의 캡처)과 현실 이미지들의 느슨한 병치에 주목한다. 그는 영화에 사용된 이러한 이미지의 병치는 일관된 현실과의 관계로 수렴되지 않는 '비계열적 카운터 이미지'를 구축한다고 말하는데, 이것이 이 영화를 다른 다큐멘터리와 차별화한다고 본다(김병규 2021). 여기에서 현실의 이미지는 디지털 이미지와 정확히 일치되지 않고, 오히려 그것은 기계적인 병치에 가깝다. 예를 들어, 하루히로가 게임 속에서 사기를 당해서 게임을 떠나겠다고 말하는 동안에 화면에 등장하는 이미지는 길드의 일원들이 마을을 배회하는 장면을 캡처한 것이다. 이러한 현실과 개연성 없는 가상 이미지의 병치는 현실의 정동을 게임의 정동으로 (혹은 그 역으로) 전치하는 장치가 된다.

이와 같이 감독은 '가상 세계'와 '현실 세계'의 이미지를 병치하고 교차시키고 때로는 일치되게 때로는 충돌의 방식으로 두 세계의 공존을 보여준다. 영화 속에서 가상 세계와 현생이 맺고 있는 관계는 다음과 같은 장면들에서 종종 질문된다. 감독은 게임을 통해 만난 남자친구에게 "나랑 게임에서 안 만나고 소개팅에서 만났으면 어땠을 것 같아?"

라고 묻자, 남자친구는 잘 안됐을 것 같다고 말한다. 게임 속에서의 모습과 현실에서의 모습이 다르다고 하자 감독은 "근데 애인하자 했을 때 아무 생각 없이 한 거야?"라고 묻자, 남자는 "그때는 아예 감정이 없을 때가 아니잖아"라고 말한다. 게임 속 캐릭터를 통해 쌓아 올려진 감정이 현실의 연애를 견인한다.

반면 감독이 운영하는 '마님은돌쇠만쌀줘' 길드는 다 함께 모여 현실 공간에서 MT를 다녀 온 후에는 게임 속에서 유언을 남기고 벼랑 끝에서 바다로 뛰어내리는 유사 자살을 감행하는 풍습이 있다. 현실에서의 만남 이후 모두 기념사진을 찍어 남긴 후, 모두가 한마디씩 유언을 남기고 자살하는 것이다. 여기에서 길드원들이 찍는 오프라인의 기념사진은 온라인상 기념사진의 캡처 이미지와 교차되는데, 유운성은 이에 대해 "전통적 방식으로 찍힌 사진과 캡처된 이미지 간의 동종성이 강조된다"고 지적한다(유운성 2023, 166). 즉, 가상 세계와 현실 세계가 어느 한 지점에서 만나고 동일시되는 순간의 포착인 것이다. 그러나 여기에서 더욱 도드라지는 것은 현실과 가상 세계를 분리해 내려는 주체들의 시도이다. 이 유사 자살이 현실에서의 만남을 가진 후에 이루어진다는 점에서, 게임의 유저들은 현실의 만남을 무위로 돌린다. 실제로 뛰어내린 뒤에는 캐릭터가 죽지 않고 다시 살아나기 때문에 이것은 새로운 시작을 알리는 행위다. 그러므로 이것은 오프라인 세계의 만남을 기억에서 지우고 디지털 세계의 자아로 돌아가려는 행위다.

이 유사 자살 행위를 통해 알 수 있는 것은 게임의 주체들이 끊임없이 현실 세계와 가상 세계를 분리하고, 이를 횡단하는 주체로서 스스로를 자리매김하려 한다는 것이다. 이는 게임을 하는 것에 대한 사회적 편견("엄마가 게임 친구라고 하면 싫어할 것 같다")에 맞서는 한편, 그럼에도 '게임' 안에 매몰되지 않으려는 자기 검열("그냥 이런 게임 하나에 내가 감정 느끼는 게 힘들다")의 모순을 해결하려는 시도이기도 하다. 그리고 이런 분리 가능성 혹은 분리의 시도는 여러 세계를 동시적으로 경험하는 디지털 폴리스의 경험 주체들이 스스로를 다중세계적 주체로 위치 짓고 있음을 보여주는 것이기도 하다.

사실 다중 세계의 횡단은 디지털 환경에서뿐만 아니라 일상에서 쉽게 경험된다. 우리는 버스를 타고 가며 주변의 풍경을 보고 주변의 소리를 들으며 그 세계에 존재할 수 있지만, 이어폰을 귀에 꽂고 음악을 듣는 순간 그 세계로부터 얼마든지 자신을 분리할 수 있다. 스마트폰이 일상이 된 오늘날은 눈과 귀를 포함한 모든 감각을 물리적 세계로부터 분리해 낼 수도 있다. '나'는 출근길 지하철에서 SNS에 어제저녁 외식 사진을 보정해서 업로드한다. 출근 후 회사에서 일을 하는 동안 피드엔 '좋아요'와 댓글이 쌓인다. 디지털 공간의 '나'는 현실의 '내'가 부재한 동안 '나'의 관계를 열심히 관리하고 확장하고 있는 중이다. 여기에서 현실 세계와 가상 세계는 연루되어 있지만, 동일한 세계는 아니며, 어느 한쪽이 다른 한쪽을 재현하거나 반영하기만 하는 것은 아니다. 두 개 이상의 세계, 혹은 그 이상의 세계를 살아가는 감각은 이미 일상에 체현되어 있다.

7. 결론을 대신하며 : 나와 내언니전지현

다시 처음의 질문인 영화의 제목으로 돌아가 보자. '나'는 '내언니전지현'과 동일인이지만, 감독은 둘을 현실의 자아와 가상의 자아로 분리하여 명명한다. 둘은 겹치기도 하지만 완전히 동일한 인물 역시 아니다. 박윤진 감독이 영화 촬영을 위해 인터뷰를 하러 갔을 때 만난 이들은 박윤진 감독의 실제 모습과 게임 속 모습이 겹쳐지지 않는 것에 놀라기도 한다. 두 개의 성격, 두 개의 자아가 공존한다. 그러나 이

것이 현실의 '나'의 또 다른 모습이 투영된 것은 아니다.

　박윤진 감독은 영화 잡지 『씨네21』과의 인터뷰 자리에 게임 속 '내언니전지현'의 모습을 하고 나갔다. 이에 대해 이길보라 감독은 사람들은 이를 코스프레라고 생각하겠지만, 단순히 코스프레가 아닐 수 있지 않냐고 물으며, "[코스프레처럼] 현실이 먼저라고 생각하겠지만 게임이 먼저일 수도 있지 않나?"라고 반문한다. 즉, 현실의 내가 입고 싶은 옷과 하고 싶은 머리 모양이 게임 속 아바타의 의상과 헤어스타일이 되고 내가 그것을 흉내 내며 코스프레하는 것이 아니라 게임 내에 이미 구축되어진 아바타를 통해 내가 되고 싶은 모습을 발견할 수도 있지 않겠냐는 반문이다. 사실 게임 속 아바타는 완전히 내가 구축하고 싶은 이미지대로 구축할 수 없다. 선택지가 정해져 있기 때문이다. 특히, 2D 그래픽의 한정된 아이템으로 진행되는 〈일랜시아〉의 아바타들은 많지 않은 선택지들 때문에 대부분 비슷한 의상과 머리 모양을 하고 있다. 오늘날 메타버스의 아바타들을 생각하면 그 모습은 더욱더 단조로워 보인다. 그렇기 때문에 오히려 게임 속 아바타의 모습이 현실의 모습을 견인한다고 보는 것은 어쩌면 타당해 보인다. 즉 두 개의 세계, 두 개의 자아가 공존하며 그 자아 간의 충돌과 견인으로

이 영화를 본다면, 게임이 현실을 구원하고, 현실이 게임을 구원하는 멀티버스적 액티비즘 다큐멘터리 영화로 이 영화를 이해해 볼 수도 있지 않을까? 게임과 영화, 현실과 가상 세계 사이의 상호 교차와 공존의 가능성 말이다.

:: 참고문헌

김병규. 2021. 「〈내언니전지현과 나〉에 구현된 공동체 이미지」. 『DOCKING』.

김소미. 2020. 「영화 〈내언니전지현과 나〉 '나'에서 시작해 세계의 생존을 도모하는 이 상하고 뭉클한 여정」. 『씨네21』. 12~19.

김양은. 2009. 『새로운 세대의 등장, 게임 제너레이션』. 커뮤니케이션북스.

김정희원. 2022. 『공정 이후의 세계』. 창비.

박변갑 · 박성룡. 2022. 「미디어 현상학으로 본 디지털 공간의 장소성 연구」. 『한국공간 디자인학회논문집』 17(1) : 383~392.

박동수. 2021. 「 '자동 로그인'된 영화 ─ 〈그라이아이 : 주둔하는 신〉과 〈내언니전지현 과 나〉」. 『독립영화』 50 : 144~159.

박창호. 2020. 『디지털 네이티브의 사회적 시간은 짧다 ─ 사이버문화 읽기』. 서울경제 경영출판사.

샌델, 마이클. 2020. 『공정하다는 착각』. 함규진 역. 와이즈베리.

오제, 마르크. 2017. 『비장소 : 초근대성의 인류학 입문』. 이상길 · 이윤영 역. 아카넷.

유운성. 2020. 「[스톱-모션] 유토피아의 기념사진, 〈내언니전지현과 나〉」. 『보스토크』 24.

_____. 2023. 『식물성의 유혹 : 사진 들린 영화』. 보스토크 프레스.

유인혁 · 이준희. 2021. 「디지털 장소의 삶과 죽음 ─ 한국 MMORPG를 통해 살펴본 디지털 자본주의 시대의 장소와 장소 상실」. 도시인문학연구 13(2) : 105~127.

응우옌, C. 티. 2022. 『게임 : 행위성의 예술』. 이동휘 역. 워크룸 프레스.

이광호. 2021. 「〈내언니전지현과 나〉 : 평면의 깊이」. 『크리틱b』.

임윤서 · 안윤정. 2022. 「청년 세대의 한국 사회 공정에 대한 인식과 경험 탐구 : 개인의 좌절과 공동체적 대안의 경계에서」. 사회과학연구 33(3) : 77~103.

조혜영. 2023. 「디스토피아 속 유토피아는 가능한가 : 다큐멘터리 〈내언니전지현과 나〉(2020)를 중심으로」. 『비교문화연구』 68 : 69~96.

컬처앤스타. 2021. "내언니전지현과 나 : 온택트 〈일랜시아〉 가이드 영상". 컬처앤스타. 2021. 1. 6. 동영상. https://www.youtube.com/watch?v=mUXrACC1oU4.

Kon Kim and Heewon Chung. (Eds.) 2023. *Gated Communities and the Digital Polis : Rethingking Subjectivity, Reality, Exclusion, and Cooperation in an Urban Future*. Singapore : Springer.

Terranova, T. 2021 "The city is a technosocial medium." *Mapping Digital Cityscapes*. IUH 2021 International conference proceedings.

2부　　　매개된 유토피아의 재현

진보 없는 시대의 유토피아 :
타임루프 장르의 서사학적·기술문화적
맥락과 이데올로기 연구

유인혁

1. 들어가며

　타임루프 장르, 혹은 루프물loop物은 시간여행을 소재로 하는 SF의 하위장르 중 하나다. 영어 단어 루프는 고리를 뜻하는데, 여기서는 끝과 끝이 연결되어 무한반복 된다는 의미로 사용됐다. 이 장르의 주인공은 대개 특정한 시간대에 갇혀서, 몇몇 사건들을 반복적으로 경험하게 된다. 예를 들어 〈사랑의 블랙홀〉(1993)에서 필 카너즈는 성촉절Groundhog Day에 펑추토니라는 도시를 방문했다가 폭설에 고립됐다. 다음날 눈을 뜬 필은 어제가 그대로 반복되고 있음을 깨달았다. 그리하여 성촉절에 생겼던 일들이 다시금 벌어지는 가운데, 오직 그만이 사건들을 다른 방식으로 경험하게 된다.

　이러한 문법은 〈시간을 달리는 소녀〉(2007), 〈소스 코드〉(2011), 〈엣지 오브 투모로우〉(2014), 〈해피 데스데이〉(2017) 등의 계보로 이어져 재생산됐다. 이 작품들은 모두 불명의 이유로 인해 특정한 시간에 갇힌 인물을 다룬다. 시간여행이 1회에 한정해 이루어지거나, 동일한 사건을 여러 차례 경험하지 않는 경우, 엄밀한 의미에서 타임루프 장르로 분류하지 않는다.[1]

2010년대 이후 한국에서도 타임루프 장르가 생산되고 있다. 현재 한국어로 창작된 타임루프 장르의 작품은 웹툰 〈죽어도 좋아♡〉(2015~2016)와, 〈10월 28일〉(2017~2018), 〈살아남은 로맨스〉(2021~2023) 웹소설 『전생검신』(2016~연재 중), 『해골병사는 던전을 지키지 못했다』(2017~2023), 『SSS급 죽어야 사는 헌터』(2018~2020), 영화 〈하루〉(2017) 등이다. 여기서 파악할 수 있는 것은 특히 2015년 이후 타임루프 장르의 한국적 계보가 형성되고 있다는 점이다. 이것은 우선 〈소스코드〉(2011)나 〈엣지 오브 투모로우〉(2014) 등 상업적으로 성공한 레퍼런스가 등장했기 때문으로 이해할 수 있다.

그러나 보다 근본적으로는 현재 시간적 상상력을 다루는 SF 장르가 광범위하게 유행하는 현상과 접속해 있다. 2010년대 이후 한국 사회에는 과학적·초자연적 방법을 활

---

1. 많은 SF의 하위장르가 그러하듯이 타임루프 역시 경계가 불분명한 측면이 있다. 원칙적으로 타임루프 장르는 시간이 반복되는 내용을 중심축으로 한다. 그러나 로버트 하인라인의 "All You Zombies"(1959)처럼 주인공이 여러 번 시간 이동을 반복한 것으로 전제되지만, 실제 서사 시간에서는 시간 이동이 일어나지 않거나 한 차례만 일어나는 작품들이 존재한다. 이러한 작품들이 타임슬립 장르에 속해 있는지, 아니면 타임루프에 속해 있는지에 대해서는 독자마다 의견이 있을 수 있다. 이 연구에서는 동일한 시간대가 여러 번 반복되는 내용이 전개되는 텍스트만을 타임루프 장르로 한정하고 논의를 진행하겠다.

용해 과거로 이동하는 타임슬립[2], 그리고 종말 이후의 세계를 그리는 포스트-아포칼립스[3], 실제 역사와는 다른 방식으로 발전한 세계를 그리는 대체역사alternate history 등이 동시적으로 창발하고 있다. 이는 시간적 상상력을 다루는 SF가 세계적으로 유행하는 상황과 무관치 않다. 〈인터스텔라〉(2014), 〈엑스맨 : 데이즈 오브 퓨처 패스트〉(2014)와 같은 시간 이동 서사의 유행, 그리고 2010년 〈워킹데드〉의 흥행 이후 포스트-아포칼립스의 상상력이 전 세계 대중문화에 침투한 상황 등은, 시간의 상상력이 대중문화의 트렌드로 안착했음을 암시한다.

이 글의 목표는 타임루프 장르를 중심으로, 이러한 문화현상의 여러 단면을 검토하는 것이다. 이때 타임루프는

---

2. TV 드라마 〈닥터진〉(2012)의 성공 이후, 〈나인 : 아홉 번의 시간여행〉(2013), 〈시그널〉(2016), 〈달의 연인_보보경심 려〉(2016), 〈터널〉(2017) 등이 제작되었다. 또한 〈남기한 엘리트 만들기〉(2008), 〈매지컬고삼스〉(2013), 〈타임인조선〉(2015) 등의 웹툰, 『리셋라이프』(2007), 『MEMORIZE』(2012), 『버림받은 황비』(2014), 『검을 든 꽃』(2016), 『무한 레벨업 in 무림』(2016) 등의 웹소설에서도 시간 이동, 혹은 타임슬립의 상상력은 계속해서 확장되고 있다.

3. 〈부산행〉(2016)과 같은 영화나 넷플릭스 드라마 〈킹덤〉(2018)은 세계적으로 유행하고 있는 좀비-아포칼립스 장르의 한국적 버전을 선보였다. 한편 〈감기〉(2013), 〈설국열차〉(2014) 등의 영화 역시 재난과 문명 붕괴라고 하는 상상력을 재생산하고 있다. 웹툰과 웹소설의 영역에서 포스트 아포칼립스 장르는 이미 주류로 자리 잡은 지 오래다.

다만 현재 유행하는 대중문화의 한 소재로 환원되는 것이 아니라, 현 단계 자본주의 사회의 조건과 욕망을 재현한 '인식적 지도'로 이해될 것이다.

이를 위한 분석은 세 가지 층위에서 복합적으로 이루어질 것이다. 2절에서는 타임루프 장르의 서사학적 특성에 대해 분석하겠다. 이를 통해 타임루프 장르가 일반적인 서사학을 따르지 않으며, 이는 근대적 시간의 개념을 넘어서는 측면이 있다는 점을 살펴보겠다. 3절에서는 이러한 서사학의 기술문화적 맥락을 추적하겠다. 더 자세히 말해 비디오 게임의 형식이 어떻게 새로운 서사적 상상력을 야기했는지 재구성할 것이다. 마지막으로 4절에서는 2절과 3절에서 살펴본 문제들의 이데올로기적 맥락을 검토할 것이다. 앞질러 말하자면, 타임루프 장르의 서사학과 시간성의 교란이 우리 시대 '진보의 상실'에 대한 전망을 표현하는 것이며, 비디오 게임은 이러한 파국에 대한 유토피아로서 참조되고 있다는 점을 보여주고자 한다.

2. 타임루프 장르의 서사학 : 선택의 서사와 시간의 공간화

타임루프의 문화적 의미를 파악하기 위해 가장 먼저 서사학적 차원을 살펴보고자 한다. 타임루프는 시간성을 교란하는 것을 내용적 특징으로 삼고 있다. 이때 타임루프의 서사학은 '사건들의 시간적 배치'라고 하는 서사 담론의 일반적 원칙으로 환원되지 않는다. 이 장에서는 타임루프 장르의 서사학적 특성을 상세히 살펴봄으로써, 이러한 시간성의 교란이 일종의 '공간적 서사학'으로 나타나는 지점을 살펴보겠다. 나아가 이러한 서사학이 근대적 시간성을 부정하는 지점을 살펴보겠다.

이러한 목표를 위해 먼저 타임슬립 장르와 타임루프 장르의 서사적 특징을 함께 살펴보겠다. 두 장르는 시간 이동을 주요 소재로 활용한다는 점에서 유사하다. 그러나 타임슬립 장르에서 시간 이동이 일회적으로 이루어지는 반면에 타임루프 장르에서는 시간 이동이 여러 번 이루어진다.[4] 그리하여 타임루프 장르는 타임슬립 장르의 하위장르로 인식되면서도 독립적으로 분별되는 모습을 보여준다. 이러한

---

4. 이지용에 따르면 "『타임머신』 이후 시간여행에 대한 장르적 특징들은 확장을 거듭해 다양한 형태로 변형되었다." 이는 SF적인 상상력이 자연과학에서 출발하여 '사회과학'의 영역으로 확장하는 양상을 보여준다. 이지용 2019, 38.

공통점과 차이점이 갖는 문화적 의미를 살펴보겠다.

이를 위해 가장 먼저 살펴볼 것은 바로 분기구조와 다중분기구조의 스토리텔링이다. 전형적인 시간이동의 서사에서 시간선은 한 차례 분화한다. 예를 들어 〈백 투더 퓨쳐 2〉와 같은 영화는 원래의 시간과 시간이동 때문에 변화한 시간선 사이의 괴리가 주요하게 다뤄진다. 이것이 바로 분기구조의 스토리텔링이라 말할 수 있다.

다음으로 다중분기구조의 스토리텔링을 살펴보겠다. 〈죽어도 좋아♡〉의 이루다는 4월 14일 백 과장이 교통사고로 사망하는 것을 목격한 후, 그날 아침으로 되돌아온다. 이윽고 이루다는 자신과 백 과장의 운명이 서로 연결되어 있어서, 그가 죽음을 당하면 불가사의하게도 자신이 4월 14일로 되돌아가게 된다는 사실을 발견하게 된다. 그래서 이루다는 백 과장의 죽음을 막기 위해 하루를 되풀이하게 된다.

〈죽어도 좋아♡〉의 1부에서 4월 14일은 총 다섯 번에 걸쳐 반복됐다. 그것은 교통사고가 났던 최초의 시간선, 그리고 술에 취한 백 과장을 도로로 피신시켰지만, 맨홀에 빠져 추락사하게 되는 두 번째 시간선, 회사에 출근하지 않고 집에서 시간을 보내는 세 번째 시간선, 백 과장을 직접

목 졸라 살해하는 네 번째 시간선, 그리고 마지막으로 백과장의 죽음을 막아 루프를 종결하게 되는 다섯째 시간선이다. 이 다섯 개의 서사는 이루다가 특정한 사건에서 어떠한 선택을 내렸는지에 따라 분기되고 있다. 그리하여 이 이야기는 "다중분기구조 스토리텔링"[5]으로 명명할 수 있는 형태를 띠게 된다.

(단일)분기구조와 다중분기구조 스토리텔링은 공통점과 차이점을 가지고 있다. 우선 그것은 전통적인 서사학으로 설명할 수 없다는 공통점을 가지고 있다. 시모어 채트먼에 따르면 서사적 시간은 두 층위를 가진다. 하나는 원화 시간story time이며 다른 하나는 담론 시간discourse time이다. 여기서 원화 시간은 실제 사건들의 순서를, 그리고 담론 시간은 그것이 미적으로 제시되는 특별한 순서를 말한다(채트먼 1998, 80). 여기서 텍스트 내의 시간은 해체·재조립될 수 있지만, 서사의 최종심급에 존재하는 원화는 바뀌지 않는다. 그리하여 서사 내의 사건들은 연대기적으로 존재한다.

---

5. 임대희와 변민주는 타임루프 장르의 플롯 형식을 설명하기 위해 "다중분기구조"라는 용어를 제안했다. 이는 "동일한 사건이 중복되고 반복되어 새로운 사건으로 변주되어 재창조되는 비선형 비서사적" 스토리텔링 구조를 말한다. 또한 임대희와 변민주는 이러한 스토리텔링이 하이퍼텍스트의 구조와 유사성을 가진다는 점을 지적했다. 임대희·변민주 2016, 358.

타임슬립의 스토리텔링에서는 정확히 반대의 일이 발생한다. 여기에서 교란되어 있는 것은 바로 원화 시간이다. 타임슬립에서는 미래가 과거에 우선하고, 결과가 원인에 우선하는 타임 패러독스가 종종 벌어진다. 이때 담론 시간의 사건들은 연대기적 순서가 헝클어져 있기 때문에 개연성을 가진다. 즉 원화 시간의 불가능성이 플롯을 형성하는 것이다. 이렇듯 타임슬립은 원화 시간을 교란하여 일종의 반서사를 구축한다는 특징을 가진다.[6]

분기구조와 다중분기구조 사이에는 차이 역시 존재한다. 그것은 바로 분기의 빈도다. 분기구조에서 시간선은 두 개 뿐이다. 하지만 다중분기구조에서는 복수의 시간선이 그려진다. 이러한 도해는, 분기구조의 주인공이 한 차례 시간을 되돌리지만 다중분기구조의 행위자는 여러 번 시간을 되돌린다는 정황을 압축하고 있다.

이러한 형식적 차원은 두 서사의 내용적 차이를 반영한다. 타임슬립 장르에서 시간여행은 대체로 과거를 교정하는 일과 연관되어 있다.[7] 예를 들어 〈백 투 더 퓨처 2〉에서

---

6. 시간의 상상력을 다루는 SF 장르에서, 일반적인 '서사학'이 교란된다는 주장에 대해서는 엘레나 고멜을 참조. Gomel 2010, 14.

7. 이것은 시간여행 장르의 일반적 성격이지만, 다른 서사적 방향성을 가진 작

마티와 브라운 박사는 타임머신을 훔친 밥을 막아 역사를 올바로 되돌리기 위해 동분서주한다. 로버트 하인라인의 「여름으로 가는 문」(1956)에서는, 주인공이 과거로 되돌아가 자신의 발명품에 대한 권리를 지켜낸다.[8]

타임루프 장르의 주인공 역시 시간여행을 통해 잘못을 교정한다. 다만 그는 타임슬립 장르의 주인공보다 혼란한 상황 속에 있다. 〈백 투 더 퓨처 2〉나 「여름으로 가는 문」의 주인공들은 무엇이 옳은 선택인지 확신할 수 있다. 그것은 과거와 다른 선택이다. 그러나 타임루프의 주인공은 그러한 확신을 전혀 가질 수 없다. 예컨대 〈죽어도 좋아♡〉의 이루다는 매번 다른 선택을 내리고, 다시금 실패한

품들 또한 생성될 수 있다. 예를 들면 박명진은 한국 시간여행 모티브의 드라마가 미래에 대한 지식을 바탕으로 과거를 바꾸는 것이 아니라, "현재의 개인적인 선택과 노력"을 강조하는 측면을 지니고 있음을 발견했다. 즉 "일반적인 시간여행 모티브의 서사 전략"은 종종 패러디되거나 극복될 수 있다(박명진 2015, 279). 최지운 역시 한국 타임슬립 소재 드라마들이 '지나간 시간을 후회하며 이를 되돌리고자 하는 욕망의 구현'을 재현하면서도, 동시에 '현재에 충실하라'는 메시지의 전달을 추구하는 측면이 있음을 지적했다(최지운 2019, 308~312).

8. 안상원은 한국 웹소설의 "회귀 모티브를 가장 강력하게 추동하는 정동은 바로 '후회'이며…그 순간으로 돌아가서 다른 선택을 할 수는 없을지 상상"하려는 욕망을 반영한다고 분석했다(안상원 2018, 283). 권경미는 "회귀한 인물은 과거를 반추하며 잘못을 하나하나 바로잡고 자신을 죽음에 이르게 한 비밀에 근접"해 나간다는 점에서, 회귀물 서사가 일종의 원한 서사의 성격을 가진다고 정리했다(권경미 2022, 127).

다. 그녀는 자기결정에 대한 아무런 확신이 없는 상태에서, 선택지에 따른 효과와 변수들을 탐색해야 한다.

다중분기구조의 이야기에서 주인공의 선택이 갖는 중요성이나 역할은 (단일)분기구조의 그것보다 훨씬 강화되어 있다. 여기서 주체의 선택은 실로 서사의 형성 원리 자체가 된다. 각각의 선택이 새로운 이야기들을 파생시킴에 따라 독자들은 선택에 따라 분기되는 여러 이야기'들'을 따라가는 방식으로 독서하게 되기 때문이다.

이러한 다중분기구조의 스토리텔링 속에서 서사학의 공간성이 강화된다. 타임루프에서 서사는 '사건들의 공간적 배치'에 따라 이루어졌다고 말할 수 있을 정도이다. 서사의 시간적 차원이 고정되어 있기 때문에, 사건은 주인공이 어디로 이동하여 어떠한 선택을 하는지에 집중되는 것이다.

이것은 타임루프의 서사가 왕왕 길 찾기의 형식을 띠게 되는 큰 이유이다. 〈엣지 오브 투모로우〉를 예로 들자면, 주인공 케이지는 늘 하루라고 하는 정해진 시간 동안 어디에 갈 것인가를 선택해야 한다. 그는 자신이 배속된 소대에 남을 수도 있고, 리타를 찾아가 훈련을 받을 수도 있다. 혹은 런던에서 독일로 날아가거나 프랑스로 이동하여 전투를 벌일 수도 있다. 여기서 케이지가 선택하는 목적지는 정확히 서사의 한 분기가 된다. 그리고 관객들은 케이지의 선택과 이동을 따라서 서사를 수용하게 된다. 정리하자면 선택에 따라 분기되는 스토리텔링의 구조는 서사의 존재론을 '사건들의 시간적 배치'가 아니라 사건들의 공간적 선택으로 전환시키는 성격을 가지고 있다.

이러한 서사 속에서는 서사학의 차원과 더불어 시간의 표상 역시 공간화된다. 더 정확히 말해 타임루프의 서사 속에서는 근대적 시간의 개념이 무화된다. 시계라고 하는 기계 장치가 강력하게 표현하는 것처럼, 근대적 시간이란 "단선적으로 연결되는 과거와 미래 개념"(하비 2008, 295)을 보여준다. 이러한 시간성temporality 속에서 시간은 미래를 향해 일정한 속도로 흘러가는 것으로, 결코 멈추거나 되돌릴 수 없는 것이다. 그런 의미에서 시간 교란과 관련된 SF 일반은 시간성을 부정하는 것을 근간으로 한다. 즉 시간은 되돌릴 수 있고(타임슬립), 뒤바뀔 수 있으며(대체 역사), 끝나기도 한다(포스트 아포칼립스). 이러한 형식 속에서 시간은 경로를 수정 가능한 공간처럼 전유되어 있다. 그리고 타임루프는 이러한 공간화가 가장 급진적인 형태로 형상화된 형식이라고 말할 수 있다. 타임루프에서 시간은 일종의 감옥이다. 이 장르에서 주인공의 목표는 시간적 유폐를 벗어나기 위한 올바른 길을 찾는 것이다. 그는 일종의 무시간 속에서 계^界 내부를 거의 무한정 탐색한다.

정리하자면 타임루프 장르는 급진적이면서 일탈적인 서사 담론과 시간개념의 변화를 보여주고 있다. 여기서 진정 심오한 문제는 이러한 서사가 새로운 것이라는 데 있지 않다. 중요한 것은 이러한 시공간의 상상력이 어떠한 문화적 맥락을 가지고 있으며, 그것의 효과는 무엇인지 규명하는 것이다. 앞으로 이어지는 두 절에서 바로 그러한 차원을 살펴보겠다.

3. 타임루프 장르의 문화적 맥락 : 디지털 놀이의 서사화

2절에서 우리는 타임루프 장르가 일종의 반서사라는 점을 확인했다. 타임루프 장르는 서사의 구성 원리인 시간성을 왜곡하고 있다. 이 장르의 주인공은 역사적 시간을 경험하지 않으며, 대신 폐쇄된 시공간을 끊임없이 탐험한다. 요컨대 타임루프 장르의 주인공은 시간성 너머의 감옥에 갇혔다.

3절에서는 이러한 서사 관습의 기술문화적 맥락을 살

퍼보겠다. 여기서 나는 타임루프 장르의 반서사적인 특성이 문자 텍스트와 다른 전통에 영향을 받았다고 주장할 것이다. 결론을 당겨 말하자면, 타임루프 장르는 비디오 게임이라고 하는 뉴미디어 문화상품의 경험과 불가분의 관계를 맺고 있다.

타임루프 장르는 뉴미디어 환경에 직간접적으로 영향을 받았다. 엄격한 의미에서 타임루프 장르의 텍스트가 탄생한 것은 1993년(〈사랑의 블랙홀〉)의 일이다. 그리고 이 장르는 2010년대 와서야 본격적으로 유행하기 시작했다. 본래 SF는 문화산업 및 과학기술의 발달에 민감하게 반응하는 장르다. 다만 타임루프 장르는 소재뿐 아니라 그 형식적 차원에서도 새로운 미디어 스토리텔링의 차원을 수용했다.[9] 앞서 타임루프 장르의 서사적 특징으로 제시된 '다중분기구조 스토리텔링'은 본래 뉴미디어 텍스트들의 서사구조를 분석하는 가운데 출현한 개념이다. 하이퍼텍스

---

9. 비디오 게임이 현대 대중문화의 서사 양식에 영향을 미치는 것은 타임루프 장르 바깥에서도 이루어지고 있다. 이융희는 현재 웹소설에서 "비디오 게임의 경험을 내면화한 젊은 창작자들이 게임적 체험을 소설에 녹여내려는 노력부터, 게임에 대한 대중의 보편적 인식만을 바탕으로 작가가 독자적 세계를 구축해 자신의 서사를 풀어놓는 이야기" 등이 광범위하게 나타나고 있음을 밝혔다. 이융희 2021, 75.

트 구조의 인터넷 페이지들이나 비디오 게임 주인공들의 상호작용적 수행은 그 적절한 예이다(임대희·변민주 2016, 360~361). 인터넷의 하이퍼텍스트 환경에서 '독서'는 복잡하게 상호연결된 여러 문서를 누비는 방식으로 이루어진다. 또한 컴퓨터 게임의 주인공은 복수의 이야기 흐름과 '엔딩'을 맞이하는 경우가 많다. 이는 처음과 끝이 정해져 있는 전통적 문자 미디어와는 다른 특징이다.

타임루프 장르와 뉴미디어 환경의 연관성에 대해 말하면서, 주요하게 참조하고자 하는 것은 바로 아즈마 히로키다. 그는 이미 『게임적 리얼리즘의 탄생』에서 타임루프 장르가 "게임 경험의 소설화"로서의 양상을 띤다고 주장했다(아즈마 2012, 130). 다시 말해 아즈마 히로키는 타임루프 장르가 게임에 익숙하거나 적어도 그 체계를 이해하고 있는 사람에 의해 창작·공유되고 있음을 전제했다.

이때 게임 경험의 소설화란 단순히 게임의 요소를 소재로 활용한다는 의미에 국한되지 않는다. 그것은 타임루프 장르가 게임의 형식을 서사적 차원으로 번역했다는 뜻에 가깝다. 앞으로 두 가지 개념을 통해서 게임의 형식이 어떻게 서사화됐는지 서술하겠다. 바로 반복과 차이다.

첫 번째로 분석하고자 하는 게임 경험의 핵심은 바

로 반복이다. 아즈마 히로키가 주로 분석한 텍스트는 영화 〈엣지 오브 투모로우〉의 원작인 라이트노벨 『ALL YOU NEED IS KILL』이다. 이 소설과 영화에서 주인공은 무한히 하루를 반복하며 무능한 군인에서 베테랑으로 변모한다. 그리고 이것은 "신체의 상태를 바꾸지 않으면서 전투 능력만을 높이는 것이 가능한 세계", 즉 대전 액션 게임의 세계에 접속되어 있다는 것이 아즈마 히로키의 분석이다(아즈마 2012, 125). 『ALL YOU NEED IS KILL』의 주인공 기리야, 그리고 〈엣지 오브 투모로우〉의 주인공 빌 케이지는 모두 "게임의 목표를 클리어하지 못해서 몇 번이고 리셋과 리플레이를 반복"하고 있다. 이는 게임의 목표를 '클리어'할 때까지 동일한 스테이지를 계속해서 반복하는 게임의 서사와 흡사하다.

아즈마 히로키는 텍스트의 '이야기의 층위'(목표)와 '메타 이야기의 층위'(플레이)를 구분하지 못하는 독자들은, 이러한 주인공에게 공감하기 어려울 것이라고 주장했다. 즉 타임루프 장르를 이해한다는 것은, 동일한 이야기를 반복(리셋, 리플레이)하는 것을 쾌락으로 수용할 수 있는 문화적 경험을 전제하고 있다는 것이다.

여기서 아즈마 히로키의 분석에 부연하고 싶은 부분은,

반복이 게임 경험의 핵심이라는 점이다. 반복은 실로 게임의 기본적 형식에 아로새겨진 특성이다. 비디오 게임은 동일한 임무mission에 여러 번 도전하는 것을 근간으로 한다. 이를 이해하기 위해 초기 비디오 게임을 간단히 살펴보는 것은 도움이 될 것 같다. 〈스페이스 인베이더〉(1979)는 외계의 존재가 지구를 침략해 온다는 간단한 설정을 기반으로 한다. 이 게임의 플레이어는 점점 어려워지는 (유사한) 임무를 순차적으로 해결해야 한다. 플레이어는 자신의 숙련도를 높여서 임무에 대응하며, 간혹 실패했을 경우는 돈을 추가로 지불함으로써 여분의 기회를 얻을 수도 있다. 즉 임무를 재시작할 수 있다.

이러한 '재시작'의 구조는 서사적인 것이 아니라 오락적인 것이다. 내용이 고정된 텍스트의 재독再讀은 권장될 수 있으나 필수적인 경험은 아니다. 그것은 연극처럼 매번 변주되는 서사 형식 역시 마찬가지다. 그러나 놀이는 동일한 수행의 반복을 전제로 한다. 바둑이나 장기와 같은 오락은 정해진 형식 속에 무수한 기보의 가능성을 열어놓는다. 축구나 야구와 같은 스포츠 경기 역시 일정한 규칙을 지키면서도 매번 다른 순간을 생산한다. 그리하여 매 사건은 원칙적으로 반복된다.

많은 비디오 게임들은 플레이어로 하여금 단계적인 임무들을 수행하게 유도한다. 각각의 임무들은 쉬운 수준에서 시작하여 점점 어려워진다. 그리하여 플레이어는 다음 스테이지를 '클리어'하기 위해 점점 더 자신의 기량을 갈고 닦아야 한다. 마지막 스테이지에 도착하게 되면, 플레이어는 지금까지 숙련한 기술들을 총동원하여야만 임무를 해결할 수 있다.

이때 게임은 실패와 반복을 전제하고 있는 문화적 형식으로 볼 수 있다. 플레이어는 실패를 통해 학습한다. 그는 스테이지의 장애물에 충분히 빠르게 적응하지 못하거나, 변수에 유연하게 대응하지 못하거나, 침착함을 유지하지 못하여 만전의 기량을 발휘하지 못할 때 실패할 수 있다. 따라서 플레이어는 반복되는 실패를 통해 자기 단점을 보완하고, 전반적인 역량을 상승시키는 일에 착수하게 된다. 그리고 이러한 연습을 통해 난제를 해결했을 때 자아의 고양감과 성취감을 느끼게 된다.

정리하자면 반복은 놀이의 중요한 원리로서 비디오 게임의 핵심적 특성을 구성한다. 우리는 동일한 놀이를 반복적으로 수행하며 기량을 향상시키고, 자기효능감과 성취감을 획득한다. 타임루프가 보여주고 있는 것은 바로 이 반복의 과정 중에 있는 주인공의 모습이다. 타임루프에서 벗어나기 위해 애쓰는 주인공의 모습은, 어려운 임무를 해결하기 위해 세이브SAVE와 로드LOAD를 반복하는 비디오 게임 플레이어의 경험을 반영하고 있는 것이다. 두 번째로 분석하고자 하는 핵심적인 게임 경험은 바로 '차이'다. 아즈마 히로키는 타임루프 장르에 "미소녀 게임으로 대표되는 시나리오 분기형 어드벤처 게임"이 영향을 미쳤으리라고 추측했다. 『ALL YOU NEED IS KILL』에서 주인공은 임무가 '리셋'될 때마다 자신이 축적한 인간관계 역시 무화되는 것을 경험한다. 이는 "시나리오가 아무리 캐릭터와의 커뮤니케이션을 그리고 있다고 하더라도", 다음 시나리오를 '플레이'하는 순간 그 기록들이 송두리째 사라지는 '미소녀 게임'의 경험을 반영한다는 것이 그의 가설이다.

이러한 해석 역시 놀이가 가지고 있는 기본적인 속성을 반영하고 있다. 모든 놀이는 반복적이면서도 차이를 내재화하고 있다. 앞서 설명했던 것처럼 바둑이나 축구 등의 놀이는 일정한 규칙을 지키는 한에서 매회 다른 방식으로 연행play된다. 놀이가 늘 같은 방식으로 전개된다면 플레이어의 정신적 긴장이 느슨해져 지루함이 발생할 것이다. 이것은 곧장 흥미를 떨어트리는 결과를 가져올 것이다. 즉 놀이의 매력은 그 중간 과정이 대동소이하거나 결과가 예측 가능할 때 반감되고 만다. 놀이는 반복하여 수행하더라도 매번 새로워야 하는 특수한 행위인 것이다.

이러한 설명은 아즈마 히로키가 예로 들고 있는 '시나리오 분기형 어드벤처 게임'에는 덜 적절한 것처럼 여겨질 수도 있다. 일반적으로 '미소녀 게임'이란 플레이어가 한 명의 남성 인물에게 이입하여 복수의 반려자 후보와 이성애적 관계를 추구하는 형식을 말한다. 이러한 게임의 플레이어들은 시각 이미지(여성 인물의 일러스트레이션)와 텍스트(대화문)가 결합된 내러티브를 감상하는 방식으로 게임을 수행한다. 이때 플레이어의 쾌락은 정해진 시나리오에 의존하고 있기 때문에, 놀이의 '각본 없는 드라마'로서의 특징이 덜 드러나는 것 같다. 즉 이러한 종류의 게임은 플레이되기보다는 독서되는 것처럼 보일 수 있다(아즈마 2012, 154).

그러나 미소녀 게임은 다중분기 스토리텔링으로서 여러 개의 서사 경로와 결말을 가진다. 그럼으로써 독서와 결정적인 차이를 갖는다. 다시 말해 미소녀 게임은 서사적인 즐거움을 제공하지만, 전통적인 문자 텍스트에서는 불가능했던 방식으로 제공한다. 주인공은 한 여성과 운명적인 로맨스를 경험한 후, 다시 다른 여성과 특별한 관계를 맺을 수 있다. 다만 주인공의 정절royalty은 훼손되지 않는다. 이야기가 처음부터 다시 시작되었기 때문이다.

여기서 우리는 게임이 가지고 있는 특성으로 되돌아오게 된다. 분명 미소녀 게임은 정해진 시나리오를 수동적으로 읽는 독자를 상정한다. 그러나 독자는 선택을 통해 서사에 개입하고, 복수의 스토리텔링을 탐색한다. 이때 미소녀 게임은 동일한 사건들(입학식, 방과 후 활동, 졸업식, 데이트 등)을 다른 방식으로 경험하게 만들며, 반복 속에서 차이를 생성해 낸다. 하나의 주인공이 복수의 운명을 가질 수 있는 것은, 전혀 서사적이지 않다.[10] 그것은 적어도 전통적인 서사적 관습으로부터 거리를 두는 것이다.

정리하자면 타임루프 장르는 다만 게임의 소재를 차용하고 있는 서사에 지나지 않는 것이 아니라, 게임의 원리를 서사적으로 번역한 장르에 가깝다. 즉 타임루프 장르에서 차이를 가지고 반복되는 시간은, 비디오 게임의 '재시작'이나 '세이브/로드'를 서사적으로 번안한 것이다. 달리 말하자

---

10. 발터 벤야민은 "소설에 나타나는 인물들의 삶의 의미는 오로지 그들의 죽음에 의해서만 비로소 해명될 수 있다"고 말했다. 이러한 언술에는 삶이 일회적이며, 바로 그러한 차원에서 유의미하다는 개념이 아로새겨져 있다. 벤야민 1983, 185.

면, 타임루프 장르는 그러한 문화적 차원을 경험한 사람들이 더욱 쉽게 이해할 수 있는 맥락을 가지고 있다.

4. 타임루프 장르의 이데올로기

앞선 논의를 정리하자면 타임루프 장르는 일종의 반서사로서 역사적 시간을 넘어서며, 이는 뉴미디어 문화상품의 형식을 반영하는 측면이 있다. 이 절에서 살펴보고자 하는 것은, 이러한 서사학적·형식적 차원의 특성이 타임루프 장르의 주제와 교호하고 있는 양상이다. 요컨대 타임루프 장르의 특성들은 어떠한 이데올로기적 차원과 접속되어 있는가.

이 질문은 아즈마 히로키에 의해 이미 제기되었던 것이다. 아즈마 히로키는 타임루프 장르에서 포스트모던 예술의 특성을 발견했는데, 이때 루프의 주인공은 소외된 인간형의 표상으로 이해되었다. 그에 따르면 타임루프의 주인공은 본질적으로 고독하다. 루프의 경험을 타자와 공유할 수 없기 때문이다. 이러한 특성은 "결코 현실의 타자, 즉 다른 플레이어와 만날 수 없다"(아즈마 2012, 133)는 소비동물(오타쿠)의 고독을 반영하는 것이다. 한편 타임루프 주인공은 무수한 선택을 하는데, 그것은 "선택지의 다양함에 압도되어 특정 가치를 선택하는 것이 점점 어려워지고 있는 우리 자신의 삶의 조건에 대한 은유"(같은 책, 145)다.

여기서 아즈마 히로키가 파악한 '포스트모던'의 상황이란, 특히 "개인의 자기결정이나 생활양식의 다양성이 긍정되고 큰 이야기의 공유를 오히려 억압"으로 느끼는 분위기 속에서, "사회 전체에 대한 특정 이야기의 공유화 압력"이 저하되는 시대성을 의미한다(같은 책, 10). 아즈마 히로키는 이러한 맥락 속에서 독자·소비자들이 전체적인 서사가 아니라 개별적인 캐릭터들을 소비하는 것으로 파악했다. 요컨대 포스트모던 미학의 수용자들은 사회적 욕망을 재현하는 '플롯'이 아니라, 다양한 특성character에 직접적인 관심을 보인다는 것이다. 이러한 문제의식은 특히 포스트모던 경향의 픽션들 속에서 "드라마의 결론으로 인물이 규정되는 것이 아니라 캐릭터의 성질이 드라마에 우선한다"고 말할 때, 그리하여 '캐릭터의 데이터베이스'야말로 소비문화의 핵심이라고 말할 때 직접적으로 드러난다(같은 책, 25~31). 여기서 아즈마 히로키가 포스트모던 서사 예술의 특징으로 발견하고 있는 것은 결국 플롯의 실종이다. 이는 포스트모던 스토리텔링 상품들에서 서사성이 약화됐다는 의미가 아니라, 사회적 욕망을 재현하는 플롯의 힘이 감지되지 않는다는 의미다.

그러나 나는 타임루프 장르가 '거대서사'에 방불하지는 않더라도, 형식화된 방식으로 사회적 좌절을 재현하는 플롯이라고 주장하고자 한다. 요컨대 타임루프는 마술적인 플롯을 통해 진보의 전망이 보이지 않는 현실을 돌파하는 서사를 전개하고 있다. 이러한 양상을 이해하기 위해서는 타임루프 장르가 공통적인 상황을 일관적으로 서사화하고 있음을 확인할 필요가 있다. 즉 다중분기 스토리텔링이라고 하는 서사학이 어떠한 내용과 결합하고 있는지 확인할 필요가 있다.

2010년대 이후 한국에서 제작된 타임루프물은 모두 일종의 종말을 주요 내용으로 한다는 공통점을 가지고 있다. 『전생검신』의 주인공 백웅은 죽을 때마다 12살의 소년 시절로 회귀하고 있다. 그는 전생轉生을 계속하면서 음모론적인 세계의 비밀을 파헤치게 되며, 피할 수 없는 우주 종말이 다가오고 있음을 깨닫고, 그것을 막기 위해 동분서주한다. 이러한 기본적인 이야기 얼개는 『해골병사는 던전을 지키지 못했다』에서 대동소이하게 나타났다. 이 웹소설의 주인공 '해골병사'는 백웅과 달리 '판타지 장르'의 세계에 속해 있다. 그러나 해골병사는 백웅과 마찬가지로 루프를 반복하면서 음모론적인 세계의 비밀을 탐사하고, 나아가 피할 수 없는 종말을 대비하기 위해 애쓴다. 한편 〈살아남은 로맨스〉의 주인공 은채린은 '좀비 아포칼립스'의 배경이 된 학교에서 살아남기 위해 '타임루프'를 반복한다. 그녀는 생을 반복하며 경험을 쌓고, 생존에 필요한 지식을 획득하며, 변수에 대처하는 방법을 익힌다. 〈죽어도 좋아♡〉나 〈10월 28일〉의 주인공들은 이러한 집단적 스케일의 대격변에 맞닥뜨리고 있지는 않다. 그러나 그들 역시 반복적인 죽음을 경험하며, 미래를 잃어버렸다는 공통점을 가진다. 〈죽어도 좋아♡〉의 주인공 이루다는 직장 상사 백 과장이 사망할 때마다 4월 14일로 되돌아간다. 그녀는 이 문제를 해결하기 전까지 어떠한 미래도 가질 수 없다. 〈10월 28일〉의 주인공 이상길은 사실 자살한 날의 일과를 반복하는 유령이다. 여기서 우리는 한국 타임루프 작품들이 개인사나 역사의 종말을 다루고 있다는 점을 확인할 수 있다.

이러한 내용적 특성은 타임루프 장르의 스테레오타입적인 관습을 반영하는 것이다. 타임루프의 주인공이 개인적·세계적 스케일의 파국을 경험하는 이야기는 이를테면 〈사랑의 블랙홀〉, 『ALL YOU NEED IS KILL』, 〈해피 데스데이)와 같은 국외 작품들 속에서도 공통적으로 나타났다. 여기서 종말의 요소는 타임루프 장르의 내부에 구조적으로 결합되어 있다. 즉 종말은 단순한 시간적 배경이나 소재에 지나지 않는 것이 아니라 서사의 문법적 구성을 형성하는 중요한 요소다. 이때 타임루프 장르는 종말을 극복하는 방법을 찾을 때까지 끝없이 시간을 되돌리는 주체의 서사로 요약할 수 있다. 즉 '시간의 끝'을 '시간의 반복'으로 연결시키는 형식인 것이다.

여기서 타임루프 장르의 공간화된 서사학은 뚜렷한 욕망과 좌절감의 표현이 된다. 타임루프 장르가 형상화하고 있는 것은 시간의 감옥이자 미로다. 평범한 인간은 결코 미로를 통과할 수 없다. 미로가 너무 복잡하여, 아주 극악한 확률로만 탈주로를 찾을 수 있기 때문이다. 여기 나타나고 있는 것은 단도직입적으로 말해 진보의 상실이다. 이것은 물론 일차적으로 자연적 시간의 전개에 대한 것이지만, 더욱 심층적으로는 사회적 진보의 개념과 결부되어 있다. 타임루프 장르의 인물이 미래에 도달한다는 것은, 개인과 공동체의 삶을 확보한다는 것을 의미한다. 그러나 주인공들을 둘러싸고 있는 조건은 너무나 가혹하다. 그래서 '정상적'인 전개로는 도저히 장애물을 극복할 수 없다. 즉 타임루프 장르에서 미래는 '앞날'이라는 사전적 의미와 '희망'이라고 하는 은유적 의미 모두의 차원에서, 비관적인 상태로 제시되어 있다. 여기서 우리는 "모든 것이 잘되어 가고 있고, 지금보다 더 많은 만족을 얻게 될 것이며, 그렇게 나아지는 방향으로 가도록 예정되어 있다는 믿음"(바우만 2022, 270)이 사라진 상황을 확인할 수 있다.

이때 루프는 아리아드네가 크레타의 미로를 탈출하려는 테세우스에게 주었던 실타래 같은 역할을 한다. 그것은 무지·무능한 인간에게 최소한의 가망성fighting chance을 부여한다. 이는 거꾸로 말하자면, 루프의 주체는 마술적인 조력 없이는 장애물을 극복할 가능성이 전혀 없는 상태에 있다는 뜻이다.

나는, 재능이 없었다. 못생겼다. 친구도 없다. 집안도 최악이었다. 그러므로 모두가 나를 경멸했다. 모든 걸 부정당하며 끝까지 살아갔다. 그래서 재능 없는 놈은 죽으란 말이냐? 그럼 죽겠다. 너희가 원하는 대로 죽어주겠다. 죽고 나서 또다시 도전해주겠다. 이 개 같은 세상을 죽여버릴 때까지! (크로스번, 『전생검신』, 1화)

성공했다. 서큐버스님을 살해하는, 용사의 발치에 다가가는 데. 타격을 줄 가능성은 없다. 하지만 분했다. 이렇게 무시당해 온 삶이. 숨어 지내는 것조차 허락되지 않은 삶이. 마지막 소중한 것조차 눈앞에서 비참하게 **빼앗기는** 삶이. 그들에게는 삶으로조차 보이지 않더라도. 나에게는 하루하루의 소소한 기쁨이 있었다.…

모든 것을 받은 용사. 선택된 용사에게는 아무 의미 없이 부서질 조형물로, 칼질 한 번에 쓰러져 약간의 경험치가 될 조형물로 보이겠지만. 나와 같은 해골에게도 마지막까지 발악할 권리가 있다. (소소리, 『해골병사는 던전을 지키지 못했다』, 1화)

타임루프 장르가 진보에 대한 전망 상실을 특징으로 한다는 점은, 그만큼이나 비관적인 인물유형과 짝패를 이룬다. 바로 기회로부터 소외된 인간이다. 더 자세히 말해, 주체에게 자력으로 미래를 개척할 수 있는 힘이 부재한 상황은 그들에게 공정한 기회가 주어지지 않았다는 조건과 연결되어 있다.

위 인용문은 『전생검신』과 『해골병사는 던전을 지키지 못했다』의 일부를 발췌한 것이다. 여기서 공통적으로 드러나고 있는 것은 바로 소외된 주인공이다. 『전생검신』은 무협 장르에 속한 작품이다. 그런데 이 소설의 주인공 백웅은 다른 무협지의 주인공과 다르게 외모나 재능 등 어떠한 유전 자본도 갖추지 못했다. 『해골병사는 던전을 지키지 못했다』는 판타지 장르에 속한 작품이다. 이 장르는 대개 '선택받은 자'가 숙적을 물리치는 내용을 중심으로 한다. 그런데 『해골병사는 던전을 지키지 못했다』의 주인공은 그러한 "모든 것을 받은 용사"에게 퇴치되는 "아무 의미 없이 부서질 조형물"에 불과하다. 그들은 모두 세계관에서 가장 낮은 계급에 속한 존재들이다.

소외된 처지의 주인공은 타임루프 장르의 웹툰에서도 반복적으로 나타났다. 〈죽어도 좋아♡〉의 주인공은 말단 회사원으로서, 직장 상사의 언어폭력과 성희롱에 노출되어 있다. 〈10월 28일〉의 주인공은 자살을 기도할 만큼이나 자기효능감을 갖추지 못했다. 〈살아남은 로맨스〉의 주인공은 장기간 취업에 실패한 끝에 자살했다. 여기서 타임루프의 주인공들이 사회적인 약자라는 점은 명약관화하다.

이들이 약자인 이유는 단순히 그들을 둘러싼 환경이 열악하다는 사실 때문만이 아니다. 진정 문제적인 것은, 그들이 자기 스스로 가지고 있는 도구나 자원을 활용하여 상황을 개선할 수 있는 가능성이 없다는 사실이다. 이는 그들에게 기회가 없다는 사실을 의미한다.

아이리스 매리언 영에 따르면 기회가 있다는 것은, 장애물을 극복할 수 있는 내면적·외면적 수단이 있음을 의미한다(영 2017, 73). 즉 기회를 갖는다는 것은 극복 불가능한 장애물이 없는 상황을 말하는 것으로, 단순히 타인보다 더 높은 성공 확률을 가진다는 의미가 아니다. 루프 경험자들이 기회가 없는 상태라는 것은 바로 이러한 맥락이다. 루프 경험자들은 마술적인 사태가 주어지기 전에는 자기의 기초 역량을 증진하거나, 불안정한 변수를 통제하거나, 환경을 개척하는 힘을 발휘하지 못한다. 요컨대 그들은 자기개발을 통해 진보에 참여하는 일을 전혀 수행하지 못한다.[11]

바로 이 지점에서 우리는 타임루프 장르와 비디오 게임의 형식 사이의 관계를 보다 자세히 이해할 수 있다. 여기서 비디오 게임의 플레이어는 기회가 있는 상태에 있다. 그는 최초 불가능했던 임무를 반복적인 재시도를 통해 성취

---

11. 김은경은 〈엣지 오브 투모로우〉에서 '죽음의 횟수'와 '생존율'이 비례관계에 있다는 것에 주목했다. 김은경에 따르면 이러한 서사는 죽음을 통해 생존, 그리고 '치유'를 추구하는 측면이 있다. 김은경 2015, 191. 이때 김은경은 '죽음의 횟수'를 통해 기회를 획득하는 양상을 발견하고 있는 것으로 볼 수 있다.

한다. 그 과정에서 자신의 잠재력을 계발하며, 주어진 환경에 적응하고, 마침내 성공하여 보상을 획득한다. 게이미피케이션gamification이나 게임의 몰입flow 경험에 대한 관심들은, 바로 이렇듯 구조화된 성장 경험에 초점을 맞추고 있다.[12] 물론 이 글의 목적은 게임이 실제로 그러한 효용을 가지고 있는지 판가름하는 것이 아니다. 여기서는 다만 이러한 이론들이 게임을 유토피아적 시공간으로 파악하는 관점과 연결되어 있다는 점을 지적하고 싶다. 즉 게임은 기본적으로 쾌락원칙이 지배하는 공간이며, 실제 외부 세계의 논리가 소거되거나 단순화된 '닫힌 원' 내부이며, 바로 그 이유 때문에 현실의 난점들을 넘어 긍정적인 심리적 경험을 할 수 있는 차원으로 상상되고 있다.

타임루프가 차용하고 있는 것도 바로 이러한 차원이다. 타임루프의 주체는 결코 단번에 문제를 해결하지 않는다. 주인공에게 그러한 능력이 있다면 타임루프의 서사는 성

---

12. 몰입(flow)은 미하이 칙센트미하이가 착안한 개념으로, 특정 대상이나 활동 이외에는 잊어버릴 정도로 깊은 집중력을 발휘하는 상태를 말한다. 칙센트미하이는 몰입이 특히 놀이와 같은 자발적이며 즐거움을 목적으로 하는 행위에서 곧잘 발생한다고 보았다. 칙센트미하이 2005. 게이미피케이션은 게임의 메커니즘을 활용하여 몰입의 심리적 경험을 유도하려는 목적을 가진다. 민슬기·김성훈 2015, 180.

립할 수 없다. 그는 실수와 패착을 거듭하며, 조금씩 상황을 개선해 나간다. 이러한 기회는 분명 현실에서는 불가능하거나, 적어도 불가능한 것으로 인식된다는 점에서 비현실적인 것이다. 그러나 이러한 유토피아적인 상상은 뜻밖에도 어떤 도덕적인 차원을 가지고 있다. 타임루프의 주체는 무조건적인 성공이나 장애물의 소멸을 욕망하는 것이 아니다. 그의 형상에서 드러나는 것은, 일견 불가능해 보이는 장애물에 여러 번 도전할 수 있는 기회에 대한 욕망이다. 즉 타임루프 장르가 게임으로부터 차용하고 있는 것은 '기회 있는 주체'의 진보에 대한 욕망이라고 정리할 수 있겠다.

5. 나가며

지금까지의 내용을 압축해 보자면, 타임루프 장르는 기회를 잃어버린 인물이 마술적인 방식을 통해 진보 과정에 참여하는 서사로 정리할 수 있을 것 같다. 여기서 이러한 서사적 특성들을 그대로 21세기 대한민국 사회의 재현으로 설명하는 것은 물론 성급한 일이다. 그러나 특히 2015년 이후 타임루프 장르가 유사한 서사를 반복 재생산하고 있다는 점은 주목할 필요가 있다. 이는 공교롭지 않게도, 인터넷 공간에서 'n회차 인생'이라는 신조어가 사용되기 시작한 시기와 겹친다. 이 최초 사용 시점을 특정하기 어려운 유행어는, 주로 어린 나이에 걸맞지 않은 능력이나 성숙한 태도를 갖춘 인간을 지칭하는 수식어로 사용되고 있다.[13] 여기에는 분명 루프의 상상력이 아로새겨져 있다. 즉 삶을 'n회' 반복함으로써 유능한 주체가 되고 싶다는 욕망이 반영되어 있는 것이다.

여기, "'노오오오력'해도 '이번 생은 망했다'는 20~30대의 절망"이 "게임처럼 인생도 '리셋'하고 싶다는 욕망"(이승준 2021)으로 발현됐으며, 대중문화에 투영된 사정은 뚜렷하다. 이것은 미래에 대한 전망을 갖기 어려운, 우리 시대의 일반적 상황을 반영하는 것이다. 요컨대 우리의 대중문화는 현재 '일반적'인 수양이나 극기를 통해, 적대적인 환경을 극복하고, 위대한 과업을 성취하는 인물을 상상하는 데 어려움을 겪고 있다.[14]

마지막으로 강조해야 할 점은, 이렇게 유능한 주체가 되

---

13. 네이버에서 전방일치 "인생 n회차"로 검색했을 때 최초의 게시물은 2017년에 등장한다.

14. 박노현은 2010년대 초반에 '타임슬립' TV 드라마가 유행한 이유에 대해, "2010년대 초반의 한국 사회가 세기 초에 대두된 세기말적 피로감을 사회적으로 감당해 내지 못하고 있다는 것"이라고 진단했다. 박노현 2013, 319.

고 싶다는 욕망이 다만 허황된 현실도피로 축소되지 않는다는 점이다. 루프는 결코 손쉬운 해결책으로 나타나지 않았다. 그것은 오히려 환경의 불합리성을 중화하는 현상에 가깝다. 즉 해결 불가능한 문제에 여러 번 도전할 수 있는 기회 같은 것이었다. 거꾸로 말하자면, 타임루프 서사의 독자들은 다만 손쉽게 문제를 해결하는 주인공에게 감정이입하는 것이 아니다. 그들은 거듭되는 실패에도 꺾이지 않고, 계속해서 도전하는 인물을 응원하고 있다.

이러한 상황을 종합하면 타임루프는 다만 '포스트모던'한 세계의 유희로 축소될 수 없다. 타임루프는 미래에 대한 전망이 결코 핍진하게 인식되지 않는 현실을, 비현실적인 마술로 돌파하는 플롯을 가지고 있다. 요컨대 타임루프는 현재 우리 사회의 증상이 일반적인 서사학, 그리고 '현실적인 플롯'으로는 적절히 다스려지지 않는 측면이 있음을 보여준다. 이것은 아즈마 히로키가 장 프랑수아 료타르를 경유하여 제시했던 '거대서사'의 부재증명으로 축소될 수 없다. 타임루프는 오히려 그러한 유토피아적인 열망을 암시하는 형식이라고 평가할 수 있을 것이다.

:: 참고문헌

1. 기본자료

골드키위새. 2015~2016. 〈죽어도 좋아♡〉. 다음 웹툰.

라이먼, 더그 감독. 2014. 〈엣지 오브 투모로우〉. 워너브라더스.

레이미스, 해럴드 감독. 1993. 〈사랑의 블랙홀〉. 컬럼비아 픽처스.

소소리. 2017~2023. 『해골병사는 던전을 지키지 못했다』. 카카오페이지.

오바타 다케시 · 아베 요시토시 · 타케우치 료스케 · 사쿠라자카 히로시. 2014. 『ALL YOU NEED IS KILL』. 서현아 역. 학산문화사.

이연. 2021~2023. 〈살아남은 로맨스〉. 네이버 웹툰.

저메키스, 로버트 감독. 1989. 〈백 투 더 퓨처 2〉. 앰블린 엔터테인먼트.

천정학. 2017~2018. 〈10월 28일〉. 네이버 웹툰.

크로스번. 2016~연재 중. 『전생검신』. 카카오페이지.

2. 논문 및 단행본

권경미. 2022. 「로맨스 판타지 웹소설의 신계급주의와 서사 특징 ― 책빙의물과 회귀물을 중심으로」. 『인문과학』 84 : 109~140.

김은경. 2015. 「허버트 조지 웰스의 『타임머신』과 2010년대 할리우드 SF영화에 나타난 시간초월 양상 연구 ― 『소스 코드』, 『엣지 오브 투모로우』, 『인터스텔라』를 중심으로』. 『대중서사연구』 21(1) : 174~200.

민슬기 · 김성훈. 2015. "학습자 몰입 증진을 위한 스마트 e-러닝의 게이미피케이션 적용 연구." 『한국디자인문화학회지』 21(4) : 177~187.

바우만, 지그문트. 2022. 『액체현대』. 이일수 역. 필로소픽.

박노현. 2013. "텔레비전 드라마와 '왕정'과 '복고': 미니시리즈의 타임슬립과 복고 선호 양상을 중심으로." 『한국학연구』 30 : 285~323.

박명진. 2015. "타임머신/시간여행 모티브 드라마에 나타난 자기 계발 이데올로기 ― 텔레비전 드라마 〈미래의 선택〉을 중심으로." 『한국극예술연구』 47 : 261~294.

벤야민, 발터. 1983. 『발터 벤야민의 문예이론』. 반성완 편역. 민음사.

아즈마 히로키. 2012. 『게임적 리얼리즘의 탄생』. 장이지 역. 현실문화연구.

안상원. 2018. "한국 웹소설의 회귀 모티프 연구." 한국문학이론과 비평 22(3) : 279~307.

영, 아이리스 매리언. 2017. 『차이의 정치와 정의』. 김도균 · 조국 역. 모티브북.

이승준. 2021. 「회빙환 세계에서 사는 법」. 『한겨레』. 2021.12.05.

이융희. 2021. 「한국 게임판타지 장르의 미시사 연구」. 『현대소설연구』 81 : 41~82.

이지용. 2019. 「한국 SF의 장르적 특징과 의의 ─ 근대화에 대한 프로파간다부터 포스트휴먼 담론까지」. 『대중서사연구』 25(2) : 33~69.

임대희 · 변민주. 2016. 「영화의 비선형성 비서사적 스토리텔링 연구 ─ 〈나비효과〉, 〈엣지 오브 투모로우〉의 다중분기구조를 중심으로」. 『한국과학예술포럼』 25 : 355~367.

채트먼, 시모어. 1998. 『원화와 작화』. 최상규 역. 예림기획.

최지운. 2019. 「2010년대 한국 타임슬립 드라마 연구 ─ 유형과 함의를 중심으로」. 『스토리앤이미지텔링』 17 : 297~321.

칙센트미하이, 미하이. 2005. 『몰입』. 최인수 역. 한울림.

하비, 데이비드. 2008. 『포스트모더니티의 조건』. 구동회 역. 한울.

Gomel, E. 2010. *Postmodern Science Fiction and Temporal Imagination*. Bloomsbury Publishing.

인류세 시대의 유스토피아와 사이보그-'되기': 『지구 끝의 온실』을 중심으로

이양숙

1. 서론

'인류세'Anthropocene가 학제적 의제로 크게 부각된 2000년 이후 인류세 개념의 적절성과 유효성을 둘러싸고 다양한 논의가 진행되어 왔다. 인류세 대신 '자본세'Capitalocene나 '툴루세'Chthulucene를 사용해야 한다는 주장이나(해러웨이 2019; 최병두 2022) 인류세 시대의 대응으로 '탈인간중심주의'와 '신인간중심주의' 중 어느 것이 적절한가에 대한 논의 등은 인류세라는 용어의 논쟁적 성격을 잘 보여주었다(해밀턴 2018). 자연과학(지질학)의 용어였던 '인류세'가 현재 인문사회과학 전반에 널리 공유되어 논쟁적으로 다루어지는 이유는 이 용어가 특정 분과학문의 영역을 넘어 인간의 가치관과 세계 인식, 인간 자신에 관한 문제를 새롭게 제기하였다는 점에 있다. 바야흐로 인류세는 지구 차원에서 인간이 차지하는 위상과 인간에 대한 기존의 정의를 뒤흔들 수 있는 도전적이고 절실한 개념으로 부각된 것이다.

대표적으로 탈식민주의 역사학자인 차크라바르티Dipesh Chakrabarty는 '종'으로서의 인류를 새로운 패러다임으로 포착하고 인류세가 던진 인간, 역사, 자연에 대한 기존의 패러다임이 더 이상 유효하지 않다는 사실을 수용해야 한다고 주장하였다. 차크라바르티는 종으로서의 인류란 '지구 시스템의 역사'와 '생물종의 역사' 그리고 '인간의 역사'라는 세 역사 속에 "동시에" 존재하는 인간을 사유하는 것이지만, 지구 행성 차원의 인류라는 거대 시공간은 기존의 상상력을 넘어서는 것이기에 오직 인간의 관점에서 인간과의 관계를 통해서만 대상을 인식하고 의미를 만들어 온 기존의 역사, 시간 개념은 더 이상 작동할 수 없다고 보았다. 그러므로 '지구'의 긴 시간 속에서, 역사에서 유일한 행위 주체였던 인간은 더 이상 비인간 존재와 구분될 수 없으며, 인류세 시대의 기후환경 위기 역시 인간과 비인간 모두가 당면한 총체적 위기이므로 이제 인문학은 기존의 인간중심주의를 버리고 '비인간'과 '지구의 관점'에서 인간세계를 바라볼 수 있는 시각을 갖추어야 한다는 것이다(차크라바르티 2010; 2019; 원영선 2019, 255~257).

인류세의 문학적 수용 문제를 다룬 신두호는 '인류세 소설'을 주장한 트렉슬러Adam Trexler를 인용하여 '인류세 소설'은 인류세적 기후변화와 독자의 인식 사이에 유의미한 다리를 놓아주는 주제를 다루어야 한다고 주장하였다. 그러나 그는 그동안 미래 소설이나 과학소설에서 인류세를 다루었던 방식에는 회의적인 시선을 보낸다. 이들 장르에서 인류세라는 주제는 현재의 삶이 아닌 "먼 미래에 발생될 가설"로 제시되거나 아니면 '종말론적 세계관'을 제시함으로써 결과적으로 독자에게 환경문제를 인식해야 할 필요성을 감쇄시킬 수 있다는 이유에서이다(신두호 2016, 95~96).[1] 그러나 개인이 아닌 '종으로서의 인류'를 다룬다는 점, SF가 "실제에 대한 창의적인 과학지식과 과학적 방법을 일치시키려 하는 유일한 현대문학"이라는 점(러스 2020, 32;45), SF에서 제시되는 대안적 가치나 대담한 가설이 인간과 동등한 행위자인 '비인간'에 대한 상상력에 기반하고 있다는 점 등에 대해서는 별도의 고려가 필요할 것이다.

한편 '인류세의 미학'을 다룬 최근의 연구에서 인류세는 인간 없는 세계에 대한 사유 즉, "어떤 익숙한 사물에서 우리가 죽고 나서도 존재할 불가해하고 기이한 피조물적 객

---

1. 과학소설, 환상소설이 환경문제를 다루는 것의 한계로 신두호는 다음의 사항을 제시한다. 첫째, 이들 작품에서 환경문제는 현실에서가 아니라 먼 미래에 전개될 가상의 이야기로 제시된다. 둘째, 이들 작품에서는 기후변화보다 이를 초래한 후기 자본주의 비판에 집중함으로써 환경문제가 사회문제로 변질되는 경우가 많다. 셋째, 이들 소설에서는 현실 속 인간의 삶보다 파괴된 지구에서의 절망적 삶이나 우주에서의 대안적 삶이 제시된다. 넷째, 종말론적 세계관 혹은 타 행성에서의 대안적 삶은 독자들에게 환경문제를 자신의 문제로 인식하지 못하게 하거나 충격적인 문제를 회피하려는 심리적 방어기제를 작동시켜 현상 자체를 부인하게 될 가능성이 높다(신두호 2016, 90).

체를 감지하는 것" 혹은 "우리가 관여하기 어려워진 세계, 우리가 살아갈 수 없어진 이후의 세계에 대한 더욱 깊은 탐구와 무거운 책임을 지도록 유도"함으로써 비인간 존재의 관점에서 우리와 세계를 근본적으로 재고할 수 있게 해주는 개념으로 구체화되었다. 특히 2020년 팬데믹은 인간과 비인간이 각각 주체와 객체로 설정되어 왔던 기존의 서사를 근본적으로 반성하는 계기가 되었다는 것인데 이런 의미에서 인류세의 미학은 수많은 비인간 존재자가 등장하는 SF와 친연성을 갖는 것으로 평가되었다(복도훈 2020, 23~29).

SF란 지금, 이곳이 아닌 외부의 시공간을 배경으로 인간과 비인간 행위자가 서사를 이끌어가는 장르인 만큼, 인간이 상상할 수 없는 오래된 시공간과 비인간 존재를 포괄하는 인류세의 관점은 SF와 여러모로 문제의식을 공유하고 있다. 즉 SF의 관점에서 인류세는 한편으로는 종말 혹은 종말 이후의 상상력을 보여주는 작품들과 연관된다는 점에서 무척 낯익은 주제이며(종말 서사, 재난 서사) 다른 한편으로는 인간 없는 세계 혹은 인간과 비인간의 얽힘을 다룬다는 점에서 지극히 낯설거나 "으스스한 것"The Eerie(피셔 2018)[2]이 될 수 있을 것이다.

이 글에서는 김초엽의 첫 장편소설인 『지구 끝의 온실』
(2021)(이하 『지구 끝』)을 중심으로 인류세 시대의 유토피아/
디스토피아 공동체를 다루고자 한다. 김초엽은 2017년 「관
내분실」과 「우리가 빛의 속도로 갈 수 없다면」으로 등단
한 이후 문단에서도 대중적으로도 큰 주목과 호평을 받아
왔다. 단행본으로 발간된 소설집 『우리가 빛의 속도로 갈
수 없다면』(2019)은 엄청난 판매 부수를 기록했고 김원영
과 함께 집필한 에세이집 『사이보그가 되다』(2021)에도 대
중의 큰 관심과 호응이 쏟아졌다. 소설과 에세이에서 초점
이 되는 것은 "기계와 결합된 몸"이다. 작가는 사이보그를
가능하게 한 과학기술과 사이보그의 몸, 이들이 거주하는
미래 세계를 그려냄으로써 독자적인 작품세계를 구축해 왔
다. SF의 상상력이 기존의 사회를 '낯설게'하는 작품 구조
와 서사 방식으로 독자에게 현실을 바라보는 새로운 시각

---

2. 마크 피셔는 '기이한 것'과 '으스스한 것'으로 SF를 구분하였다. 두 유형은
낯선 무엇에 대한 집착, 통상적 개념이나 인식, 경험을 뛰어넘어 존재하는
무엇, 외부 세계에 대한 매혹을 보인다는 공통점이 있다. 그러나 낯선 것을
대하는 방식에서는 차이를 보이는데, '기이한 것'이 친숙한 것을 그 너머의
무언가로 이끌어 우리가 지녔던 기존의 개념과 생각의 구조가 더 이상 쓸모
없어졌다는 신호를 보여주는 것이라면, '으스스한 것'은 일상적 현실을 넘어
선 공간 혹은 이해하기 어려운 힘에 접근하게 해줌으로써 존재와 비존재에
대한 질문을 던지게 한다는 점에서 다르다고 보았다(피셔 2018, 7~16).

을 제공한다는 점을 고려할 때 과학 전공자로서 청각장애를 경험하기도 했던 개성 있는 작가는 기존의 문학과 사회를 동시에 '낯설게' 하는 데 충분히 성공했다고 볼 수 있다.

『지구 끝』에 드러난 인류세적 문제의식은 작품의 상황과 배경, 주인공(행위자)의 설정에서 찾아볼 수 있다. 우선『지구 끝』은 전 지구의 모든 생명체가 소멸될 위기에 처한 행성적 기후 위기라는 재난을 전제로 작품을 시작하고 있으며 이 문제를 해결해 가는 과정에서 인간 행위자와 비인간 행위자의 얽힘과 연결, 동맹의 관계를 서사화하고 있다. 이 작품에서 발생한 행성적 재난은 '행위자로서의 지구'를 암시하고 있는데 이 점은 이 작품을 기존의 재난 서사와 구분할 수 있게 해준다. 브뤼노 라투르에 따르면 인류세 시대의 지구(가이아)는 더 이상 지구상의 생명을 양육하는 어머니와 같은 존재가 아니라 "침범하는 자이자 정치적 행위자로서의 지구"로 간주된다(허남진 외 2022, 274).『지구 끝』의 시작점인 행성적 재난이 이와 같은 지구의 행위성을 전제하고 있다는 점 등은 이 작품이 내포하고 있는 인류세적 문제의식이라 할 수 있다.

현재 활발하게 논의되고 있는 인류세와 사이보그 담론의 소설화라 할 만큼 도식적인 구조를 갖고 있음에도 이 작품이 특별히 주목되어야 한다면 그것은 인류의 한 사람이었다가 점차 비인간(사이보그)으로 자신의 존재를 이행해나간 '레이첼'이라는 특별한 존재에 있다고 할 수 있다. 레이첼은 한편으로는 조력자이자 동반자인 '지수'와, 다른 한편으로는 생명공학에 의해 창조된 괴식물 '모스바나'와 연결되어 있는데 인간-사이보그-식물의 얽힘과 연결이 결국 지구를 행성적 위기에서 구출한다는 '희망적 서사'는, 쉽게 상상하기 어려운 미래 서사의 낯섦과 지구를 구하는 영웅 서사의 익숙함 사이 어디쯤에서 인류세적 문제의식을 담아냄으로써 대중적 호응을 받고 있다.

이 작품에 대한 권두현(2022), 손혜숙(2022), 이소연(2022), 이희영(2022), 윤영옥(2022)의 연구는 포스트 휴머니즘 철학자 도나 해러웨이의 개념을 중심으로 탈인간중심주의, 비인간 주체의 자율성, 공존과 공생이라는 생태적 가치를 탁월하게 분석하였다. 손혜숙과 이희영은 모스바나와 프림 빌리지가 구현한 공존과 공생의 가치를 중심으로『지구 끝』에서 실현된 생태주의에 주목하였고 이소연과 권두현은 모스바나의 역할과 프림 빌리지를 해러웨이의 '테라폴리스'의 실현으로 분석하였다. 윤영옥은 '레이첼'의 사이보그화를 과학기술의 '여성적 경험'으로 고평하면서 레이첼-모스바나-지수-프림 빌리지의 연결 관계가 새로운 공동체를 형성하는 동력이 되었음을 세심히 분석하였다.

다만 '재난 서사'의 관점에서 작품을 다룸으로써 인간중심주의에 대한 비판이 충분하지 않거나, 특정 개념을 중심으로 서사를 재구성함으로써 서사 분석보다는 작품의 세계관(인식론) 분석에 치중되어 있다는 아쉬움이 있다. 2010년대 한국의 재난 서사가 거대재난에 대응하는 '인간적인 것'에 주목한다는 점에서 휴머니즘을 소환하고 있다면(복도훈 2011, 24)[3] 인류세 서사는 전 지구적 환경 파괴라는 동일한 상황(재난)에서 인간, 비인간 행위자 전체를 시야에 담는다는 점에서 차이를 보인다.

마가릿 애트우드Margaret Atwood는 유토피아와 디스토피아를 결합한 단어로 '유스토피아'라는 단어를 사용하면서 유토피아에는 디스토피아가, 디스토피아에는 유토피아가 잠재되어 있다는 것을 강조하였다(애트우드 2021, 112). 이런

---

3. 복도훈은 한국소설의 재난 서사에는 여전히 인간적인 것에 대한 염원이 간절하다고 평가하면서 이런 경향을 '휴머니즘적 결말'의 타협적 성격이라고 논하였다. "수많은 재난영화나 묵시록은 비인간적이고 무시무시한 재난을 실컷 상상하고 난 다음 마지막에는 고루한 휴머니즘을 내세"우는데, 이것은 마치 휴머니즘을 강조하기 위해 재난을 끌어오는 방식이 아닌지 의문이 든다는 것이다(복도훈 2020, 24; 29~30).

점에서 유스토피아는 "가능하지도 않지만" 그렇다고 해서 "불가능하지도 않은" SF의 세계(러스 2020, 70~71)[4]와도 닮아있다. 이 글은 기존 연구 성과에 바탕을 두면서도 '레이첼'이라는 독창적인 주인공을 중심으로 작품을 재구성, 재해석함으로써 레이첼-지수-모스바나의 연계로 실현된 새로운 지구공동체를 인류세의 관점에서 평가하고자 한다. 이를 바탕으로 『지구 끝』에서 구현된 서사의 시간과 '유스토피아' 시공간의 관계를 규명할 것이다. 특정 서사의 형식에 의해 굴절되고 확장된 작품세계를 탐구함으로써 인류세 서사의 가능성을 살펴보는 것이 이 글의 목적이다.

2. 인간에서 비인간으로 : 식물과 '더불어' 사이보그 '되기'

브뤼노 라투르는 홀로세Holocene와 인류세의 특징을 극

---

4. "전적으로 낯선 이야기를 만들어 낸 SF는 이해하기 쉽지 않다. 그러나 전적으로 친숙한 이야기를 만들어 낸 SF는 SF가 아니다. 다시 말해, 어떤 작품이 무너지지 않으려면 현실과 직접적으로 연결된 참조점이 있어야 한다. 그러나 현실과 연결된 모든 참조점이 지나치게 분명하고 직접적일 때, SF적인 특성을 잃은 이 작품은 불신의 유예가 끝난 '정직한' 소설이 되고 말 것이다. 달리 표현하자면 이렇다. "SF는 불가능하지도, 가능하지도 않아야 한다.'"

장에서 상연되는 공연에 비유하였다. 홀로세가 공연에 참여하는 인간만을 주인공으로 보기 때문에 무대의 배경이 되는 기타 요소들에는 아예 신경을 쓰지 않는 것이라면, 인류세는 "무대장식, 옆 통로, 배경, 건물 전체가 무대에 올라 배우들과 주연을 놓고 경쟁"하는 것이며, "대본이 통째로 바뀌고 다른 결말이 제안"되는 상황, 따라서 인간이 유일한 '배우'가 될 수 없는 상황이라는 것이다. 그럼에도 인간은 아직도 자신들이 과분할 정도로 중요한 역할을 배정받았다고 생각하고 있는데 그것이 문제라는 것이다(라투르 2021, 69~70).

또한 라투르는 "우리의 행동에 완전히 무관하고 무심한 자원"으로서 자연을 보는 관점과, 자연적인 것으로 인식되어 온 존재들을 매개자이자 행위자 그리고 활동의 주체로 보는 관점을 대조하면서 전자를 갈릴레오적 '객체들'로 이루어진 세계로, 후자를 러브록적 '행위자'로 구성된 세계라고 설명하였다. 그는 우리가 수용해야 할 러브록적 세계란 "인과 사슬을 따라 개입하는 행위자 대부분을 제외하는 방식으로 행성을 비활성화하는 것을 거부"하는 것 이상도 이하도 아니며, "활동 중인 행위자의 수와 본성에 관한 질문을 피하지 않으려는 사람들"의 세계라고 설명하였다(라투르 2021, 109~111).

『지구 끝』은 인류세의 "가장 명백한 증거"인 '기후변화'를 다루면서 그 원인을 인간 활동의 결과로 보고 있다는 점에서 인류세적 문제의식을 보여준다(신두호 2016, 79). 또한 소외된 자들에게 더 가혹한 재난의 편재성을 다루는 것이 아니라 전 지구의 생명과 사물 모두에 갑작스럽게 닥친 재난의 보편성을 다루고 있다는 점도 인류세적 문제의식으로 볼 수 있다. "줄기 표면이 까맣게 변했고 발톱에 긁힌 듯한 겉면에 말라붙은 수액만" 섬뜩하게 남아 있는 고무나무, 길 여기저기에 방치된 동물의 사체, "끊겨 있는 나무 계단", "벌레 한 마리 보이지 않"아 죽음 같은 적막으로 덮여있는 밀림 등은 식물, 동물, 인간이 만든 구조물 등 모든 생물과 사물이 기후변화로 피해를 입었음을 보여주는 장면이다. 또한 『지구 끝』은 '레이첼'이라는 개성 있는 행위자를 작품의 중심에 놓음으로써 "인과 사슬을 따라 개입하는 행위자"의 범위를 확장시키고 있다. 레이첼에 의해 괴식물 '모스바나'까지 중요한 행위자로 포착될 수 있었기 때문이다.

기존의 연구에서는 레이첼과 모스바나, 레이첼-지수-프림 빌리지-모스바나의 연계를 초점으로 둠으로써 이들의 연계와 그 결과에 주목하였을 뿐, 레이첼이 기계-'되기'를 결단한 과정과 의미에 대해서는 큰 의미를 부여하지 않았다. 그러나 레이첼의 의지로 '인간'이 '비인간 행위자'로 '생성'되는 장면은 『지구 끝』에서 가장 핵심적인 사건이 된다. 『지구 끝』의 모든 서사는 레이첼의 의지적 결단과 그 행위에서 시작되었기 때문이다. 레이첼의 사이보그화는 두 가지 의미에서 살펴볼 필요가 있는데 하나는 레이첼이 인간에서 비인간으로 '되기'를 결단했다는 것이며, 다른 하나는 그 결단이 "식물과 더불어" 이루어졌다는 점이다(하인혜 2017).

『지구 끝』의 서사는 더스트 폴이라는 해결 불가능한 전 지구적 재난 상황, 즉 극심한 기후 위기로 지구상의 모든 생명체가 멸종 위기에 처한 암울한 상황에서 시작된다. 『지구 끝』의 서사적 시간은 2050년대 중반부터 약 80년에 걸친 시기로서 크게 세 시기로 구분되는데, 각 시기는 '죽음의 시간', '생명 회복의 시간', '진실의 복원과 성찰의 시간'이라 할 수 있을 것이다. '죽음의 시간'에서는 더스트 폴이 초래한 재난으로 생명의 위기가 극심화되었던 시기의 이야기를, '생명 회복의 시간'에서는 재난 피해자들이 모여 구성한 '프림 빌리지' 공동체의 이야기를, '진실의 복원과 성찰의 시간'에서는 〈더스트 생태연구소〉의 한 연구원이 과거에 일어났던 재난 극복의 진실을 밝히고 그들을 기억하는 이야기들을 각각 전한다.

『지구 끝』은 세 시기를 교차해서 편집하고 작품의 주인공인 '지수'와 '레이첼'의 이야기를 가장 마지막에 수수께끼를 풀어나가는 형식으로 배치하였다. 여러 사건과 인물, 시간이 교차되어 있지만 작품에서 가장 앞선 시간은 "2053년 여름" 바로 주인공인 '지수'와 '레이첼'이 샌디에이고 솔라리타 연구소에서 만난 시간으로 설정되어 있다. 작가는 이들이 만난 시간을 서사에서 '최초의 시간'으로 설정함으로써 이 작품이 두 사람의 만남으로부터 시작된 것임을 분명히 밝히고 있다.

먼저 각 시기의 양상과 의미를 살펴도록 하자. 인간뿐 아니라 모든 생물을 멸종 위기로 몰아넣은 '죽음의 시간'은 자연을 통제할 수 있다는 인간의 자만과 과학만능주의에서 비롯된 것으로 설명된다. 2050년쯤 샌디에이고에 위치한 솔라리타 연구소에서는 새로운 실험을 시도하고 있었으며 이 실험을 위해 "이해할 수 없을 정도로 많은 사이보그 연구원"을 채용하고 있었는데 레이첼은 샌디에이고 솔라리타 연구소에 고용된 사이보그 연구원이었다.

나노 입자들이 유기물을 친환경적 단위 물질로 **빠르게** 되돌리게 하는 연구가 그린 테크놀로지의 일환으로 시행되고 있다는 정도는 뉴스에서도 매일 떠들어대니 알고 있었다. 기후 위기 상황에서 모두가 희망을 걸고 있는 기술이라는 이야기도 지겹게 듣긴 했다. 정확히 어떤 원리인지는 모르지만, 지수의 고객들 중에도 비슷한 기술을 적용해 혈액을 나노 솔루션으로 대체한 이들이 있다고 들었다. (『지구 끝』, 276, 강조는 인용자)

유리창에는 '원자의 정원'이라는 표지가 붙어있었다. 아주 위험한 곳인지 삼중으로 보호 장치가 된 장소였는데, 격리된 공간마다 온갖 식물이 뒤엉켜 자라고 있었다. 방사능이라도 쬐어서 키우는 것처럼 기괴한 식물들이 많았다… 연구실 내부에는 유리 구획마다 숫자 라벨이 붙어있었다. (『지구 끝』, 280~281)

2050년대 중반, 인류는 기후 위기에 직면해 있었고 모두의 희망은 '그린 테크놀로지'에 쏠려 있었다. 위의 인용에 따르면 그린 테크놀로지는 나노입자의 화학물들이 유기체(유기물)를 친환경적 단위 물질도 분해하는 기술로서 유전자 조작 기술의 일종으로 볼 수 있다. 그러던 중 이 연구소에서 큰 사고가 생기는데 "제어할 수 없는 스마트파티클"이 누출된 것이다. 유기물을 분해하는 나노입자의 누출로 결국 모든 유기물이 나노입자로 분해되어 '더스트'로 불리는 "자가 증식하는 먼지들"이 만들어졌는데 이 더스트가 지구상의 모든 생물을 죽음으로 몰아넣게 된 것이다.

위의 인용은 기계 정비사인 지수가 일종의 출장 수리 요청을 받고 레이첼을 만나기 위해 연구소로 들어가는 장면이다. 곧이어 지수는 레이첼을 만나게 되는데 지수에게 레이첼은 자신의 몸을 더욱 기계에 가깝게 만들려 한 과학자이자 자기 신체 중 기계로 개조된 부분을 유기체 부분보다 더 중요하게 생각하는 과학자로 기억된다. 레이첼이 최초로 자신의 몸을 기계 신체로 개조한 것이 언제인지, 결정적인 동기가 무엇이었는지는 끝내 설명되지 않는다. 레이첼은 자신이 좋아하는 일을 더욱 잘하기 위해서 즉 식물과 '더불어' 자신의 존재를 꾸려나가기 위해서 가능한 한 최대치로 자신의 몸을 유기체에서 기계로 개조해 나갔다는 상황만이 제시되고 있다.

이처럼 지수와 레이첼이 등장하는 첫 장면에는 레이첼과 지수, 레이첼의 온실과 온실 속 식물들이 한꺼번에 소개되는데 이는 작품의 주요 행위자들과 그들의 관계를 한 눈에 보여주는 것이라 할 수 있다. 방사능으로 가득한 유리온실, 그 속에서 실험되고 있는 식물들, 온실 밖의 인간(지수), 온실 안과 밖을 넘나들면서 내부와 외부 세계에서 모두 행위자로 활동하는 레이첼 등은 재난에 처한 '더스트 폴 시대'의 지구에서 중요한 역할을 수행하게 될 중요한 행위자들이기 때문이다. 이 중에서 가장 독특한 행위자는 이미 신체의 상당 부분을 기계로 개조했음에도 그 이상의 기계 몸을 욕망한 레이첼이라 할 것이다. 식물학자였던 레이첼의 모든 관심은 오로지 자신의 연구 대상인 식물에 있을 뿐이었는데 자신이 사랑하는 식물(연구)에 몰두하기 위해서는 더스트와 방사능으로 가득한 '원자의 정원'(유리온실)에서 온종일 지내야 했기에 레이첼은 인간의 신체가 아닌 기계 신체가 '되기'를 욕망했던 것이다. 들뢰즈·가타리의 '생성(되기)'은 레이첼의 결단을 해석하는 데 유용한 참조점을 제공한다.

들뢰즈·가타리에게 '되기'는 이항대립의 기준이 되는 지배적인 상태를 벗어나 소수자적인 다른 상태로 이행하는 것인데 여기에는 욕망, 강밀도, 감응이라는 세 요소가 필요하다. 먼저 욕망은 무언가를 하고자 하는 의지를 의미하며, 강밀도는 하나에서 다른 하나가 되기 위한, 즉 존재의 문턱을 넘기 위한 밀도를, 감응은 자신이 되고자 하는 존재의 신체적 감응에 완전히 동화되는 것을 의미한다. 그러므로 '되기'란 신체를 '물리적으로' 변화시키는 것이 아니라 대상이 되는 동물의 '감응을 생산하는 것'이 된다. 예컨대 '동물-되기'란 되려는 동물의 "신체적 감응을 만들어 낼 수 있는 속도와 힘을 나의 신체에 부여하는 것"이자, "어떤 동물이 되는 방식으로 자신의 신체적 힘과 에너지의 분포를 바꾸고 새로운 분포를 만들어 그 동물의 감응을 생산하는 것"이다. "동물-되기"를 하는 인간은 동물을 대변하거나 동물 대신 말하는 것이 아니라, 동물을 통해 스스로 변하는 것이며 다른 삶 속으로 들어가는 것이기 때문이다(이진경 2022, 37~42 ; 66 ; 92. 강조는 인용자). 들뢰즈·가타리에게 '되기'가 유사성이나 모방(흉내 내기)이나 동일화, 꿈이나 환상이 아니라 '실제적인 것'이며 혈통이나 계통에 의한 진화도 아니라는 것은 이와 같은 의미에서이다(들뢰즈·가타리 2001, 452~453).

레이첼의 사이보그 '되기'를 욕망(의지), 강밀도, 감응(정동)의 차원에서 볼 경우 위의 세 가지가 모두 충족되었음을 알 수 있다. 우선 레이첼은 외부의 조건이나 사고, 타의에 의해 비자발적으로 개조된 것이 아니라 자신의 강한 의지로 사이보그의 삶을 선택하였다. 그녀는 지수와의 첫 만남 당시 이미 유기체의 비율을 31%로 낮춘 상태였지만 이후 유기체의 비율을 더 낮춤으로써 자신을 완전히 사이보그로 완성해 나가기 때문이다. 유기체의 비율을 낮추는 과정은 강밀도를 높이는 것이며 마지막 남은 유기체인 뇌까지 기계로 교환함으로써 레이첼은 온전한 사이보그로 재탄생할 수 있었다.

감응의 차원에서도 레이첼은 '기계적 무심함'을 보여준다. 작가 김보영은 한 작품의 창작 후기에서 "생존본능이 없어 무심하게 희생적인 기계 인격은 인간의 상식을 넘는 것"이기 때문에 "기계 인격과 소통하기 위해서는 이성과 감성을 분리하고 생물학적 몸을 낯설고 불편하게 생각하는 의식적인 노력"이 필요했다고 서술한 바 있는데 이와 같은 발언은 레이첼에게도 적용될 수 있다(김보영 2017, 352). 레이첼과 지수가 서로 협력하는 데 합의하고 온실과 공동체를 꾸려나가는 과정에서 두 주인공이 대립하는 주된 이유는 오로지 자신이 해야 할 일에만 몰두하는 레이첼의 '기계적 감응'과 공동체의 안위와 공동의 이익을 추구하려는 지수의 '인간적 감응'이 서로 달랐기 때문이었다. 인간이었을 때의 레이첼이 원래 어떤 사람이었는지는 소개되지 않는다. 다만 첫 등장에서부터 유기체 31%만을 보유했던 레이첼이 기계적 감응과 이에 걸맞은 행위성을 보였다는 점만은 분명히 드러나 있다.

이처럼 레이첼의 사이보그 '되기'는 그녀가 인간 행위자에서 기계 행위자가 되기를 선택한 결과에 따른 것이며 이와 같은 의지적 선택은 기계를 인간과 동등한 행위자로 이해하고 인정했기 때문에 가능한 일이었다. 즉 레이첼에게 인간과 비인간은 동등한 행위자일 뿐 차이가 없는 존재이기에 자신이 욕망하는 최선의 행위를 실천하기 위해 레이첼은 비인간 행위자-'되기'에 몰두하였던 것이다. 그러므로 레이첼이 고도의 유기체인 '인간'에서 벗어나 '비유기적'이며 '자기 구성적인' 사이보그-되기를 스스로 선택했다는 것은 이성적이고 계몽적인 인간을 절대적 기준을 지닌 존재로 보는 것이 아니라, 그와 같은 주체를 상대적인 존재로 역사화하는 것이라 할 수 있다. 즉 레이첼이 인간에서 사이보그로 이행하는 행위는 인간-기계, 인간-자연(식물)의 이항 대립에서 인간을 기준이 되는 존재로 인정하는 사유에서 이탈하여 식물과 '더불어' 존재하는 기계인간(사이보그)으로 자신의 정체성을 옮기는 것이며 이는 자신을 새로운 관계 속에 배치하는 것이 된다. 이처럼 레이첼이 다른 존재로의 이행을 원한 이유가 오직 식물과 '더불어' 존재하기 위해서라는 점은 레이첼에게 식물이라는 존재의 의미가 특별한 것이었음을 보여준다. 사이보그-되기를 통해 "다른 삶으로 들어"갔던 레이첼에게 식물('모스바나')은 보통의 인간이 생각하는 것처럼 자연의 일부로서의 식물이 아니라 식물과학자 사이보그와의 연계망 속에 배치된 식물로 자리매김되기 때문이다.

식물에 대한 레이첼의 애정은 레이첼이 자살을 시도한 장면에서도 극적으로 그려진 바 있다. 레이첼과의 만남 이후 세계 이곳저곳을 유랑하던 지수는 어느 말레이시아의 산림에서 레이첼의 온실을 발견하는데 그곳에서 레이첼은 자기 몸에 부착된 전원을 끄고 쓰러져 있었다. 지수가 다시 전원을 넣어 살렸지만, 레이첼은 다시 전원을 차단함으로써 자살을 시도했고 결국 지수는 레이첼을 저지하기 위해 그녀의 팔을 묶을 수밖에 없었다. 그러자 레이첼은 지수에게 강력하게 항의하면서 자신은 몇 년 후에 깨고자 했다고 변명하였으나 그녀의 시도가 자살이었음은 다음의 인용에 잘 드러나 있다.

"솔라리타 간부들은 흔적을 지우기 위해 날 죽이고 내 식
물들도 태워버리려고 했어요. 그럴 순 없었습니다. 그럼 이
더스트 사태, 정말 솔라리타에서 저지른 건가요?" (『지구
끝』, 291)

"당신이 세계를 망하게 한 연구소의 직원이라는 얘기군
요." … 레이첼이 작동을 정지한다고 해서 그의 신체 역시
정지된 그 상태로 남는 것은 아니다. 그에게는 아직 기계화
되지 않은 유기체 부분이 남아 있고, 기계 부분도 수년을
방치하면 더스트와 습기로 엉망이 될 것이 뻔했다. (『지구
끝』, 292~294)

"네 신체는 유지 보수가 필요하지. 스스로 모든 걸 수리할
수는 없잖아, 너도 내가 필요할 거야."
지수가 레이첼에게 제안한 것은 거래였다. 레이첼의 사이
보그 신체를 유지해 줄 테니, 유기체인 지수의 몸을 유지
하는 것을 도와달라는. 성사된다면 어느 쪽도 손해 볼 것
은 없었다. 레이첼은 온실에서 자신의 식물들을 연구하기
를 원했고, 지수는 떠도는 삶을 청산하고 잠시 쉬고 싶었
다. (『지구 끝』, 295~296)

"지수가 나를 온실에서 발견했을 때, 나는 죽어 있었죠. … 사실 내가 선택했던 것은 정말로 죽음이 맞았어요. 일단 전원을 정지하면, 온실을 가득 채운 더스트들이 회생 불가능한 상태로 만들어버릴 거라는 걸 알았으니까요. 지수가 나타난 건 예상에 없던 사고였죠." (『지구 끝』, 377~378)

레이첼이 자살하려 한 이유는 두 가지였다. 첫째는 자신이 근무했던 연구소가 세계를 망하게 한 곳이라는 점, 둘째는 솔라리타 연구소의 진실 은폐와 폭력으로 자신의 식물이 희생되는 것을 견딜 수 없었다는 점이다. 두 이유 모두에서 레이첼에게 중요한 것은 '자신의 식물들이 모두 희생될 것'이라는 사실이다. 그렇지만 레이첼의 자살 시도를 지구 종말에 대한 죄책감으로 해석하는 것은 자연스럽지 않다. 이미 레이첼은 사이보그로서 기계적 감응을 갖춘 인물로 설명되었기 때문이다. 지수와의 첫 만남에서 레이첼의 기계적 무심함은 짧지만 인상적으로 제시되었던 바 있다. 그러므로 레이첼은 자신이 일했던 연구소가 지구상 모든 생물을 파괴하는 실수를 저질렀으며 결과적으로 자신의 식물 모두가 파괴되거나 곧 파괴될 것이라는 사실을 알게 되었기 때문에, 즉 자신이 존재해야 할 이유를 더 이상

찾을 수 없는 상황임을 깨닫고 신체의 전원을 해지한 것이다. 식물과의 긴밀한 연결망을 구축하기 위해 다른 삶(사이보그)으로 들어왔던 레이첼에게 연결망의 단절은 전원을 차단해야 할 충분한 이유가 되었다. 더구나 레이첼의 기계-몸은 상당 기간 수리되지 못했고 어차피 곧 작동을 멈출 가능성이 높았다. 그러므로 레이첼이 지수가 제안한 거래를 승낙한 이유는 자신이 지수의 도움으로 식물 연구를 계속할 수 있다는(연결망의 재구축), 그리고 자신의 몸 또한 그 연구를 수행하기에 적합할 정도로 정비될 수 있다는 확신을 얻었기 때문이다. 이를 계기로 오직 식물과의 연결망만을 유지했던 레이첼은 지수와의 연결망을 새롭게 구축할 수 있게 되었다.

이후 지수와 레이첼은 서로를 돕기로 '거래'했는데 이들의 결정은 프림 빌리지를 구축하게 하였고 결과적으로 수많은 도망자 ─ 주로 여성과 아이들 ─ 의 생명을 구하고 이들에게 살아나갈 방도를 제공하게 되었다. 레이첼은 더스트를 종식시킬 수 있는 유전자 변형 식물 '모스바나'를 조합함으로써 생명을 파괴했던 유전자기술을 생명을 살리는 방법으로 활용하였고 프림 빌리지 공동체원들로 하여금 모스바나를 전 세계에 퍼뜨릴 수 있게 함으로써 결국 지구를 구하게 되었기 때문이다.

레이첼은 비유기적인 기계 신체-되기를 스스로 선택하였고 자신의 존재 이유가 소멸하게 되는 상황에 처하자 자기 신체의 전원을 해지함으로써 생존의 중지를 선택하였다. 레이첼이 자기 신체를 외부(타의)에 의해 조절당한 것은 오직 지수를 통해서인데 지수의 행동은 이후 오랫동안 두 주인공에게 큰 영향을 미친다. 지수는 레이첼이 자살을 시도했을 때 레이첼의 전원을 켬으로써 레이첼을 연결망 속으로 복귀시켰고, 이후 레이첼에게 기계 뇌를 이식하면서는 뇌의 패턴 안정화 스위치를 켜놓게 되는데 두 경우다 레이첼의 의사와는 무관한 행동이었다. 레이첼과 지수의 관계는 이처럼 지수(인간)가 기계 인격의 합리적 판단을 인간적인 기준으로 판단하면서 레이첼의 신체에 개입함으로써 형성된 것인데, 이는 레이첼에게 또 다른 삶(연결)으로 들어가게 하였다. 레이첼은 여러 식물의 유전자를 조합한 '모스바나'를 창조해 냈고 레이첼의 손에서 새로운 종류의 식물로 탄생한 모스바나의 극대화된 행위성은 생태계를 이전 상태로 회복시키는 데 결정적인 역할을 수행하였기 때문이다. 즉 지수가 레이첼의 전원을 켠 행동으로 인해서 레이첼은 모스바나 등 온실을 운영하게 되었고, 이후 지수에 의해 온실의 식물들이 프림 빌리지 공동체로 전달되었다. 또한 외부의 침입으로 프림 빌리지 공동체가 해체될 당시 레이첼의 식물은 지수에 의해 공동체 구성원들에게 전달됨으로써 타 지역으로, 지구 곳곳으로 퍼져나가 모스바나의 활동성을 극대화할 수 있게 하였다. 결국 지수와 레이첼의 연결은 이처럼 끝없는 행위의 연결로 이어져 생태계의 회복에 기여하게 되었고, 그 이후에도 이와 같은 연결이 확장되고 지속될 것임을 말해주는 것이었다.

3. 매끄럽지 않은 신체 기술과 이음새 노동

『지구 끝』에서 인간 행위자와 사이보그 행위자는 여러 모로 대조되어 있다. 이해관계에 초연한 레이첼은 돔 시티를 지키기 위해 '살인 기계'까지 동원하여 사람들을 죽이는 폭력적인 인간과 대조되어 있으며, 동반자적 관계였던 지수와도 감응의 차이를 보인다. 이 과정에서 유기체와 무기체의 경계를 허무는, 사이보그의 모호하면서도 새로운 특징과 가능성이 부각되었다. 작가는 인간이 완벽하게 조정할 수 있는 '로봇'이 아니라 인간과 기계의 중간적 존재인 사이보그를 주인공으로 내세움으로써 자유의지를 지닌 '행위자'로서의 사이보그를 조형해 냈다. 레이첼은 연구소의 연구원이었을 당시 남성적 기술에 종속되었지만, 그 기술이 파괴적이었음을 깨닫고 자신만의 기술에 매진한다. 그러나 레이첼이 계속 레이첼로 존재할 수 있게 도와준 조력자 '지수'가 없었다면 레이첼의 영웅적 이야기는 결코 지속될 수 없었을 것이다. 『지구 끝』은 레이첼의 영웅적 행동의 이면에 지수의 '이음새 노동'이 중요한 역할을 수행하였음을 보여주고 있기 때문이다.

한편 『지구 끝』에서 주목되는 점 중 하나는 작가가 그동안 여러 단편에서 발표했던 다양한 과학기술과 사이보그의 모습들이 종합적으로 등장한다는 점이다. 예컨대 여성 사이보그 '레이첼'과 여성 과학자 '재경'(「나의 우주영웅에 대하여」)은 인간을 사이보그로 만드는 과정에서 유기체의 비율을 점차 줄여가는 '사이보그 그라인딩' 기술을 적용하여 신체를 변경한다는 공통점이 있다. 또한 「관내분실」의 '마인드 업로딩' 기술은 로봇 정비사 '지수'의 삶을 기록한 파일(다목적 기억칩)과 관련된 기술로 볼 수 있다(윤영옥 2022, 225). 그러나 이 글에서 특히 주목하는 부분은 레이첼과 지수 사이의 '특별한 연결'에 대한 것이다. 이것은 기존의 단편에서는 찾아볼 수 없었던 새로운 부분이자 작품의 핵심 내용을 구성하고 있기 때문이다. 김초엽은 『사이보그가 되다』(김초엽·김원영 2021)에서 반복해서 "심리스 테크놀로지"를 비판하였는데 소위 '연결완전성'seamless이라 불리는 기술유토피아에 대한 비판은 사이보그 '레이첼'과 기계 정비사 '지수'의 관계에서 '매끄럽지 않은'(불완전한) 기계 신체라는, 변형된 형태로 구현되어 있다. 이런 의미에서 『지구 끝』은 그동안 작가가 추구해 왔던 새로운 사회와 그 사회를 구성하는 기술, 구성원들, 이들이 맺어나가는 낯선 관계 등에 대한 작가의 구상이 종합적으로 구현되어 있는 작품으로 볼 수 있을 것이다.

우선 레이첼은 여러모로 「나의 우주영웅에 관하여」의 재경을 연상하게 한다. 그러나 「나의 우주영웅에 관하여」의 재경이 판타지에 가까운 인물로 독자에게 각인되었다면 레이첼은 더 현실적인 인물로 느껴진다는 점이 다르다.「우주영웅」의 재경이 '사이보그 그라인딩' 기술로 자신의 몸을 차츰 기계 신체로 변화시켜 마침내 우주에서도 견딜 수 있는 완벽한 기계 신체를 얻자마자 심해의 자유를 찾아 지구를 완전히 이탈하는 것과 달리 레이첼은 최후의 순간까지 지구에 남아 자신의 역할을 다하기 때문이다. 또한 「관내분실」에서 망자가 된 어머니와의 화해를 위해 어머니의 뜻을 거스르면서 기어이 어머니의 '마인드'를 복원하였던 딸 '지수'를 비판적인 시각으로 보았던 작가는(이양숙 2020) '지수'와 '레이첼'의 관계를 진전시킴으로써 이 문제에 대한 나름을 해법을 제시하고 있다.

지수와 레이첼의 관계는 세상의 모든 관계를 자기중심적으로 바라보지 않음으로써 타인의 선택을 존중하는 것, 관계적 사유에 익숙지 못했던 자신을 오랫동안 반성하고 기억하면서 상실한 대상을 마음 깊이 추모하는 것이 진정한 화해임을 보여주고 있다. 외부의 침입으로 프림 빌리지가 해체된 이후 지수와 레이첼은 끝내 만날 수 없었으나 지수의 '신경이미지'가 담긴 '다목적 기억칩'이 〈더스트 생태연구소〉 연구원인 '아영'을 통해 레이첼에게 전달됨으로써 레이첼은 지수와 자신의 엇갈렸던 관계를 정리할 수 있었고 마침내 자신의 몸을 해체하기로 결정한다. 더스트 폴 시대에 레이첼의 자살이 지수에 의해 부정되었었던 것과 달리 레이첼의 신체 해체 결정은 타인들의 존중을 받게 된다.

애초에 레이첼이 자신의 신체를 인간 유기체에서 사이보그로 전환할 수 있었던 것은 그녀가 유기체만으로 구성되어 있는 인간의 신체를 '정상'으로 간주하는 '인간적' 기준을 설정하지 않았기 때문이다. 그녀에게 중요한 것은 인간/비인간 혹은 정상/비정상이 아니라 오직 자신의 신체가 식물학 연구를 수행하기에 적합한지 여부였을 뿐이었다. 이처럼 레이첼은 유기체로서는 감당할 수 없는 실험에 참여하고 있었고 식물 연구는 그녀에게 무엇보다 소중했기에 기계 신체의 비율을 점차 높여가야 했지만 문제는 유기체와 이음매 없이 매끄럽게 연결되는 기계는 없다는 점이다. 그러므로 레이첼에게 중요한 것은 인간/비인간에 대한 존재론적 고민이 아니라, 유기체와 무기체의 공존(연결)이 매끄럽지 않은 사이보그 신체를 어떻게 안정적으로 유지할 수 있는지에 있었다. 유기체와 무기체의 결합을 이루어 낸 혁신적인 기술에도 불구하고 그 기술은 연결완전성을 구현할 수는 없기 때문에 사이보그 신체를 갖추고 있는 주체에게 이것은 지극히 현실적인 문제였기 때문이다.

영화 등의 대중매체에서 사이보그가 갖추고 있는 '매끄러운' 기계 신체는 '상상된' 것일 뿐 현실에는 존재할 수 없다. 기계와 인체의 결합은 서로를 부식시키기 때문이다. 그러므로 사이보그 신화 속의 '연결완전성'이란 허상이며 사이보그는 활동하는 동안 기계와의 불편한 동거를 감수해야 하는 불완전한 존재가 된다. 얼핏 세련되고 효율적인 삶으로 보이는 사이보그의 삶에는 이처럼 끊임없이 기계를 보수하고 정리하는 일상의 불편함이 비가시화되어 있을 뿐이다(김초엽·김원영 2021, 136~138).

매끄러운 기술 즉, 심리스 테크놀로지란 사용자가 기술을 활용하는 과정이 단순하고, 과정을 이루는 각 단계의 연결이 이음새 없이 부드러울 때를 지칭하는 것인데, 그 매끄러움의 이면에는 수많은 덜컹거림을 수선하는 돌봄 노동이 존재한다(김초엽·김원영 2021, 241). 작가는 레이첼이라는 인물을 신화적인 영웅이 아니라 입체적인 사이보그 영웅으로 형상화하였는데 그것이 가능했던 이유 중 하나는 그녀의 기계 신체를 '심리스'한 것으로 그리지 않았던 점에 있다. 『지구 끝』에는 레이첼의 울퉁불퉁하고 갈라지고 훼손된 신체를 끊임없이 보완하고 대체하고 수리하는 지수의 모습이 여러 차례 등장하는데 이는 기존의 사이보그 서사에 대한 비판으로도 볼 수 있다.

테라스에서 연구 단지의 전망을 구경하던 지수가 휴게실로 돌아왔을 때 웬 여자가 의자에 앉아 있었다. 한눈에 기계라는 걸 알아볼 수 있는 눈이 지수를 향했다. 지수는 잠시 그 눈의 주인을 응시했다. 팔만 기계일 것이라 예상했지, 저렇게 전신을 교체한 사람을 만나는 건 오랜만이었다.

염증 반응이 없었으려나. 면역설정은 어떻게 한 걸까. 기계 피부로 저렇게까지 정밀한 얼굴 표현이라니. (『지구 끝』, 276~277)

솔라리타에서 레이첼을 처음 만났을 때보다 유기체 비율이 현저하게 줄어들었다. 주요 장기들은 더스트 폴 이전에 기계로 대체했고 나노 솔루션이 신체의 염증과 부식을 막아주는 역할을 했지만, 지수가 관리해야 할 것들은 많이 남아 있었다. 자가 증식형 나노 솔루션을 보충하기 위해 계속 촉매와 전구물질을 주입할 필요가 있었고, 또 의족과 의수, 그 밖의 장기들을 계속 손봐야 했다. 그중 가장 고된 일은 손상된 유기체 부위를 제거하는 일이었는데, 역시 비위 상하는 작업이었다. 피와 살점이 싫어서 돔 시티에서 도망치기까지 한 지수에게는 가혹한 일이었다. (『지구 끝』, 308)

… 지수는 레이첼의 뇌에서 제대로 작동하지 않는 잔여 유기체 부위를 제거하고, 그 부분을 대체할 메모리 칩을 끼워야겠다는 판단을 내렸다. 처음에는 여전히 인간처럼 느껴지는 레이첼의 뇌를 제거한다는 생각에 긴장했지만, 사

이보그 정비 매뉴얼을 살펴보니 유기체 뇌를 제거하는 시술이 그렇게 드물지도 않았고 생각보다 간단했다. 폐허에서 구해온 칩은 전뇌 주입 나노 솔루션과도 호환이 되는 것으로, 시술할 때 실수하지만 않으면 괜찮을 것 같았다. 해야 할 일은 기계에 엉겨 붙어 기계 뇌의 작동을 방해하는 유기체 일부를 제거하고, 메모리칩을 끼운 다음 나노 솔루션의 작동을 기다리는 것뿐이었다. (『지구 끝』, 309)

레이첼의 신체를 속속들이 알고 있던 정비사가 떠난 이후로 기계 신체를 유지하는 일은 점점 어려워졌다. 신체를 유지하기 위해 과거의 잊혀진 기술들을 찾아다니다 의식을 잃고, 누군가에 의해서 깨어나고, 도망치고, 다시 갈 곳을 잃는 일들이 레이첼에게 반복되었다. (『지구 끝』, 377)

위의 인용에 따르면 지수의 시선에 포착된 레이첼의 외부 신체는 기계 피부와 기계 눈이지만 정밀한 얼굴 표현까지 가능한 '매끄러운' 기계 몸이었다. 그러나 수리를 위해 내부를 열었을 때 드러난 주요 장기들은 지속적으로 촉매와 전구물질을 보충해 주어야만 유지되는 것으로서 피와 살점이 기계와 뒤엉켜 있어 정기적으로 정리가 필요한 상황이었다. 메모리 칩으로 교체된 기계 뇌 역시 칩을 구성하는 물질이 제 기능을 하는 시간까지만 작동될 것이 틀림없었다. 즉 레이첼은 기계로 구성된 새로운 몸을 가졌지만, 지구상의 모든 사물과 마찬가지로 수리, 교체되지 않는 한 유효기간이 있는 신체였다. 지수와 레이첼의 관계는 그러므로 한 편이 없다면 다른 편도 존재할 수 없는 운명공동체가 된 것이다.

사이보그가 꿈꾸는 공동체는 전복과 혁명으로 이루어지는 것이 아니라 부분 간의 새로운 연결을 만드는 것으로 이루어진다. 그 연결은 인간과 동물, 유기체와 무기체, 물질과 비물질 사이의 경계를 넘어 구축되는 것인데, 기존의 경계를 정상성으로 간주하거나, 그 경계가 실재한다고 믿었던 자들의 세상은 사이보그의 새로운 연결로 변화될 것이기 때문이다(임소연 2014, 32). 마지막 인용에서처럼 레이첼이 기계 신체를 유지하기 어려워 고철로 취급되었던 이유는 지수와 단절되었기 때문이다. 태생적으로 연결망 속에서만 존재할 수 있는 사이보그는 모든 연결로부터 단절될 경우 창고 속의 폐기물로 방치될 수밖에 없다. 연결망 속에 놓이지 못하는 사이보그는 비인간 무기체 이상의 어떤 것도 결코 될 수 없기 때문이다. 레이첼 역시 지수와의 연결이 끊어진 뒤 오랫동안 한국의 '해월'이라는 지방 도시에서 산업폐기물로 방치되어 있었지만 어떤 계기로 정비되어 이후에는 오랫동안 지수를 찾아다닌 것으로 추정되었다. 레이첼이 지수를 찾아다녔다는 것은 그녀가 "전 세계를 돌아다니며 모스바나 데이터를 수집했고" 마침내 아영이 올린 글에 반응한 것으로 나타난다.

지수(이희수)도 마찬가지였다. 모두가 미친 사람이라고 수군거릴 정도로 이희수가 로봇을 수집하기 위해 전국을 떠돌아다녔던 이유는 단절의 회복, 즉 레이첼과의 재회를 위한 것으로 볼 수 있기 때문이다. 해월에서 발굴된 인간형 로봇이 전원 교체로 깨어나 어디론가 사라졌다는 기사는 아마도 이희수에게 실낱같은 희망을 주었을 것이다. 〈더스트 생태연구소〉 연구원으로서 지수, 레이첼, 나오미 등 재난 시대의 행위자들을 발굴하고 그들에게 합당한 서사를 되찾아 준 '아영'이 결국 지수와 레이첼의 연결망을 회복시켜 줄 수 있었던 이유는 과거에(어린 시절) 그녀가 이희수(지수)와 맺은 인연과, 현재 식물학자인 그녀가 레이첼이 만들었던 모스바나를 연구하였기 때문이다. 오랫동안 단절되었던 지수-레이첼의 연결은 이처럼 과거와 현재에 걸쳐 두 사람과 각각 연결되었던 또 다른 인물에 의해 완성된 것이다.

이처럼 더스트 폴이라는 디스토피아는 지수-레이첼의 연결망을 만들어 냈고, 모스바나와 프림 빌리지의 연결망을 창출해 내는 배경이 되었다. 이들의 연결망은 디스토피아에 내재된 유토피아적인 것으로서 모든 희망이 사라진 디스토피아 시대에 이르러 시작되고 확장되어 새로운 공동체를 건설한 희망의 원리라 할 수 있다. 『지구 끝』의 세계를 유스토피아라는 개념으로 포착할 수 있는 이유를 여기서 찾아볼 수 있을 것이다.

4. 여성주의 유스토피아와 지구공동체의 의미

김초엽이 발표한 대부분의 단편과 마찬가지로 장편소설인 『지구 끝』에서도 여성들만의 서사가 진행된다. 그러므로 『지구 끝』을 "페미니스트 SF"의 관점에서 검토하는 것은 자연스러운 일이기도 하다. 페미니스트 SF란 페미니스트에 의한 혹은 여성을 위한 SF를 의미한다(김효진 2021, 19). 이런 관점을 가장 명백하게 드러내는 것으로는 작품에서 서사 시간을 배치하는 방법이다. 『지구 끝』은 과거와 현재를 교차시키면서 모든 갈등이 해결된 현재(2129년으로 독자의 시점에서는 백 년 후의 미래)의 한 시점에서 두 개의 과거를 회고하고 성찰하는 구조를 취하고 있다. 두 개의 과거 중 첫 번째는 남성적, 합리적, 자본주의적 시간(과거)으로 볼 수 있다. 이 시기의 인류는 유전자 조작 등 과학만능주의를 신봉한 끝에 기후 위기를 초래하여 지구를 치유할 수 없을 정도로 파괴해 버렸다. 약탈과 살육이 난무했던 디스토피아에서 여성들과 아이들은 안전지대 밖으로 내몰리거나 무참하게 학살되었고 살아남은 자들 역시 폭력적인 남성(인류)들을 피해 은밀하게 움직여야만 했다.

그러나 단지 주인공이 생물학적 여성이라는 이유로 페미니스트 서사를 구성할 수 없는 것처럼 '남성적 시간'이란 생물학적 의미의 남성을 지칭하는 것이 아니라 '다수성'으로서의 남성 즉 "어떤 상태나 표준"(남성, 어른, 백인, 인간)으로서의 남성을 의미하는 것으로 읽어야 할 것이다. 모든 되기(생성)는 '소수자-되기'이기에 '남성-되기'란 없으며, 흑인들도 흑인이, 여성들도 '여성이 되어야 한다'는 것은 다수성의 기준을 갖고 있는 여성(흑인)에서 '소수자로서의 여성(흑인)'이 되어야 함을 의미하기 때문이다(들뢰즈·가타리 2001, 550~551). 그러므로 이 글에서 남성적 시간으로 표현한 첫 번째 과거는 인류세를 초래한 인간종의 책임을 부각하기 위한 시간이기도 하다.

두 번째 과거는 여성 과학자/기술자의 활약과 여성들의 연대로 지구를 회복시킨 시기로서, 생명의 소멸이라는 지구생태계의 위기를 극적으로 회복시켜 현재를 있게 한 '생명의 시간'이다. 그 중심에는 레이첼과 지수라는 두 주인공이 있다. 두 사람은 이음새 없는seamless 기술이라는 과학만능주의가 허상임을 폭로하면서 인간, 기계 인간, 기계를 넘나드는 존재적 이월과 그것을 가능하게 한 이음새 노동을 보여준다. 이처럼 '이음매'seams와 '이음새 노동'에는 미래 사회에 대한 작가의 세계관이 응축되어 있다. 『지구 끝』에서 가장 독창적인 지점이라 할 두 존재와 그들의 관계는 기존의 서사물들에서 흔히 찾아볼 수 있는 지구 영웅들, 즉 절체절명의 위기에서 인류를 구원하는 초월적이고 남성적인 존재들이 인간 중심적 관점에서 기존의 인간적 질서를 회복해 내는 것과는 구별된다. 레이첼-지수-공동체의 여성들은 종으로서의 인류가 자행한 파괴에서 새 생명체를 기획하고 길러내는 자들이며, 레이첼의 사이보그-되기에서 파생된 무수한 '연결'로 상호작용하는 공동체를 구성해 냈기 때문이다.

마지막으로 현재의 시간은 위기와 극복이라는 두 과거를 연구하고 기록하는 '기억과 성찰'의 시간으로 볼 수 있는데 여기에서도 여성 과학자의 활약이 결정적인 역할을 하게 된다. 그런 의미에서 『지구 끝』은 역사 속에서 여성들이 수행한 공헌을 기록한 작품이라 해도 지나치지 않다. 조애나 러스는 "여성 유토피아에서 그려지는 사회는 여성 섹슈얼리티가 처한 상황에 대한 통렬한 비판"이라고 말한 바 있는데[5] 그런 의미에서 『지구 끝』을 기존의 질서(역사)에 대한 여성주의적 비판이 내포되어 있는 작품으로 읽는 것도 가능할 것이다.

이는 『지구 끝』이 SF의 하위장르인 유토피아/디스토피아 SF라는 특징을 갖고 있다는 점과도 관련된다. 작품의 제목에서도 알 수 있듯이 이 작품의 주인공들은 "지구의 끝" 즉 디스토피아에서 "온실"을 만들고 온실과 '함께' "프림 빌리지"라는 공동체를 꾸려나간 주체들이다. 이들의 헌신과 노력에 힘입어 지구생태계의 회복과 인류의 존속을 이

---

5. 조애나 러스는 만일 여성 작품에서 그려진 유토피아가 자연 세계와 조화를 이루고 하나가 되는 느낌을 강조한다면 작가는 현실에 이런 연계가 부족하다는 말을 하고 있는 것이며, 만일 도시를 선호하지 않는다면 여성들이 도시에서 겪은 일이 현실적으로 반영되었을 가능성이 있다고 보았다. 마찬가지로 그 사회에 계급이 없다면 경쟁으로 가득 찬 계급사회의 불안정과 빈곤을 비판하고 있다는 것이다. 따라서 여성 유토피아에서 그려지는 사회는 여성 섹슈얼리티가 처한 상황에 대한 통렬한 비판이 된다(러스 2020, 331~332).

루게 된다는 작품의 서사는 "'세계의 끝'에서 '다른' 세계로의 서사적 이행"을 보여주는 한편으로 "여성적 현실의 리얼한 변화들이 열망하는 새로운 세계에의 상상을 보여"준다는 점에서 유토피아 SF이자 페미니스트 SF에 속하는 것으로 볼 가능성을 높인다(황호덕 2022, 463).

페미니스트 SF가 페미니스트 유토피아 소설과 무관하지 않은 이유에 대해 조애나 러스는 "유토피아가 인간의 보편적 가치를 구현한다기보다 결핍의 반작용에 가깝다고 생각한다"라고 답하였다. 다시 말해 유토피아는 "작가가 지금 여기의 사회나 여성, 또는 둘 다에게 결핍되었다고 믿는 가치를 소설로 제공"한다는 것이다(러스 2020, 331). 『지구 끝』은 행성적 재난의 상황에서 비로소 가시화될 수 있었던 인간 여성과 사이보그의 연대를 다루면서 두 존재 사이에 소수자적 과학기술의 사용과 기계화된 몸을 배치하였다. 즉 기존의 사회에서는 존재할 수 없었던 새로운 정체성을 가진 행위자와 이들의 실천으로 디스토피아적 현재를 극복할 수 있는 대안을 마련하게 된다는 점에서 페미니스트 SF의 특성을 갖고 있다고 볼 수 있다.

그럼에도 레이첼과 지수의 관계와 그들의 화해, 지수와 레이첼 사이에 오랫동안 수수께끼처럼 지속되었던 감정의

끈들에 대해서 그리고 두 관계에 독자들이 기시감을 갖는 이유에 대해서는 좀 더 숙고할 필요가 있을 것이다. 예컨대 지수가 레이첼의 뇌를 교체, 수리하는 과정에서 레이첼 뇌의 "패턴 안정화 기능"을 활성화하고 그로 인해 빚어진 일이 두 주인공에게 오랜 시간에 걸쳐 서로를 찾게 했다는 소설의 장치는 왜 필요했을까? 우선 지수의 조작은 자기 구성적 존재인 사이보그의 자율성을 침해한 행위이다. 또한 이것은 두 주인공이 첫 만남에서부터 공동체가 해체될 때까지 격렬하게 부딪혔던 이유를 희석한다는 점에서 오히려 문제적인 것으로 볼 수 있다. 즉 지수의 행동은 결과적으로 레이첼이 사이보그-되기를 통해 갖게 된 기계적 감응을 다시 인간적 감응으로 이끌어 내는 것이 되기 때문이다.

만일 그렇다면 그것은 사이보그-되기를 통해 인간에서 "또 다른 삶으로 들어"갔던 레이첼을 다시 인간적 삶으로 견인해 냄으로써 레이첼을 모순과 혼란 속으로 밀어 넣는 것이 된다. 다시 말해 인간에서 비인간으로, 즉 다수성을 버리고 '소수자 되기'를 실천했던 레이첼을 다시 인간화시키는 것이다. 따라서 인간과 비인간의 충돌, 즉 존재의 차이에서 비롯되었던 감응의 차이는 희석되고, 인간화된 사이보그와 인간적 감정으로 연결된 인간이 다시 부각되는 효과를 낳는다. 우리에게 익숙한 휴머니즘적 결말을 떠올리게 하는 이와 같은 장치는 결과적으로 『지구 끝』을 낯선 시공간이 아니라 매우 익숙한 시공간으로 받아들이게 한다. 지구나 인류를 구원하려던 것이 아니라 오직 자신의 '식물'을 구하기 위해 사이보그의 삶을 결단했던 레이첼의 탈인간중심주의적 실천은 독자에 의해 인류를 구원하는 영웅적 행위로만 수용되기 때문이다. 독자들은 불편하거나 낯선 감각 혹은 경험하지 못한 세계를 통해 현재를 새롭게 바라보기보다는 지극히 낯설었던 재난 상황을 마치 모험처럼 경험하고 이후 안전한 지구로 즉 다시 일상으로 회귀하게 된다.

이와 같은 소설적 장치가 필요했던 이유는 작가가 자칫 단절될 수 있었던 3겹의 시간을 연결하는 축으로 지수-레이첼을 설정했기 때문이다. 두 개의 시간을 회고하는 현재의 식물학자 '아영'은 어린 시절 이희수(지수)와 친분이 있었고 이희수의 온실에서 감돌던 푸른빛을 목격한 기억이 있다. 이희수의 창고에 쌓여 있던 고장 난 부품들과 이희수가 레이첼을 염두에 두면서 했던 말들도 마찬가지이다. 이런 기억의 조각들은 '아영'이 더스트 폴 시대 프림 빌리지 공동체의 일원이었던 '나오미'를 만났을 때 그녀의 회상과 겹치면서 퍼즐이 맞춰지듯 결국 과거에 묻혀 잊힌 여성 과학자들, 여성 영웅들을 발견하는 계기가 되었다.

그렇다면 식물학자 '아영'이 살고 있는 '현재'(2129년)는 어떤 시간일까? 과거 인류의 과오를 잊지 않기 위해 지속적으로 행성적 위기를 초래했던 지난 시간의 교훈을 교육하고 학습하는 시간으로서 지극히 안정된 시간이다. 그래서인지 이 시간 속의 인물들에게는 입체감이 부족하다. 이 시간은 생명을 위협하는 모든 원인과 갈등들이 모두 해소되고 봉합된 마치 유토피아와 같은 시간으로 묘사되기 때문이다. 입체감이 없다는 점에서는 더스트 폴 시대 프림 빌리지 공동체의 인물들도 마찬가지이다. 샤이엔, 대니, 나오미, 아마라 등 다양한 정체성을 가진 인물들은 전 세계에서 유랑하다가 말레이시아에 있는 프림 빌리지로 흘러들어온 인물들로서 다양한 인종으로 구성되어 있지만 서로 구분되는 개성을 보이거나 크게 인상적인 사건을 벌이지 않는다. 이들은 마치 지수와 레이첼을 돋보이게 하기 위해 동원된 엑스트라처럼 존재감이 부족해서, 결국 3겹의 시간 속에서 풍부하게 형상화되어 있는 것은 마지막에야 등장하는 지수-레이첼의 서사뿐이다. 그러나 이 부분도 지수의 다목적 기억칩의 내용을 그대로 전하는 액자 형식을 취하고 있어 현재의 인물도, 과거 프림 빌리지 공동체에 속했던 나오미 등의 인물도 크게 개입할 수 없는 두 주인공만의 서사로 구분되어 있다.

작품의 마지막은 '현재' 시점의 '아영'이 과거 레이첼과 지수가 활동했던 말레이시아의 온실 터를 방문하는 것으로 마무리된다. 아영은 이 작품에서 여성의 역사를 복원하고 그에 정당한 의미를 부여하는 역할을 수행하고 있는데 이와 같은 의도는 결과적으로 인류세의 문제의식을 상당 부분 흐리게 한다. 오랫동안 이어져 온 여성의 연대를 부각하는 과정에서 인류세는 단지 파국을 설명하기 위한 역할에 머물고 있기 때문이다. 파국 극복의 주체였던 소수자로서의 여성과 소수자-되기를 실천했던 여성-사이보그는 마침내 영웅적인 행위자로 역사에 기록될 수 있었으나 파국 이후의 평온한 일상은 과거의 서사적 긴장이 모두 해소되었음을 보여주기 때문이다.

그렇다면 아영의 시대는 인류세가 지나간 인류세 이후의 시간인 것일까? 이 시기는 레이첼이 행했던 '되기'가 더 이상 필요하지 않은 시기일까? 과거와 완벽하게 단절되어 있는 현재에서 그와 같은 질문을 던지는 것은 무의미하다. 과거는 현재와 분리되어 있으며 유일하게 연결되는 것은 여성들의 연대와 실천의 '기록'뿐이기 때문이다. 추악한 과거와 영웅적 과거, 남성적 과거와 여성적 과거, 파괴되었던 지구와 재건된 지구의 이분법이 유의미하려면 종으로서의 인류의 행위성, 남성성, 과학만능주의 등에 대한 통렬한 비판이 필요할 것이다. 과거를 철저히 비판하지 않고 사이보그-되기를 실천한 한 과학자의 결단과 그의 행위성만을 조망하는 것은 유토피아적 현재를 마련해준 그들의 역할을 부각할 수 있다는 점에서만 성공적이기 때문이다. 모호하고 불안정한 요소가 전혀 없는 유(스)토피아적 현재는 마침내 '레이첼'이 자기 신체를 해체하기로 결정했다는 소식에서 암시되는 것처럼 더 이상 '되기'의 실천이 필요 없는 사회인 것처럼 보인다. 결과적으로 여성 식물학자 '아영'이 살고 있는 먼 미래의 지구가 현재 우리가 살고 있는 지구와 큰 무리 없이 겹치면서 레이첼이라는 낯선 존재가 수행했던 과감한 이행과 실천은 옛이야기 안에 안착하는 것이다.

5. 결론

이 글에서는 김초엽의 첫 장편소설 『지구 끝의 온실』을 중심으로 인류세 시대의 유스토피아 공동체를 다루었다.

이 작품은 과학기술에 대한 맹신과 인간 중심적 과학의 사용으로 빚어진 행성적 재난 상황을 전제하면서 시작되었다. 재난의 원인이 된 스마트 파티클의 누출은 자가증식 하는 더스트를 대량 생산하게 되었는데 이 더스트는 내성이 없는 대부분의 인간은 물론 식물과 동물 모두에게 공통의 피해를 입히게 되었다. 인간이 만든 모든 문명이 파괴되고 인간 사회를 유지시켰던 모든 인간주의적 규율이 하루 아침에 무너진 것은 물론이다. 이제 인간들은 서로를 죽이고 잡아먹고 망상에 빠진 비합리적 존재로 전락하였다. 더 이상 인간의 '환경'으로서 인간의 편에 서 있는 '선한' 지구가 아니라 인간의 파괴적인 행동에 행위자로 반응하는 지구와defiant earth, 인간이 관여할 수 없는 사물의 법칙이 관철되는 상황은 인간도 다른 지구 위의 사물들(생명체들)과 마찬가지로 지구의 일부에 불과하다는 인류세적 문제의식을 보여준다.

『지구 끝』은 전 지구적 재난에 처한 다양한 행위 주체들이 서로를 도와 결국 지구를 재건하게 되는 긴 시간을 사이보그와 그와 연결된 여성 기계 정비사를 중심으로 보여주었다. 레이첼이라는 여성 식물학자는 자신의 신체를 기계와 결합, 변형함으로써 사이보그 과학자가 되었다. 레이첼이 사이보그-되기를 실천한 이유는 자신의 존재 이유였던 식물 연구에 헌신하기 위해서였다. 그녀의 사이보그-'되기'가 식물과 더불어 이루어졌다는 것은 『지구 끝』에서 인간과 사이보그, 식물이 모두 행위자로서 존재했음을 보여준다. 그러나 레이첼이 사이보그 연구원으로 근무하던 연구소에서 나노파티클이 대량 누출되어 행성적 재난이 발생하자 레이첼은 전 세계를 떠도는 신세로 전락하였다. 식물과 함께하기 위해 사이보그라는 또 다른 삶으로 "생성"되기를 선택했던 레이첼은 식물과의 연계가 단절될 것이 예상되자 자기 신체의 전원을 차단하였지만 우연히 지수에게 발견되어 새로운 연결을 구축하게 되었다. 이후 레이첼과 지수의 연결은 다양한 연결로 확장되어 각 행위자의 연결성과 행위성을 극대화하는 계기로 작용하였다.

레이첼은 김초엽의 과학소설에서 반복하여 등장하는 여성 과학자로서 인간과 기계의 중간적인 존재이다. 그녀(들)는 최대한 자신들의 몸을 기계로 전환함으로써 탈인간적인 존재가 되기 위해 애쓴다. 이들 과학자는 자신들이 추구하는 목표를 실현하기 위해 모든 것을 바칠 뿐 그 외의 것에는 전혀 관심을 기울이지 않는 기계적 감응을 갖고 있다. 한편 기계 정비사인 지수는 레이첼을 비롯하여 다수의 기계 신체를 수리 보완하는 역할을 담당하고 있다. 그녀는 우연히 레이첼의 자살을 중단시키고 레이첼에게 거래를 제안하여 공생의 공동체를 구축하게 된다. 지수와 레이첼의 연결은 인간과 사이보그의 경계를 넘어선 연계로서 이 연결로 인해 결국 지구생태계를 회복시키는 '모스바나'가 탄생되었고 '프림 빌리지' 공동체가 구축되었다. 특히 지수가 수행한 '이음새 노동'은 레이첼을 사이보그로 존재할 수 있게 해주는 것으로서 기존의 사이보그 서사에 내포된 심리스 테크놀로지의 허위성을 폭로하는 것이기도 하다.

레이첼과 지수가 운영하던 프림 빌리지는 소수의 특권층만이 들어갈 수 있었던 돔 시티로부터 그리고 유토피아를 자처하는 다수의 공동체로부터 밀려난 여자와 아이들로 구성되었는데 이들은 외부인의 침략으로 공동체가 해체되던 순간까지 공동체 내부의 평화를 지켰으며, 해체될 위기에서 레이첼의 식물을 외부에 이식하는 실천자의 임무를 수행하였다. 이처럼 더스트 폴이라는 디스토피아는 지수-레이첼의 연결망을 만들어 냈고, 나아가 괴식물 모스바나와 프림 빌리지의 연결망을 창출해 내는 배경이 되었다. 프림 빌리지의 구성원들은 이후 전 세계로 이주하여 그들의 땅에 모스바나를 식재함으로써 이들이 구축한 연결망은 결국 지구 전체로 확장될 수 있었다. 이처럼 한 사이보그에서 시작된 연결망은 디스토피아에 내재된 유토피아적인 것으로서 모든 희망이 사라진 디스토피아 시대에 새로운 공동체를 건설한 희망의 원리로 작용하였다.

그러나 레이첼을 중심으로 지구를 재건해 낸 이들의 서사가 행성적 재난이 모두 해결된 미래의 시점에서 재조명되는 작품의 시간 구조, 남성적 과거와 여성적 과거가 분리되어 있지만 남성적 과거에 대한 철저한 비판이 부족하다는 점은 작품의 문제의식을 다소 흐리는 결과를 낳았다. 과학 기술에 대한 맹신을 바탕으로 인간이 원하는 방식으로 자연을 교정하여 재구성할 수 있다는 인간 중심주의적 과거는 비판적으로 소환되지 않고 오직 작품의 시작점이 될 뿐이기 때문이다. 이 시기에 대한 비판은 '돔 시티'의 안과 밖에서 자행되었던 폭력과 살육에 대한 고발이나, 아영이 살고 있는 먼 훗날의 지구인들이 더스트 폴 시대의 오류를 꾸준히 교육하는 장면으로 드러날 뿐이다.『지구 끝』에서 강조되는 것은 레이첼을 중심으로 광범위하게 뻗어나간 인간과 사물들의 연계와 협력으로서 이는 과거 인류의 오만과 폭력, 야만을 대신할 수 있는 미래의 구성 원리로 제시되어 있다. 그러나 이미 모든 문제가 해결된 미래에서 이들의 연계와 그 의미는 과거의 영웅들에게 바쳐져야 마땅할 존중과 예우에 그치고 있어 현재에도 그와 같은 연계와 생성이 가능하고 또 필요한지에 대해서 작품은 설명하지 않는다.

과학의 사용을 비롯하여 모든 인간 중심적 사고와 행동의 오만함에 대한 철저한 비판의 부재로 인해 독자는 오히려 과학 자체의 무한한 힘, 이를 가능하게 할 수 있었던 인간에 대한 신뢰를 갖게 될 가능성도 배제할 수 없다. 그린 테크놀로지가 행성적 재난을 초래했으나 '디스 어셈블러'를 개발함으로써 더스트를 종식시킨 것처럼, 무한 증식하는 더스트를 만들어 낼 정도로 획기적이었던 과학기술과, 인간에서 사이보그로 이행을 가능하게 한 각종 신체기술에 대한 믿음이 행성적 재난에 대한 두려움을 압도할 수 있기 때문이다. 그러므로 『지구 끝의 온실』에서 인간과 비인간 사이의 종차와 위계, 새로운 존재로의 생성, 이질적인 것과의 공존 방식 등 인류세적 문제의식은 이제 막 제기되고 있을 뿐이다.

: : 참고문헌

1. 기본자료

김초엽. 2019. 『우리가 빛의 속도로 갈 수 없다면』. 허블.
_____. 2021. 『지구 끝의 온실』. 자이언트북스.

2. 논문 및 단행본

권두현. 2022. 「'실내 우주'의 SF 에톨로지 : 사물-동물-식물의 애니메이팅 인터페이스
　　에 관한 일고찰」. 『석당논총』 82 : 171~209.
김보영. 2017. 「작가 후기」. 듀나 외. 『아직 우리에겐 시간이 있으니까』. 한겨레출판.
김초엽 · 김원영. 2021. 『사이보그가 되다』. 사계절.
김효진. 2021. 『#SF #페미니즘 #그녀들의 이야기』. 요다.
들뢰즈, 질 · 펠릭스 가타리. 2021. 『천개의 고원』. 김재인 역. 새물결.
라투르, 브뤼노. 2021. 『지구와 충돌하지 않고 착륙하는 방법』. 박범순 역. 이음.
러스, 조애나. 2020. 『SF는 어떻게 여자들의 놀이터가 되었나』. 나현영 역. 포도밭.
복도훈. 2011. 「세계의 끝 : 최근 한국소설에 나타난 재난의 상상력과 이데올로기적 증
　　상」. 『인문학연구』 42 : 7~41.
_____. 2020. 「인류세의 (한국) 문학 서설」. 『한국문예창작』 19(3) : 13~34.
손혜숙. 2022. 「'작은 가능성'에 대한 끝나지 않은 이야기 ─ 김초엽, 『지구 끝의 온실』」.
　　『리터러시연구』 13(2) : 539~555.
신두호. 2016. 「환상에서 현실로 : 인류세, 기후변화, 문학적 수용의 과제」. 『인문과학』
　　60 : 67~102.
애트우드, 마가릿. 2021. 『나는 왜 SF를 쓰는가』. 양미래 역. 민음사.
원영선. 2019. 「자연과학과 인문학의 만남」. 『안과 밖』 46 : 245~271.
윤영옥. 2022. 「한국여성 SF에 나타난 신체기술과 지구공동체 ─ 김초엽의 『지구 끝의
　　온실』을 중심으로」. 『현대문학이론연구』 91 : 219~243.
이소연. 2022. 「재난서사의 새로운 동향과 포스트휴먼 감수성의 출현 ─ 김초엽, 정세
　　랑, 듀나의 소설을 중심으로」. 『탈경계인문학』 32 : 55~77.
이양숙. 2020. 「한국소설의 비인간 전환과 탈인간중심주의」. 『한국문학과 예술』 34 :
　　227~259.
이인건. 2019. 「신인간중심주의로 조명한 인류세 논의」. 『과학기술학연구』 2019 :

182~199.

이진경. 2002. 『노마디즘 2』. 휴머니스트.

이희영. 2022. 「공존을 기억하는 길 – 김초엽의 『지구 끝의 온실』을 읽고」. 『리터러시 연구』 13(3) : 603~617.

임소연. 2014. 『사이보그로 살아가기』. 생각의힘.

차크라바르티, 디페시. 2010. 「역사의 기후 : 네 가지 테제」. 『지구사의 도전』. 조지형 · 김용우 편. 서해문집.

_____. 2019. 「기후변화의 정치학은 자본주의 정치학 그 이상이다」. 박현선 · 이문우 역. 『문화과학』 97 : 143~161.

최병두. 2022. 「인류세인가, 자본세인가 : 생태마르크스주의의 이론적 균열」. 『공간과 사회』 32(1) : 115~165.

피셔, 마크. 2018. 『기이한 것과 으스스한 것』. 안현주 역. 구픽.

하인혜. 2017. 「동물과 함께, 식물과 더불어, 기계와 나란히 : 18세기 영문학과 포스트휴 머니즘」. 『안과밖』 43 : 221~243.

해러웨이, 도나. 2019. 「인류세, 자본세, 대농장세, 툴루세」. 김상민 역. 『문화과학』 97 : 162~173.

해밀턴, 클라이브. 2018. 『인류세 – 거대한 전환 앞에 선 인간과 지구 시스템』. 정서진 역. 이상북스.

허남진 · 이원진 · 조성환. 2022. 「인류세 시대의 지구인문학」. 『문학/사학/철학』 68 : 266~280.

황호덕. 2022. 「한국 재난 서사의 계보학 – 비인지적 낯익음에서 인지적 낯설게 하기까 지」. 『현대소설연구』 88 : 431~469.

중화미래주의, 디지털 유토피아와
테크노 오리엔탈리즘 사이에서

김태연

1. 디지털 시대의 중국, 유토피아인가 디스토피아인가

디지털 시대에 접어들고, 중국이 기술 영역에서 빠른 속도로 부상하면서 그에 따른 중국의 이미지 역시 변화를 겪고 있다. 기존의 노동집약적 저개발 국가라는 이미지에서 디지털 시대에 첨단 기술을 앞세워 패권을 장악하려는 국가라는 이미지가 등장한 것이다. 하지만 이 이미지에는 두 가지 측면이 동시에 존재한다. 하나는 중국이 만들어 내는 '디지털 유토피아'의 이미지이고, 또 하나는 서구에서 만들어 내는 '디지털 디스토피아'의 이미지이다.

중국이 만들어 내는 디지털 유토피아 이미지는 '기대'로 가득하다. 대표적인 것이 중국의 사이버펑크 도시 이미지인데, 상하이·충칭·홍콩 등의 도시를 소개하거나 묘사하는 이미지와 동영상 등에서는 하늘 높이 빽빽이 솟아 있는 마천루, 어두운 밤에도 네온사인과 조명으로 빛나는 도시의 야경, 신소재와 디지털 기기로 뒤덮인 시티스케이프 등을 매우 강조해서 묘사하는 경향이 두드러지게 나타난다. 대개 사이버펑크 도시 이미지는 SF 장르에서 디스토피아적인 비전을 묘사하는 데 많이 사용되지만, 중국에서는 이

그림 1. 충칭시 홍보 유튜브 채널 "iChongqing"에 업로드된 충칭 홍보 동영상 중 하나. 충칭의 화려한 야경을 주로 담아내고 있는데, 스스로를 "환상적인 나이트 라이프와 아름답게 빛나는 스카이라인으로 인해 이 도시가 사이버펑크 필로 최고임은 의심의 여지가 없다."고 소개하고 있다. "iChongqing"은 충칭시 산하기관인 충칭 국제 커뮤니케이션 센터(重庆国际传播中心)에서 운영하는 미디어 채널이다.

이미지가 중국식으로 전유되어 일종의 디지털 기술과 경제력이 압도적으로 발달한 중국 도시의 미래상으로 그려진다. 특히 과거에 이러한 이미지는 일본의 도시가 재현되던 패턴인데, 오늘날 중국의 도시들을 재현하는 데 쓰이고 있다는 점도 주목할 만하다. 중국의 도시들은 이 이미지들을 자신들의 '미래 청사진' 혹은 '발전상'으로 홍보하는 데 활용하기도 한다.

중국이 생각하는 자신들의 미래상은 다음과 같은 것들이다. 디지털 시대에 중국은 기술에서 미국을 따라잡고 세계 제1의 국가가 될 것이고, 사이버 공간에서 국제적인 거버넌스를 획득하게 될 것이라는 것이다. 그들에게 있어 발전하는 디지털 기술은 중국의 경제구조를 최적화하고, 온라인 공간에서 '올바른' 여론正能量을 육성할 것이며, 중국의 소프트파워를 강화함으로써 중국의 영향력을 확산시킬 것이라는 기대와 희망을 함께 가져올 것이다.

하지만 서구에서 만들어 내는 중국의 미래 이미지는 '디지털 디스토피아'와 강하게 연결되어 있다. 그리고 그것은 공포를 수반한다. 대표적인 케이스가 2010년에 〈정부의 낭비에 반대하는 시민들〉Citizens Against Government Waste이라는 단체가 광고주가 되어 제작한 '중국인 교수'Chinese Professor라는 광고이다. 이 광고는 2030년 베이징의 대학 강의실에서 '글로벌 경제학'이라는 강의를 하는 중국인 교수가 수많은 중국인 학생에게 부채에 시달리던 미국이 어떻게 중국에 종속되었는지 설명하는 장면을 그리고 있다. 같은 동양인이 보기에는 전혀 전형적인 중국인의 얼굴이 아닌(중국인 교수의 역할을 맡은 배우의 얼굴은 사실 우리가 쉽게 떠올리는 중국인의 얼굴보다는 동남아인의 얼굴에 더욱 가깝다) "중국인" 교수는 매우 크고 화려하지만 어두침침하고, 거대한 오성홍기와 마오쩌둥 초상화, 사회주의 시기의 포스터로 장식된 강의실에서 중국어로 강의를 한다. 그는 "미국은 큰 불황에서 벗어나기 위해 지출과 세금을 늘리려 했습니다 …. 물론 우리가 그들의 부채 대부분을 소유했습니다. 그래서 이제 그들은 우리를 위해 일합니다."라고 말한 뒤, 비웃는 표정을 짓는다. 학생들이 앉아있는 좌석에서도 그를 따라 비웃는 웃음소리가 터져 나온다. 이는 경제력에서 중국이 우위를 차지했을 미래에 대한 공포스러운 상상을 그대로 반영하고 있다(Roh, Huang and Niu 2015, 12~13). 실제로 이 광고가 방영된 뒤, 『뉴욕타임스』와 『월스트리트저널』에는 아시아계 미국인을 뉴욕의 엘리트 공립학교 시험을 휩쓸고 있는 공부 로봇(Spencer 2012), 미국으로 이주한 호랑이 국가로 묘사하는 기사(Siegel 2012)들이 실리기도 했다(Liu 2012).

오늘날 가히 기술 전쟁으로 칭해지는 추세 속에서 중국의 이미지는 극단적인 희망과 공포 사이를 오간다. 미국을 중심으로 한 서구 세계에서 중국은 강력한 기술을 발전시킴으로써 국민을 감시하고, 인권을 탄압하고, 인류의 데이터를 빼돌려 전 세계를 중국의 방식으로 통제하려는 존재로 묘사된다. 이는 우리에게 익숙한 오리엔탈리즘의 담론을 21세기형으로 확장시킨 테크노 오리엔탈리즘 담론 속에서 중국을 사유해야 할 필요성을 제기한다. 그런데 테크노 오리엔탈리즘이 중국과 조우하는 지점에서 우리는 '중화미래주의'sinofuturism이라는 개념을 또 맞닥뜨리게 된다. 즉, 중국을 중심으로 하는 미래 상상인데, 이는 중국의 입장에서 일종의 유토피아적인 구상인 듯 보이지만, 자세히 검토해 보면 테크노 오리엔탈리즘의 살짝 왜곡된 형태에 지나지 않음을 또한 감지할 수 있다.

이 글은 기술의 발전을 기반으로 한 중국의 미래 담론과 관련하여 테크노 오리엔탈리즘과 중화미래주의 개념을 탐구하는 것을 목표로 삼는다. 이 두 담론의 유래와 의미, 적용 양상을 비판적으로 검토할 것이다. 그리고 그 과정에서 독일 기반으로 활동하는 미디어 아티스트 로렌스 렉Lawrence Lek의 미디어 아트 작품인 〈중화미래주의Sinofuturism (1839~2046 AD)〉를 함께 분석한다. 이 작품은 중화미래주의라는 개념을 둘러싼 중국의 미래 담론이 이론적 차원에 그치지 않고 더욱 풍부한 맥락 속에서 사고 될 수 있도록 유도하는 텍스트로 기능한다. 이 글은 이러한 과정을 통해 중국에서 기술의 발전이라는 것의 의미, 이와 관련된 미래 담론 및 중국 외부에서 형성되는 대對 중국 이미지의 전형성 및 변형 양상을 고찰하고자 한다.

2. 테크노 오리엔탈리즘

테크노 오리엔탈리즘이란 미래에 첨단 기술이 발달하면서 아시아 국가들이 서구를 위협·능가하게 되었을 때, 아시아·아시아인을 서구·휴머니즘의 반대에 있는 존재로 상정하는 시각을 지칭한다. 테크노 오리엔탈리즘의 입장에서 아시아는 비인간적이고 기계적이며 위험한 존재와 공간으로 묘사된다.

테크노 오리엔탈리즘이라는 개념이 드러나기 시작한 것은 1980년대 미국의 하위문화였다고 하지만, 시간을 더 거슬러 올라가 20세기 초반 '황화'黃禍, yellow peril의 맥락 위에서 만들어진 적대적인 동양인의 이미지 속에서도 '기술'을 정복하여 서구에 위협을 가하고자 하는 인물들이 등장한다. 그 원조 격에 해당하는 대표적인 캐릭터가 20세기 초반에 미국 하위문화에서 유행했던 푸만추Fu Manchu라는 악인 이미지이다. 푸만추는 영국 작가 색스 로머Sax Rohmer의 작품에 등장하는 악당으로[1], 청나라가 서구 열강에 의해

---

[1] 로머의 푸만추 소설 시리즈는 1913년에 발표된 첫 번째 작품 『푸만추 박사의 미스터리』(*The Mystery of Dr. Fu-Manchu*)를 시작으로 1959년에 발표된 마지막 작품 『푸만추 황제』(*Emperor Fu Manchu*)에 이르기까지 46

침략을 당하는 현실을 보고, 범죄조직인 '쓰판'Si-Fan에 가입한 뒤 우두머리가 되어 서구 국가들에게 복수하기 위해 불사의 약을 먹고 온갖 범죄를 저지르다가 후에는 세계 정복을 꿈꾸는 인물이다. 푸만추는 이름부터가 '만추'滿洲이고, 청나라 관리의 복장을 하고 있어 전형적인 청말 중국인을 표상하고 있다. 그런데 푸만추가 당시 서구에서 동양을 바라보던 혐오 시각인 황화의 개념을 넘어서 테크노 오리엔탈리즘의 초기 형태를 반영하고 있다고 보는 것은, 푸만추의 형상이 동양인에게 '기술'이 넘어갔을 때 그것이 서구에 큰 위협이 된다는 상상을 담고 있기 때문이다. 푸만추 시리즈에서 푸만추는 독극물을 다루는 데 능하며, 매우 큰 스케일의 대량 살상 무기를 제작하는 능력을 가지고 있는 것으로 묘사된다. 심지어 시리즈가 거듭될수록 푸만추의 기술 능력은 더욱 강력해지고, 그가 세계에 끼치는 해악은 더욱 커져, 영화 〈푸만추의 성〉The Castle of Fu Manchu(1969)에서 푸만추는 타이타닉호를 침몰시킨 범인으로 등장하는데,

---

년에 걸쳐 이어졌다. 또한 『푸만추 박사의 미스터리』가 1923년에 영화화된 뒤로 1980년의 『푸만추 박사의 사악한 음모』(*The Fiendish Plot of Dr. Fu Manchu*)에 이르기까지 여러 편에 걸쳐 푸만추를 주인공으로 한 영화가 제작되었다.

배를 침몰시키기 위해 빙산 형태의 병기를 제작할 정도로 강한 기술력을 선보인다.

그러다 본격적으로 테크노 오리엔탈리즘이 등장하기 시작한 것은 1980년대로, 주로 SF영화와 애니메이션, 게임을 중심으로 출현하기 시작한다. 특히 경제적으로 급부상하기 시작한 일본의 도시가 테크노 오리엔탈리즘이 재현되는 주요 무대로 활용되는 모습을 보인다. 가장 대표적인 이미지로는 단연 영화 〈블레이드 러너〉(1982)에 묘사된 도시풍경을 들 수 있다. 〈블레이드 러너〉의 배경이 되는 도시는 2019년의 (미래도시) 로스앤젤레스이지만, 그 안에는 도쿄와 홍콩을 비롯한 아시아 거대 도시를 연상시키는 이미지들로 가득 차 있다. 촘촘히 들어선 마천루, 밤하늘 곳곳을 얼룩덜룩하게 물들이는 조명과 네온사인, 한자와 비슷한 형태를 가진 글자로 쓰인 간판들, 그리고 하늘을 나는 자동차인 스피너가 지나가는 모습 옆에 보이는 거대한 기모노 차림 여인의 얼굴이 디스플레이된 광고…. 〈블레이드 러너〉에서 묘사된 이러한 시티스케이프는 서구 SF에서 출발하여 동아시아 도시의 '사이버펑크' 이미지를 구축하는 데 일종의 원형처럼 반복된다. 사이버펑크 장르의 개척자로 알려진 작가 윌리엄 깁슨 또한 "내가 글을 쓰기

시작한 이래로 도쿄는 늘 나의 가장 편리한 소품 가게였다"(Gibson 2001)라면서 동아시아 도시, 특히 당시 가장 기술적으로 막강한 이미지를 구축하고 있던 도쿄가 자신의 사이버펑크 세계관 속에서 중요한 소재를 제공하였음을 고백하고 있을 정도이다.

이처럼 미래 세계의 상상 속에서 기술적으로 발달한 아시아의 이미지가 재현되는 것과 관련하여, 우에노는 주로 일본 애니메이션을 텍스트로 한 연구에서 '테크노-오리엔트' 개념을 거론하면서, 다음과 같이 주장한다.

> 만일 오리엔트(동양)가 서구에 의해 발명된 것이라면, 테크노-오리엔트 또한 정보 자본주의에 의해 발명된 것이다. '테크노-오리엔탈리즘' 속에서 일본은 지리적으로 위치되는 것뿐만 아니라 연대기적으로도 투사된다. 보드리야르 Baudrillard는 일본을 궤도를 돌고 있는 위성이라고 칭한 바 있다. 이제 일본은 기술의 미래에 놓여졌다. (Ueno 2001)

즉 일본(아시아)화된 미래에 대한 테크노 오리엔탈리즘의 상상은 동서양 사이에 정보와 자본의 더 큰 흐름을 가능하게 한 신자유주의 무역 정책의 여파로 더욱 널리 퍼졌다고 볼 수 있는 것이다.

테크노 오리엔탈리즘에 대해 본격적인 논의가 시작한 것은 대략 1990년대 중반부터이다. 케빈 몰리Kevin Morley와 데이비드 로빈스David Robins, 우에노 토시야Toshiya Ueno, 사토 쿠미코Kumiko Sato 등이 이 분야의 선구적 연구자로 꼽히는데, 몰리와 로빈스의 1995년 저서 『정체성의 공간 : 글로벌 미디어, 전자적 풍경 그리고 문화적 경계』는 '테크노 오리엔탈리즘'이라는 개념을 처음으로 언급한 글로서 (Morley and Robins 1995)[2], 테크노 오리엔탈리즘 담론 연구에서 가장 많이 인용되는 글이기도 하다. 몰리와 로빈스는 테크노 오리엔탈리즘이란 서구의 담론으로서, 늘 전근대적인 것으로 표상되었던 일본이 기술적인 발전을 이루어 서구의 경쟁 상대로 부상하면서 근대성과 오리엔탈리즘에 대한 서구의 인식에 문제가 발생한 결과로 생겨난 것이라고 본다. 따라서 서구의 입장에서는 이러한 모순적인 상황 속에서 일본의 근대성을 인정하면서도 또한 이들에 대한 오리엔탈리즘적인 시선을 포기할 수 없기에 새로운 개념인 '테크노 오리엔탈리즘'이 만들어졌다고 주장한다

---

2. 이 책에서 몰리와 데이비스는 특히 8장 "Techno-orientalism : Japan Panic"에서 테크노 오리엔탈리즘에 대해 본격적으로 분석하고 있다.

(같은 책).

　이상에서 알 수 있듯이 테크노 오리엔탈리즘 개념이 처음 등장한 것은 전적으로 일본과 서구의 관계 구도를 배경으로 한 것이었다. 즉, 애초에 중국은 테크노 오리엔탈리즘 담론의 형성 과정에서 논외에 위치해 있었던 것이다. 그 이유는 사실 더없이 간단하다. 일본이 기술적 우위로 인해 서구들에게 공포와 집착의 대상으로 부상하고 있을 때, 중국은 아직 서구인들의 시야 속에 적수가 아니었기 때문이다. 하지만 이후 중국이 경제적으로 부상하기 시작하면서 테크노 오리엔탈리즘 담론의 대상이 일본에서 중국으로 확장되어 가는 양상을 보이는데, 이때 특기할 만한 것은, 초기 중국에 대한 테크노 오리엔탈리즘적 시각은 '세계의 공장'이 된 중국 및 비인간적이고 노동 기계와 같은 모습을 하고 있는 중국인의 이미지에 집중되어 있었다는 점이다. 특히 개혁개방 초기 값싼 노동력을 바탕으로 선전의 공장이나 대도시의 건설 현장에서, 서구에서는 보편화된 기계 대신 인간이 대량 생산에 투입되고 있는 모습은 중국에 대해 새로운 테크노 오리엔탈리즘적 감각을 만들어 냈다. "일본은 기술을 만들어 내지만, 중국은 기술 그 자체"(Roh, Huang, and Niu 2015, 4)로 받아들여진 것이다. 하지만 서구의 입장에서 보았을 때, 일본은 혁신을 이끌어가는 나라이고, 중국은 제조업을 담당하는 나라로서, 둘 다 모두 미래에 중요한 동력으로 여겨졌다. 이뿐만 아니라, 일본과 중국은 어떤 서방 국가보다 강력한 소비력을 갖춘 국가이기에 서구의 입장에서는 매우 큰 가치와 위협을 동시에 지니고 있었던 것이다(같은 책).

하지만 중국이 빠르게 기술적 성장을 이루고 경제적으로 서구사회에 위협적인 존재로 부상하게 되면서 기존에 주로 일본을 향해 있었던 테크노 오리엔탈리즘의 시선은 그대로 중국을 향하는 양상이 드러난다. 과거 중국인들은 주로 기계처럼 일하던 노동자의 이미지였다. 하지만 이제 서구의 테크노 오리엔탈리즘 시각 속에서 중국인들은 기술적으로 우위를 점했으나, 서구사회의 주요 가치인 휴머니즘을 위협하는, 사악한 존재로 그려지기 시작한다. 2019년에 미국에서 만들어진 다큐멘터리 〈아메리칸 팩토리〉 American Factory 3는 기술과 경제에서 미국보다 우위를 점하게 된 중국을 대상으로 한 테크노 오리엔탈리즘적 시각이 엿보인다. 이 다큐멘터리는 기존의 산업이 몰락하여 지

---

3. Steven Bognar, Julia Reichert 감독. 2019년에 제작되고 넷플릭스를 통해 배급된 다큐멘터리 영화. 제92회 아카데미 장편 다큐멘터리상을 받았다.

역 자체가 침체에 빠져버린 오하이오주 데이턴 주변의 도시인 모레인에 중국계 자동차 유리 제조 회사인 푸야오福耀가 공장을 세우면서 벌어지는 내용을 담고 있는데, 처음에 지역 사람들은 새로운 공장이 세워져 일자리가 창출되자 매우 기뻐한다. 하지만 미국인 노동자들은 자신들의 입장에서는 도저히 납득할 수 없는 중국인 경영진들의 공장 운영 방식과 노동 문화를 겪으면서 이에 대응하기 위해 집단행동에 나선다. 이 푸야오 공장의 중국인들은 사장부터 관리 직급까지, 미국인 노동자들의 입장에서 보았을 때 너무나 권위적이고 비합리적이며 억압적이다. 이들은 노동자의 권리를 무시하고, 독단적으로 의사를 결정하며, 현지 문화를 존중하지 않는다. 오로지 돈을 앞세워 미국의 노동자들을 통제하려는 중국 기업의 존재가 미국의 소도시 지역사회에 가져온 충격은 곧 이후 중국의 자본과 기술이 더욱 막강해졌을 때 전 세계가 겪어야 할 두려운 미래의 축소판이기도 하다. 이러한 중국의 이미지는 1980년대에 돈으로 미국 땅과 자본을 마구 사들이던 탐욕스러운 일본인의 이미지가 21세기 버전으로 계승된 것으로 볼 수 있을 것이다.

3. 중화미래주의

몰리와 로빈스는 테크노 오리엔탈리즘 개념의 발생 과정에서 일본에 대한 이미지가 어떻게 연계되었는지 논하면서 다음과 같이 서술하고 있다.

> 만약 미래가 기술 중심이 되고, 기술은 '일본화'Japanised되었다면, 삼단논법에 따라 미래는 이제 일제Japanese가 될 것이다. 포스트모던 시대는 태평양 시대가 될 것이다. 일본이 미래이며, 그 미래는 서구의 근대성을 초월하고 대체하는 것처럼 보일 것이다. (Morley and Robins 1995, 168)

이는 일본의 기술적, 경제적 부상에 대한 서구의 불편함을 설명하고 있는 글이지만, 오늘날에는 똑같은 내용의 서사가 '일본'에서 '중국'으로 국가명만 바뀌어 재활용되고 있는 양상을 흔하게 목격할 수 있다.[4]

---

4. 우에노는 테크노-오리엔탈리즘 속에서 일본은 다른 문화권과 국가들의 질시와 경멸의 대상이 되었다면서, 과거에 유대인이 맡았던 역할을 일본이 맡게 된 것과 비슷하다고 하였다. 우에노의 논리에 의하면 테크노-오리엔탈리즘은 결국 경제적으로 신흥굴기하는 민족/국가에 대해 서구사회가 가지는 일종의 콤플렉스이다(Ueno 2001).

중국을 대상으로 한 테크노 오리엔탈리즘은 중국인들을 '생각 없이 노동하는 기계'로 생각하는 클리셰에서 변화하여, "미래에는 중국이 최고가 될 것이다"라는 중국의 미래에 대한 다소 과장된 예언의 형태로 바뀌고 있다. 이 과장된 예언이 중국에 대한 긍정을 바탕으로 한 것이든, 공포와 우려에서 기원한 것이든 상관없이, 이 역시 테크노 오리엔탈리즘의 변형이라는 것은 자명하다. 그런데 이와 관련하여 살펴볼 수 있는 또 다른 개념이 바로 '중화미래주의'이다.

중화미래주의에 대해 미즈시마 카즈노리水嶋一憲는 다음과 같이 설명하고 있다.

서양 사회가 여태껏 내세운 인권 등의 민주주의적 원칙은 경제 경쟁이 전 지구적으로 격화하는 현대에서 기술혁신과 생산성 향상을 가로막는 '방해자'가 되어 버렸다. 오히려, 사람들의 권리를 제한한 권위주의적 자본주의를 통해서 두드러지게 발전한 중국과 싱가포르(≒중화)에 '미래'가 있지 않을까?

이것은, AI(인공지능)를 비롯한 디지털 기술의 발달과 더불어 아메리카와 EU의 지위 하락과 중국의 '일대일로' 구상 및 러시아의 '신新유라시아주의'가 대두함에 따른 지정학적 의식의 전환과 함께 떠오른 사상이다. 뒤에 서술하는 대로, 어떤 의미에서, 서양 사회의 불안과 선망이 '중화'에 투영된 발상이라고도 말할 수 있다.

이런 정치 체제와 경제 시스템의 '중국지향'은 문화적 및 예술적 표현에도 파고든다. 말하자면, 미래를 '중국' 속에서 발견한다는 표현이 여기저기서 나타난다.

중화미래주의라는 단어를 처음 문제시한 것은 홍콩 출신의 철학자 육휘Yuk Hui, 許旭인데, 그는 닉 랜드Nick Land 및 그가 창시한 〈사이버네틱스 문화연구 유닛〉Cybernetics Cultural Research Unit(약칭 CCRU)에 의해 제기된 '가속주의'accelerationism 개념을 비판하기 위해 이 단어를 사용하였다. 랜드의 가속주의는 자본주의를 무한히 확대하는 방향으로 가속함으로써 그것을 피폐하고 만들고 소진하여, 끝내는 자본주의를 초월하는 무언가에 접근하게 될 것이라는 신념인데, 그 과정에서는 인권을 비롯한 민주주의적 가치도 희생시킬 수 있다는 주장이다.[5] 따라서 랜드는 서구

5. 로빈 맥케이·아르멘 아바네시안이 엮은 『#가속하라 : 가속주의자 독본』(갈무리, 2023)에 따르면 닉 랜드의 판본 이외에도 "천 개의 가속주의가 개화했다"(8쪽). 『#가속하라』의 엮은이들은 수많은 가속주의의 미시 브랜드가

민주주의의 가치와 무관하게 자신들의 방식으로 급속 성장을 이룬 중국에 큰 관심을 가질 수밖에 없고, 끝내 중국은 이미 가속주의 사회로 돌입하고 있기 때문에 미래와 맞붙게 되면서 빠른 속도로 변화하고 있다는 주장을 펼치게 된다. 그는 오늘날 서구사회가 과도한 PC에 사로잡혀 자본주의의 발전을 저해하고 있다고 진단하면서, 서양을 현재의 곤경에서 구출하려면 기술과 상업의 '탈정치화'(요컨대, 경제와 기술에 대한 정치적 제약을 해제하는 것)가 반드시 필요하며, 이를 통해 기술혁신과 생산성 향상을 이루어야 한다고 주장하였다. 이러한 랜드의 입장에서 중국은 자본주의 생산성이 가장 잘 향상될 수 있는 토양인 것이다 (水嶋一憲 2019).

닉 랜드의 구상 속에서 중국이 가지는 위상은 CCRU의 선언문과도 같은 「멜트다운」 Meltdown에서 선명히 드러나는데, 닉 랜드는 선언하듯이 "새로운 중국은 미래로부터 도래한다"Neo-China arrives from the future (Land 1995)라고 언명하였다.

육휘는 이러한 사상을 '중화미래주의'라고 지칭하면서

___

있고 그중 랜드의 가속주의는 "우파 가속주의"라고 말한다(48, 58쪽).

이것은 기본적으로 르상티망으로 가득 찬 환상에 지나지 않는다며 비판을 가한다. 육휘는 "중화미래주의…와 같은 미래주의는 도덕적인 코스모테크닉스적 사유와는 정반대 방향으로 달려가고 있다. 궁극적으로 그것은 유럽의 근대 기획의 가속화일 뿐이다"(허욱 2019, 376)고 주장한다.

여기에서 '코스모테크닉스'는 육휘가 제안한 개념으로, 오늘날 기술의 발전이 글로벌 경제의 차원에서 서구중심주의적 동일성을 기반으로 폭주하고 있는 상황에서 "상이한 시기에 상이한 문화 사이에서 개별적인 기술적 대상이나 기술 체계의 진보를 비교하는 것에 기반"하여 '기술'에 대한 사유가 다양하고 역동적으로 이루어져야 함을 강조하는 것이다. 육휘의 주장에 의하면, "기술은 인류학적으로 보편적인 것이 아닌데, 단순한 기능성이나 효용을 넘어서는 특수한 우주론들 덕분에 가능해지고 그것들의 제약을 받는다. 그러므로 단일한 기술이 존재하는 것이 아니라 오히려 다수의 코스모테크닉스가 존재한다"(같은 책). 육휘에게 코스모테크닉스는 "기술적 활동을 통한 코스모스와 도덕의 통일"이다. 단일한 서구적 근대 개념에 기반한 기술적 미래에 천착하는 것은 궁극적으로 다양한 위기의 징후와 맞닥뜨릴 수밖에 없는데, 이때 기술중심주의에 다원주의적 사고를 도입함으로써 우리는 새로운 가능성을 열 수 있기 때문이다. 하지만 육휘가 보기에 '중화미래주의' 담론은 코스모테크닉스에서 말하는 다원주의적 사고를 담고 있다고 볼 수 없다. 이는 단지, 기존의 서구중심주의적 기술 발전주의 담론에서 '서구 중심'을 '중국 중심'으로 치환한 것에 지나지 않는데, 이때 '중국'이란 새로운 가능성을 여는 다원성의 차원에서 등장하는 것이 아니고, 다만 똑같은 목표지점을 향해 트랙을 달려가는 선수들 사이에서 선두 주자가 '중국'으로 자리바꿈해야 한다는 주장에 지나지 않기 때문이다.

중화미래주의는 futurism(미래주의)이라는 단어로 인해 아프로퓨처리즘 Afrofuturism 과 같은 맥락에서 언급되기도 한다. 아프로퓨처리즘이란 1990년대부터 대중문화계를 중심으로 나타나기 시작한 개념인데, 주로 아프리카인과 아프리카 디아스포라, 그리고 그들의 문화가 중심이 되는 세계관을 상상하는 사회, 정치, 예술운동을 의미한다. 옥타비아 버틀러 Octavia Butler 의 SF 문학, 자넬 모네 Janelle Monae 의 음악, 장-미셸 바스키아 Jean-Michel Basquiat 의 미술 작품 등이 그 대표로, 그간 억압되어 있던 흑인의 존재와 정체성을 SF적 상상, 기술, 미래주의 등과 결합하여 새롭게 해석하고 해방적 담론을 모색하는 것을 특징으로 한다(한창희 2023). 하지만 엄밀히 얘기했을 때 중화미래주의는 억압의 역사로부터 벗어나고자 하는 욕망을 투영한 아프로퓨처리즘과는 또 다른 맥락이다. 랜드의 가속주의 및 그에서 파생된 각종 중화미래주의적 담론은 빠르게 발전하는 중국 기술문명의 전망과 미래에 대한 기대와 더불어 디스토피아적 전망을 동시에 담고 있다.

그리고 또 유의해야 할 것은 중화미래주의 담론이 내포하고 있는 시간적 제약성이다. 중화미래주의 담론 속에서 중국은 일단 현재에 공존하는 것이 아니고, '미래'라는 아직 도래하지 않은 시간성 속에 위치하게 된다. 이는 '현재'의 중국을 직면하지 않고, 아직 존재하지 않는 미래의 중국을 '미리 상상'하는 방식이다. 과거의 오리엔탈리즘 담론이 중국을 '과거'에 가두어 두는 전략이었다면, 중화미래주의는 중국을 '미래'에 가둠으로써 영원히 현재로부터 분리시킨다.

4. 디지털 유토피아와 테크노 오리엔탈리즘 사이에서

육휘가 제기한 '중화미래주의' 개념은 그의 저서 『중국에서의 기술에 관한 물음 ─ 알고리즘 시대 인문학의 새로

운 시작 : 코스모테크닉스 시론』에서 간략하게 소개되고 비판되는데, 이를 더욱 풍부한 맥락 속에서 확장하여 논의를 전개한 텍스트로 로렌스 렉의 미디어 아트 작품 〈중화미래주의 (1839~2046 AD)〉를 주목할 필요가 있다.

로렌스 렉은 런던에서 활동하는 말레이시아 화교계 멀티미디어 아티스트로서, 주로 가상 현실VR과 시뮬레이션 분야에서 영상과 음악 작업을 위주로 한 작품을 창작하고 있다. 특히 실제 물질과 가상 현실 속의 요소 간의 상호 작용을 중시하는, 게임과 같은 인터랙티브 기법을 적극 활용하여 소위 '다차원적 콜라주'multi-dimensional collage를 통해 현실−비현실 간을 소통하는 세계의 이미지를 구축하는 작품들을 창작함으로써 본인의 독특한 예술세계를 형성해 왔다. 〈중화미래주의 (1839~2046 AD)〉는 그가 2016년에 발표한 '비디오 에세이'video essay 작품에 해당한다. '비디오 에세이'란 말 그대로 텍스트가 아니라 영상으로 구성된 비평 방식을 지칭한다. 로렌스 렉은 〈중화미래주의 (1839~2046 AD)〉에서 다양한 이미지와 영상물을 배치하고 작가가 직접 쓴 스크립트의 내레이션을 덧입히는 방식으로 '중화미래주의' 개념에 대한 작가 본인의 해석과 주장을 미디어아트의 형식을 통해 전달하고 있다. 이러한 방식으로 만들어진 작품에서 그는 중국에서 기술의 발전이라는 것이 과연 어떤 의미를 가지는 것인지, 기술 패권을 장악한 미래의 중국이라는 유토피아적 환상이 실제 중국인들의 정신과 사유에 어떤 방식으로 연결되며 또 한편으로 모순과 역설을 발생시키는지 등을 탐구함으로써 중화미래주의라는 일종의 미래 담론에 도전하는 메시지를 던진다.

〈중화미래주의 (1839~2046 AD)〉에서 로렌스 렉의 주장은 다음과 같이 압축적으로 선언된다.

중화미래주의는 사실 AI의 한 형태이다. 광범위하게 분포되어 있는 신경망, 창의성보다는 복제에 집중함, 철학적 비판이나 도덕보다는 거대한 분량의 원시 데이터 습득에 중독됨, 포스트휴먼한 업무능력, 전례 없는 집단적 권력의지의 감각.(Lek 2016)

이 주장을 구체화하기 위해 로렌스 렉은 작품 속에서 중국의 기술 발전을 AI에 대한 묘사와 비교하는데, 이를 위해 중국 사회에 대한 7가지 대표적인 선입견을 7개의 챕터로 나누어 그려낸다. 그 7가지는 곧, 계산computing, 복제copy, 게임game, 학습study, 중독addiction, 노동labor, 도박gambling이다. 각 챕터별로 내용을 간단히 설명하면 다음과 같다.

첫 번째 챕터인 '계산'에서 로렌스 렉은 AI 산업의 발전을 묘사하는 것과 더불어, 컴퓨터가 지능을 가졌다고 볼 수 없음을 주장하기 위해 설Searle이 제기한 '중국어의 방' 비유를 병치시킨다. 설의 '중국어의 방'은 앨런 튜링이 고안한 '튜링 테스트'의 논리적 오점을 반박하기 위해 제기된 개념이다. 앨런 튜링은 "기계가 생각할 수 있는가?"라는 질문에 대답하기 위해 "컴퓨터로부터의 반응을 인간과 구별할 수 없다면 컴퓨터는 생각할 수 있는 것"이라는 가설을 세운 뒤 이를 증명하고자 1950년에 튜링 테스트를 고안해 내었다. 즉, 인간과 컴퓨터를 각각 다른 방에 따로 배치한 뒤, 또 다른 제3의 방에 판정자가 들어가 상대가 보이지 않는 상태에서 각각 다른 방에 있는 인간과 컴퓨터와 개별적으로 대화를 나눈다. 약 5분간 대화를 나눈 뒤, 판정자가 어느 쪽이 컴퓨터이고 어느 쪽이 인간인지 판별하는 데 실패한다면 컴퓨터가 지능을 가진 것으로 간주할 수 있다는 것이 튜링 테스트의 기본적인 설계이다. 하지만 설은 이러한 튜링 테스트의 논리에 반박하면서 1980년에 '중국어의 방'이라는 비유를 제기한다. 먼저 중국어를 전혀 모르는 사람이 방 안에 들어간 뒤, 방 밖에서 전달되는 중국어 질문지를 받는다. 그는 미리 정해진 규칙에 따라 질문에 적용하여 답을 찾아가게 될 것이고, 결국에는 적당한 답을 찾아 제출하게 될 것이다. 이때 이 사람은 중국어의 '의미'는 전혀 모르지만, 답을 찾는 '형식'적인 과정에 있어서는 성공한 셈이다. 하지만 그렇다고 이 사람이 중국어에 대한 지능을 가졌다고 볼 수는 없을 것이고, 컴퓨터의 지능에 관한 논의도 마찬가지라는 것이 설의 주장이다(Searle 1980). '계산' 능력은 서구인들에 비해 중국인들이 탁월하다는 일종의 선입견이 있지만, 로렌스 렉은 그 계산 능력이 새로운 기술을 창조해 내는 능력으로 이어질 수 있는 동력과는 무관한 것임을 상기하며, 중국인에 대한 첫 번째 클리셰를 타파한다.

그리고 이는 두 번째 챕터인 '복제'로 이어진다. '복제'에서 화면 위로 재생되는 영상은 영국 BBC 방송국의 인기 자동차 리뷰 프로그램인 〈탑기어〉 Top Gear이다. 중국 자동차 회사들이 외국 유명 자동차들의 디자인과 명칭을 마구잡이로 베껴 만들어 낸 짝퉁 자동차들을 열거하며 진행자들이 폭소하는 장면이다. 또한 중국에서 저작권 관리가 부실한 것에 대해 서구 기업과 정부 측에서 문제를 제기하고, 그에 따라 대대적인 불법 복제물 단속이 이루어졌다는 내용의 서구 TV 뉴스 보도 영상이 교차편집 및 오버랩을 통

그림 2. 〈중화미래주의, 1839~2046 AD〉에서 중국의 프로게이머들이 경기를 하고 있는 게임 화면(상)과 인터넷 게임 중독 치료 캠프에 수용된 청년의 인터뷰 내용이 담긴 화면(하)이 함께 배치된 화면.

해 함께 보인다. 즉 중국에서 기술이라는 것이 여전히 서구 기술에 대한 베끼기에 머물러 있고, 이 점이 서구에서 조롱의 대상이 되고 있음을 적나라하게 고발하면서, 중국에서 기술이란 기계와 같은 '복제' 단계에 다름 아님을 주장하고 있다.

세 번째 챕터인 '게임'에서는 중국의 인터넷 게임 중독 치료 캠프에 수용된 젊은이들을 다룬 다큐멘터리 화면을 통해 미래 첨단산업의 핵심 분야인 게임이 중국에서 '질병'으로 다루어지는 아이러니를 조명하고 있다. 특히 로렌스 렉의 작품 세계에서 게임은 방법론적이나 의미론적인 층위에서 매우 중요한 축을 차지하고 있는데, 로렌스 렉과 같은 미디어 아티스트들에게 자신의 예술작품을 완성하는 데 가장 중요한 미디어적 요소가 곧 '상호작용성'이고, 이 상호 작용성은 미디어아트와 게임이 상통하는 핵심이기도 하다. 이뿐만 아니라 더 나아가, 오늘날 디지털 기술로 매개된 우리의 모든 행위 자체가 이 기계와 인간 간의 상호작용성에 기반하고 있다고 보아도 무방하기에, 게임이란 이러한 상호 작용성에 기초한 새로운 표현 방식이자, 디지털 시대의 신흥 예술 장르인 동시에 첨단산업이기도 하다. 하지만 이 챕터에서 전시되는 다큐멘터리 속에서 게임에 중독된 청소년들은 완전히 군대식으로 운영되는 캠프에 수용되어 가혹한 훈련과 고통 속에서 '질병'을 극복하기 위한 집중 치료를 받고 있다. 그리고 로렌스 렉은 이 중독 캠프 영상 위에 에드워드 사이드Edward Said의 오리엔탈리즘을 주제로 한 내레이션을 추가한다. 내레이션에서 로렌스 렉은 이제 오리엔탈리즘은 과거의 것이며, 오늘날 중국은 세계적인 초강대국으로서 서구의 관심을 받고 있음을 상기한다. 그러면서 동시에 다음과 같이 주장한다.

미래는 항상 변화한다. 공산주의 중국에서는 미래주의, 유토피아, SF 등이 필요하지 않았다. 소비에트 러시아와 달리 중국에는 우주 계획이 없었기 때문이다. 그렇기 때문에 더 나은 미래에 대해 국가 지원을 받은 영화가 필요하지 않았다. 그러나 이러한 환상의 세계 속에서는 운명과 숙명에 대한 철학적 성찰이 기본이다.

즉, 작가는 일견 쓸모없어 보이는, 막연해 보이는 미래 지향적 비전과 상상이 중국에서 늘 결여되어 왔음을 지적하며, 외부에서 중국의 미래 역량이 막강해질 것이라고 예견하는 일종의 중화미래주의적 시각이 사실은 근거가 없는 것임을 강조한다. 이처럼 작가는 중국에서 기술의 발전과 미래의 패권을 논하기에는 중국에서의 학습과 창의력의 개념이 여전히 과거에 머물러 있고, 기계적이고 맹목적인 상태임을 지적하는데, 그는 네 번째 챕터인 '학습'에서 중국에서 '학습'이란 무엇인가의 문제를 집중적으로 논의한다. 내레이션은 중국에서 학습의 의미를 풍자적으로 꼬집으며, "기계가 되시오. 더 많이 배우고 지식을 습득하기를 열망하시오. 정보 자체를 판단하지 마시오. 모든 것은 훈련 매뉴얼이며, 과부하 걸린 정보는 의식으로 이어질 것"이라고 말한다. 그러면서 화면은 난징에 있는 과거시험 박물관 科擧博物館에 옛날 과거 응시생들의 모습을 인형으로 재현해

놓은 전시실을 반복적으로 보여준다. 오늘날에도 여전히 중국에서 학습의 의미는 과거시험으로 상징되는 암기와 시험 패턴의, 전통의 범주 내에 머물러 있음을 상기하고 있는 것이다.

다섯 번째 챕터인 '중독'에서는 아편전쟁 이후 중국 근대화 과정의 문제와 오리엔탈리즘의 문제를 역설하며, 여섯 번째 챕터인 '노동'에서는 "노동은 언제든지 유효하다. 그 속성이 농업, 공업, 기술 등으로 변하고 있지만, 그 원칙은 변하지 않는다"라는 내레이션과 더불어 영상에서는 오늘날 세계시장에서 기계로 인식되는 중국의 노동자들을 집중적으로 보여준다. 노동의 가치와 의미가 변화하는 국면 속에서 중국 노동자들의 미래는 어떻게 될 것인가. 이 작품은 이러한 질문을 던지는데, 의미심장하게도 세계 경제 속의 '거대한 기계'인 중국 공장 속의 노동자들을 '인간'으로 조명하는 다큐멘터리 화면을 끼워 넣음으로써 기계가 아닌, 인간으로서의 중국 노동자에 대한 재조명을 시도하고 있다.

마지막 챕터인 '도박'에서 로렌스 렉은 중화미래주의는 결국 지정학적 전략 게임 속의 도박임을 암시하며, 다음과 같은 내레이션을 펼친다.

중화미래주의가 도박과 교차하는 지점은 미래에 대한 강렬한 믿음이다. 이 미래는 들판과 공장에 기반한 사회의 각인이고, 번영의 꿈과 노동의 초월에 의해 추진되는 것이다. 중화미래주의는 감동적으로 아름다운 미래에는 관심이 없다. 단지 생존만 할 수 있으면 된다. 그것은 스스로를 복제해야만 한다. 스스로가 미래에 가장 좋은 제품을 만들어 낼 수 있을지는 관심이 없다. 단지 작동을 유지할 수만 있다면 되는 것이다.

사실 중화미래주의는 모종의 특이점의 초기형식이며, 일종의 인공지능이다. 그것의 기원이나 행동은 확인할 수 없다. 그것은 광범위하게 분포된 네트워크로서, 있는 힘을 다해 복제할 뿐, 독창성은 없다. 기계학습에 연연할 뿐, 윤리나 도덕은 없다. 특출한 작업 능력 및 유례없는 생존 본능을 갖고 있을 뿐이다.

그것은 타자the Other가 아니다. 오리엔탈리즘은 옥시덴탈리즘의 그림자이다. 서구에서는 동양이 타자이고, 동양에서는 서구가 타자이다. 중화미래주의는 이러한 경계를 초월한다.

비디오 에세이 〈중화미래주의 (1839~2046 AD)〉는 수

많은 영상 자료를 2~3개의 레이어로 겹쳐 편집하면서 동시에 2~3개의 영상이 상징·주장하는 담론이 경합하도록 하는 방식을 취하면서, 그 위에 기계음으로 녹음된 내레이션이 작가의 의견을 서술하는 형식으로 이루어져 있다. 다양한 출처에서 촬영되고 편집된 영상들의 콜라주 위에 작가의 주장은 건조하게 기계음을 통해 전달됨으로써 작가의 존재는 최대한 억제된 형태로 작품을 이끌어간다.

무엇보다 이 작품에서 눈에 띄는 기법은 작가가 비디오들을 배열하는 방식인데, 기본적으로 2~3개의 비디오가 레이어를 이루어 겹쳐 있는 형식 속에서 가장 바탕에 주로 사용되는 비디오 화면은 줄곧 중국 농촌에 설치된 비트코인 채굴공장의 모습을 반복적으로 재생하고 있으며, 또 하나는 중국의 부동산 개발회사 홍보를 위해 컴퓨터그래픽을 이용해 생성해 낸 부동산 개발 PR 비디오 화면이다. 아주 열악하고 허름한 건물 안에 철제 거치대가 촘촘히 들어서 있는데, 그 위로 빼곡히 모니터가 배열된 모습을 하고 있는 비트코인 채굴공장의 화면은 오늘날 사이버 스페이스에서 중국의 민낯을 보여주는 또 다른 공간으로 해석 가능하다. 또한 부동산 개발 PR 화면은 현대 중국인 모두가 가지고 있는 '더 아름답고 풍족하고 세련된 삶'에 대한 욕

그림 3. 〈중화미래주의, 1839~2046 AD〉에서 중국의 비트코인 채굴공장을 보여주는 화면(왼쪽)과 존 설의 "중국어의 방" 비유를 설명하는 화면(오른쪽 중간 부분), 그리고 부동산 PR 화면(오른쪽의 상단과 하단)이 3중의 레이어를 이루고 있다.

망을 투명하게 드러나는 이미지들로, 끊임없이 유토피아적 욕망을 투사한다.

로렌스 렉은 중국인들의 꿈과 욕망을 대변하는 유토피아적 비전을 담은 부동산 PR 화면을 바탕에 깔고 그 위에 중국의 기술과 관련한 각종 선입견과 이슈들을 폭로하는 화면들을 바꾸어 가며 병치시키는 영상 배치를 사용하고 있다. 이러한 방식으로 한 화면 위에서 중국의 미래와 현실, 과거, 그리고 중국인들의 유토피아적 상상과 테크노 오리엔탈리즘의 냉소가 조우하고 있는 것이다.

5. 결론

본고는 기술의 발전을 기반으로 한 중국의 미래 담론과 관련하여 테크노 오리엔탈리즘과 중화미래주의 개념을 고찰하고자 하였다. 이 개념들의 유래와 의미, 적용 양상을 살펴보고, 또 이를 비판적으로 검토해 보고자 하였다. 그리고 특히 중화미래주의 개념을 더욱 확장하여 살펴보기 위해 독일 기반으로 활동하는 미디어 아티스트 로렌스 렉의 미디어 아트 작품인 〈중화미래주의 (1839~2046 AD)〉를 함께 고찰해 보았다. 작품은 오늘날 중국이 기술적으로 발전하여 미래를 정복하게 될 것이라는 중화미래주의 상상에 대해 중국인들의 사유와 행동 방식은 AI의 학습 과정에 유비될 수 있다고 주장하며, 실제 7가지 중국에 대한 선입견을 예로 들어 중국식 기술과 학습, 창의력이 어떠한 문제점을 내포하고 있는지 드러내 보이고자 하였다.

디지털 시대의 도래는 여러 가지 면에서 새로운 사유와 시각을 요구한다. 중국 연구에 있어서도 마찬가지이다. 중국이 내세우고 있는 디지털 차이나 구상은 오늘날 중국의 정치, 경제, 사회, 문화의 모든 영역에서 다각적으로 작동하고 있지만, 우리는 아직 디지털 시대의 논리에 맞추어 중국을 호명할 수 있는 시각과 담론이 부족하다. 이 글에서 언급한 테크노 오리엔탈리즘과 중화미래주의 개념은 아직 모호하기도 하고, 다소 광범위하면서 사변적인 개념이기도 하다. 하지만 이는 우리의 사유를 확장해나갈 수 있는 가능성과 용어를 제공하고 있기에 의의가 있다고 보여진다.

:: 참고문헌

노대원. 2023. 「미래를 다시 꿈꾸기 : 한국과 글로벌 SF의 대안적 미래주의들」. 『탈경계
인문학Trans-Humanities』 16(1) : 31~57.

박진아. 「중화미래주의 아니면 테크노-오리엔탈리즘」. 『월간미술』. 2019.11.

이재은. 2020. 「포스트휴먼시대 테크노오리엔탈리즘과 동시대 미술 : 피에르 위그
의 〈무제, 인간 가면〉(2014)을 중심으로」. 『현대미술사연구』 48 : 243~271.

한창희. 2023. 「아프로퓨처리즘 : 문화, 기술 그리고 연대의 상상력」. 『문화기술의 융합』
9(5) : 99~104.

허욱. 2019. 『중국에서의 기술에 관한 물음 ─ 알고리즘 시대 인문학의 새로운 시작 : 코
스모테크닉스 시론』. 이철규・조형준 역. 새물결.

水嶋一憲. 2019. 「中国の「爆速成長」に憧れる〈中華未来主義〉という奇怪な思想」.
『現代ビジネス』. 2019.3.

de Seta, Gabriele . 2020. "Sinofuturism as inverse orientalism : China's future and the
denial of coevalness." *SFRA Review* 50(2~3) : 86~94.

Gibson, W. 2001. "My Own Private Tokyo." *WIRED*. 2001.09.01.

Land, N. 1995. "Meltdown." *Abstract Culture*.

Lek, L. 2016. "Sinofuturism (1839-2046 AD)." Initially broadcast as part of Ra-
dio Study Day at Wysing Arts Centre. 21 August 2016." video. https://vimeo.
com/179509486

Liu, E. 2012. "Viewpoint : Bashing China is the Politics of the Weak." *TIME*. Oct. 29,
2012. https://ideas.time.com/2012/10/29/viewpoint-bashing-china-is-the-politics-
of-the-weak/

Morley, D. and K. Robins. 1995. *Spaces of Identity : Global Media, Electronic Land-
scapes and Cultural Boundaries*. London & NY : Routledge.

Roh, D., B. Huang, and G Niu. 2015. *Techno-Orientalism : Imagining Asia in Specula-
tive Fiction, History, and Media*. New Brunswick, New Jersey : Rutgers University
Press.

Searle, John. R. 1980. "Minds, Brains, and Programs." *Behavioral and Brain Sciences*
3(3) : 417~457.

Siegel, L. 2012. "Rise of the Tiger Nation." *The Wall Street Journal*. 2012.10.27.

Spencer, K. 2012. "For Asians, School Tests Are Vital Steppingstones." *The New York Times*. 2012.10.26.

Ueno, Toshiya. 2001. "Japanimation and Techno-Orientalism." The Uncanny Experiments in Cyborg Culture. Ed. Grenville, Bruce. Vancouver, B.C. : Vancouver Art Gallery.

Virginia, L. Conn. 2020. "Sinofuturism and Chinese Science Fiction : An Introduction to the Alternative Sinofuturisms." *SFRA Review* 50(2) : 66~70.

디지털 시대의 혐오:
자아상실의 공포와 상상계적 봉합

이현재

1. 디지털 시대와 혐오의 일상화

디지털 시대, 우리는 혐오를 일상에서 경험하고 있다. 2010년 스마트폰이 본격적으로 도입되면서 사람들은 온라인에서 더 많은 시간을 보내고 있으며, 이와 더불어 노인혐오, 여성혐오, 제노포비아, 장애인 혐오와 관련된 콘텐츠를 일상적으로 만나고 있다. 코로나 이후 증오범죄가 늘어났다는 기사 역시 자주 접할 수 있다. 미연방 수사국 FBI 통계에 따르면 2020년 미국의 증오범죄는 8,263건으로 12년 만에 최고를 기록했다(김예슬 2022). 이 중 인종 관련 범죄가 62%라고 한다. 코로나 발생 이후 우리 사회에서도 혐오범죄는 급증하고 있다고 한다. 한국공안행정학회의 김다은 교수가 발표한 논문에 따르면 코로나19 발생 연도인 2020년 혐오범죄는 급증했는데 이 중 외국인 대상 범죄는 42.4%를 차지한다고 한다(채민석 2022). 2016년 강남역 살인사건 이후 국가는 여성혐오 범죄를 근절하겠다고 공언했지만, 여성혐오 범죄의 발생빈도, 피해자 규모 등 기본적인 현황을 파악할 통계조차 마련되지 못하고 있다(나광현 2022). 그렇다면 왜 혐오는 디지털 시대에 다시금 전면화되고 있는가? 왜 혐오는 수많은 이론화의 시도에도 불구하고 합리적이고 도덕적인 이유를 밝혀내지 못하고 있는 것일까?

일반적으로 혐오는 혐오표현hate speech으로 이해되며, 이 때 혐오 표현은 소수자 개인이나 집단을 상대로 성, 인종, 피부색, 장애, 성적 지향 등을 부정적으로 전형화시키거나 멸시, 모욕, 차별, 폭력을 행하는 것으로 정의된다. 그러나 이러한 정의는 혐오의 내면적 상태가 어떤 것이며, 왜, 무엇을 향해 나타나는지를 해명하기에는 부족하다. 왜 혐오는 단순히 싫어함을 넘어 역겨움 및 공포와 관련되는가? 왜 혐오는 이성적인 원인을 통해 설명되기 힘든 것인가? 영어로 혐오는 hatred, disgust 등으로 표현된다. 독일어로 여성 혐오Gynaekophobia는 공포와 관련되어 있다. 그렇다면 어떻게 혐오는 싫어하는 감정hatred, 역겨움의 상태disgust, 공포phobia 등의 다양한 상태와 연관되는가?

이에 이 글에서는 지그문트 프로이트Sigmund Freud의 "두려운 낯섦"das Unheimliche 그리고 줄리아 크리스테바Julia Kristeva의 "비체"abject 그리고 자끄 라캉Jaques Lacan의 "거울 단계"the mirror stage를 분석하는 가운데, 비체를 마주했을 때 느끼는 기괴한 공포 또는 두려운 낯섦을 상상계적 동일성으로 봉합하는 과정에서 혐오가 실행되는 것임을 보여주고자 한다. 그 과정에서 이 글은 혐오의 감정이 신체적 자아상실의 공포와 밀접하게 연결되어 있음을 분명히 하고자 하며, 탈영역화와 혼종화가 본격화되는 디지털 시대의 조건이 이 공포를 부추기는 경향이 있음을 보여주고자 한다. 마지막으로 이 글은 결국 자아상실의 공포를 대면한 자는 자신의 에고를 디지털 거울을 통해 상상계적으로 봉합함으로써 이 공포에 대응하고자 하며, 이러한 상상계적 봉합의 실천이 바로 혐오표현임을 주장하고자 한다.

2. 혐오는 우리의 유한성을 상기시키는 오염물에 대한 반응이다.

먼저 혐오가 여타의 다른 감정과 어떻게 다른가를 살펴보기 위해 마사 누스바움Martha Nussbaum의 설명에서 시작해 보자. 누스바움은 혐오가 단순히 어떤 것을 싫어한다는 감정을 넘어, 역겨움을 동반하기도 하며, 나아가 그것을 제거하고 싶을 만큼 공포스럽게 느끼는 것과 연관되어 있음에 주목한다. 그리고 혐오 감정이 위험에 대한 두려움이나 분노와 다르다는 것을 분명히 한다. 다음의 인용문을 살펴보자.

혐오는 위험에 대한 두려움과 구분되며, 분노나 분개와도 다르다. 혐오에 담긴 핵심적인 사고는 자신이 오염될 것이라는 생각이며, 혐오의 감정은 자신을 오염시킬 수 있는 것에 대한 거부를 표현한다. 혐오의 중심적 대상은 인간에게 오염 물질로 여겨지는 것으로 이는 인간에게 자신의 동물성과 유한성을 상기시킨다. 이와 달리 분개는 부당함 또는 위해에 대한 사고가 중심을 이룬다. (누스바움 2015, 85~86)

여기서 누스바움은 우선 혐오를 위험에 대한 두려움과 구분한다. 호랑이에 대한 두려움은, 혐오스러운 것을 볼 때의 공포와는 다르다는 것이다. 전자는 구체적 '대상'과 관련된 것이기에 어느 정도의 이성적 규정과 예측 그리고 때로는 안전조치가 가능할 수 있다. 반면 혐오는 설명이 되지 않는 경우가 많다.

나아가 누스바움은 혐오를 분노나 분개와 다른 것으로 본다. 그에 따르면 분노는 도덕적으로 정당화가 가능한 감정이다. 부당함이나 불평등에 대해서는 분노할 수 있으며, 이 분노의 이유는 사회적 규범을 통해 설명될 수 있다. 분노는 사회적 규범과 관련되어 있기에 도덕적으로 정당화된 언어를 통해 표출하는 것이 가능하다. "분노는 세상 속에서 가질 수 있는 타당한 '유형'의 감정이다"(누스바움 2015, 350). 그러나 혐오는 사회적 규범을 통해 도덕적으로 정당화가 가능한 감정이 아니다. 혐오하는 자는 혐오 대상에 대해 왜 그것이 도덕적으로 나쁜가를 말할 수 없다. 이로부터 우리는 혐오가 이 세계의 규범적 언어, 상징계의 언어로 뚜렷하게 표현되거나 정당화될 수 없는 것을 마주했을 때의 감정과 연관되어 있음을 알 수 있다.

혐오가 이성적으로 규정될 수 있는 위험한 것이나 도덕적으로 부당한 것을 마주했을 때 나타나는 감정이 아니라면, 혐오는 무엇을 향하는가? 이에 누스바움은 오염물을 마주했을 때 혐오감을 느낀다고 설명한다. 오염 물질이 동물성과 유한성을 상기시키기 때문에 혐오감을 느끼게 된다는 것이다. 이 설명에 따르면 오줌이나 똥과 같은 오염물은 인간이 말끔하게 꿰매어진 정신적 통일체가 아니라 다른 동물과 마찬가지로 유한성을 갖는 몸임을 상기시킨다. 오염물은 또한 나의 몸에 구멍이 있음을 상기시킨다. 이 구멍으로 잘못된 것이 들어가면 죽을 수도 있다는 느낌이 함께 작동하게 되면 우리는 안과 밖의 구분을 허무는 것을 볼 때 두려움을 갖게 된다. 그러나 오염물에 대한 혐오는 뚜렷하게 인지할 수 있는 위험이나 완벽하게 의식화될 수 있는 죽음에 대한 두려움이 아니다.

지금까지의 논의를 정리하자면 혐오는 이성적으로 규정할 수 없는, 도덕적으로 정당화되기 힘든, 우리의 동물성과 유한성 즉 우리 몸의 구멍과 죽음을 상기시키는 오염물을 실제로 혹은 상상적으로 마주할 때 느끼는 감정 상태라고 할 수 있다. 이는 단순한 싫음이나 위험에 대한 두려움또는 도덕적 분노와도 다르다. 그렇다면 여기서 오염물은위험의 대상이나 분노의 대상과 어떻게 다른 것인가? 혐오감정에서 나타나는 죽음에 대한 두려움은 왜 완전하게 의식화될 수 있는 위험에 대한 두려움과 다른 것인가?

3. 두려운 낯섦 또는 기이^{旣異}함[1]은 죽음의 공포와 관련된 비체를 향한다.

---

1. 독일어 das Unheimlich는 영어로 uncanny로 번역된다. 프로이트를 번역한정장진은 독일어 das Unheimliche를 '두려운 낯섦'으로 번역한 반면, 강우성은 영어 uncanny의 한국어 뜻에 가까운 '기이함'으로 옮기면서 그 한자어를 달리한다. 강우성은 그 이유를 "기이(奇異) 내지는 기이(旣已)라는 단어를 이미 우리말에서 흔히 쓴다는 점에 착안해서 이 말과 동일한 발음을유지하되, 낯익음을 뜻하는 旣와 낯섦을 가리키는 異를 합쳐서 새로 한자의 의미만 바꾼 旣異로 써보려 하기 때문"이라고 의도를 밝히고 있다. 이에이 논문에서 필자는 두려운 낯섦과 기이함(旣異)을 병행해서 사용하고자한다(프로이트 2017, 444; Freud 1947, S.229; 강우성 2019, 383).

단순한 싫음, 위험에 대한 두려움 그리고 분노와 다른 이 혐오의 감정을 어떻게 다른 언어로 표현할 수 있을까? 우리는 왜 오염물을 마주하면서 뚜렷하게 규정될 수 없는 기괴함을 느끼는 것일까? 이와 관련하여 필자는 프로이트가 언급했던 "두려운 낯섦"이라는 용어를 분석하면서 이 물음들에 답해 보고자 한다. 즉 필자는 이 장에서 혐오가 프로이트가 말한 "두려운 낯섦"과 같은 공포의 상태와 연관되어 있으며, 유한성과 동물성을 상기시키는 오염물이 비체와 연관되어 있음을 보여주고자 한다. 여기서 흥미로운 것은 우리가 두려워하는 것은 바로 한때 우리 안에 존재했던 것 그러나 주체의 죽음에 대한 공포로 인해 억압해야 했던 것, 이제는 낯설게 되어버린 것 즉 비체와 연관된다는 점이다. 그러기에 주체를 욕망하는 상태에서 억압했던 비체를 상기할 때 마주하게 되는 우리의 두려운 낯섦 또는 기이함은 이성적으로 규정될 수도, 도덕적으로 정당화되기도 힘들다.

프로이트에 따르면 독일어에서 낯선 것에 대한 두려움을 표현할 때 사용하는 "두려운 낯섦"이라는 말은 어원학적으로 "친숙한"heimlich에서 기원한다. 프로이트에 따르면 친숙한 것은 '가정에 속해 있는'zum Haus gehörig, '믿을 만한'vertraut이라는 의미를 갖기도 한다(Freud 1947, S.232 ; 프로이트 2017, 406). "다시 말해 두려운 낯섦이라는 감정은 공포감의 한 특이한 변종인데, 오래전부터 알고 있었던 것, 오래전부터 친숙했던 것에서 출발하는 감정이다"(Freud 1947, 231 ; 프로이트 2017, 406). 어원학적으로 '두려운 낯섦'은 가정이나 고향처럼 친숙한 것이었다가 부정^{Un}된 것이라 할 수 있는 것이다. 즉 어떤 상황이나 대상을 보고 친숙했었으나 낯선 것이 된 것을 상기시켰을 때 느끼는 감정이 바로 두려운 낯섦이다. 프로이트에 따르면 가령 신경증 환자들은 여성의 성기를 기이하게 느끼는데 이는 우리가 태초에 한 번은 머물렀던 장소에 대한 부정을 상기시키기 때문이다. 자신의 일부로서, 자신과 연결되어 있던 한때 친숙했던 곳이지만 오이디푸스 콤플렉스를 극복하는 과정에서 부정했어야 하는 곳, 자신이 주체성을 지속시키기 위해서는 분리되어야 하는 곳, 그곳을 마주할 때 두려운 낯섦과 같은 기괴함을 느낀다는 것이다.

그렇다면 왜 익숙한 것이었지만 다시 낯설게 된 것을 볼 때 우리는 알 수 없는 두려움을 느끼는가? 그것은 "두려운 낯섦"이 바로 억압된 죽음의 공포와 관련되어 있기 때문이다. 다시 말해서 그것은 무엇인가 숨겨진 것, 은폐되어 있는 것의 드러남과 관계가 있다는 것이다. 셸링을 인용하면서 프로이트는 두려운 낯섦은 "어둠 속에 비밀로 남아 있어야 하는 것과 어둠 속에서 나온 것 모두"(Freud 1947, 236; 프로이트 2017, 409)와 관련된다고 설명하기도 한다. 여기서 두려운 낯섦은 '숨어있는'heimlich 것이 '나온'un 것이다. 프로이트는 호프만E.T.A. Hoffman의 소설 「모래 인간」을 분석하면서 주인공 나타니엘이 변호사 코펠리우스에게 형용할 수 없는 두려운 낯섦을 느끼는 것은 그를 자신에게 거세 위협을 가한 아버지의 분신Doppelganger으로 보기 때문이라고 설명한다. 독일 아이들에게 많이 읽히는 동화로서의 〈모래 인간〉에서 모래 인간은 잠을 자지 않는 아이들에게 모래를 뿌려서 아이들이 눈을 뜰 수 없게 만드는 인물이다. 어릴 적 하녀에게 이 이야기를 들었던 나타니엘은 '눈'을 상기시키는 인물인 변호사 코펠리우스가 나타날 때마다 알 수 없는 기이한 공포감에 휩싸인다. 여기서 프로이트는 눈을 잃어버릴 수 있다는 것과 관련된 공포가 "거세 불안의 한 변형"이라고 해석한다.

성기를 잃어버린다는 공포는 그 자체만으로도 불분명하면서도 각별하게 강렬한 감정 상태를 불러일으킬 수 있는

데 바로 이 감정 상태가 다른 신체 기관들의 상실에까지 그 반향을 남기는 것이다. (Freud 1947, 243 ; 프로이트 2017, 420)

여기서 두려운 낯섦은 "억압된 그 무엇이 다시 회귀"한 것이다. 그 공포가 기괴한 이유는 어둠에 있어야 할 것이 나왔기 때문이다. 거세, 죽음, 시체 등은 두려운 낯섦을 불러일으킨다. 그리고 죽음과 연관된 거세 위협은 억압되었던 그 무엇을 상기시키면서 기괴함을 불러일으킨다. 〈모래인간〉에서 변호사 코펠리우스는 한때 나타니엘에게 익숙했던 것을 버리게 만들었던 거세 공포, 즉 죽음의 공포를 환기한다. 프로이트에 따르면 일반적인 불안과 달리 이 두려운 낯섦은 거세 공포나 죽음처럼 억압된 것, 숨겨져 있던 것, 비밀스러운 것 등을 들추어낼 때 엄습한다. 프로이트의 말대로 "접두사 Un은 이 경우 억압의 표식일 것이다"(Freud 1947, 259 ; 프로이트 2017, 440).

이로써 분명해지는 것은 두려운 낯섦과 같은 공포가 은폐된 유한성, 억압된 주체의 죽음을 상기시키는 상황과 관련되어 있다는 것이다. 혐오와 관련된 감정은 억압된 것, 유한성, 죽음, 비밀스러운 것이 우연한 계기로 들추어질 때 엄습한다. 그런데 이 글에서 프로이트가 다루지 않고 있는 부분이 있다. 그것은 바로 성기를 잃을 것에 대한 공포, 주체가 되지 못할 수도 있다는 공포 때문에 무엇을 감추어 두었는지, 무엇을 은폐하고 부정하고 있는지에 대한 것이다. 한때 나에게 친숙했으나 거세 위협으로 인해 버렸어야 하는 것, 성기를 지키기 위해, 주체가 되기 위해 은폐했어야 하는 것은 무엇인가? 필자는 한때 나에게 친숙했던 것이었지만 이 사회에서 주체화되기 위해 버렸어야 했던 것, 죽음의 공포로 인해 버림으로써 이질적인 것이 되었지만 우연적으로 특정 대상에서 다시 상기된 것이 바로 줄리아 크리스테바의 "비체"(아브젝트abject)[2] 개념을 통해 가장 잘 표현될 수 있다고 본다.

크리스테바는 오이디푸스 단계에서 상징계로의 진입 과정 즉 주체화 과정에서 거치는 아브젝시옹abjection을 분석하는 데서 출발하는데, 이는 라틴어 'abjectio'에서 유래한 것으로서 공간적 간격, 분리, 제거를 의미하는 접두사 'ab'과 내던져 버리는 행위를 나타내는 'jectio'로 이루어진 말

---

2. 필자는 여기서 아브젝트를 비체로 번역해서 사용하고자 하는데 그 이유는 한자어로 비체가 非體(주체가 아님), 鼻涕(콧물이나 눈물 등), 卑體(비천한 존재) 등을 모두 의미할 수 있기 때문이다.

이다(크리스테바 2000, 319의 주석). 아브젝시옹에 의해 내던
져진 것은 아브젝트, 비체이다. 크리스테바에 따르면 비체
는 상징체계에서의 자신의 통일적 삶을 위해 은폐되고 배
제된 것이다. 비체는 사회적 자아가 되기 위해 버려야 했던,
그러나 한때는 나에게 친근했던 것이다.

비체를 더럽고 혐오스러운 것으로 생각하는 이유는 그
것이 경계가 분명한 말끔한 자아, 통일성을 갖는 주체에 위
협이 되는 오염물과 관련되어 있기 때문이다. 우리가 콧물,
똥, 오줌과 같은 배설물과 오물을 혐오하는 이유는 그것이
나의 말끔함을 위협하기 때문이다. 배설물은 우리에게 매
우 친숙한 것이지만 우리의 동물성과 경계의 혼란 등을 상
기시키기에 혐오된다. 그것은 매끈한 경계를 가진 통일체라
고 생각했던 우리의 몸에 구멍이 있음을 상기시키며, 그 구
멍으로 오염물이 들어오면 죽을 수도 있음을 상기시킨다.
상징체계 안에서, 사회적 질서 안에서 통일적인 주체가 되
려면 우리는 그러한 통일성을 위협하는 비체를 더럽고 천
한 것으로 혐오하여 거부하거나 억압해야 한다. 이런 점에
서 비체는 오염, 천함, 액체라는 개념과 연관된다. 이를테면
그것은 사회적인 합리성에서 벗어나는 것이다(크리스테바
2000, 109). 그것은 "나의 불투명하고 잊혀졌던 삶 속에 친

근하게 존재했던"(같은 책, 22) 것이지만 이제 투명한 자아가 되려는 나에게는 더러운 위협이다.[3]

　　크리스테바는 비체를 "동일성이나 체계와 질서를 교란 시키는 것"(크리스테바 2001, 25)으로 설명하기도 하는데 여기서 비체는 "주체도 대상도 아닌" 것(크리스테바 2000, 21), 내부도 외부도 아닌 것이다. 주체도 대상도 아니라는 이 특징은 비체가 주체로서의 말끔한 경계를 갖는 것도 아니지만 대상과 같이 주체의 이성을 통해 규정되는 것도 아니라는 것을 분명하게 보여준다. 비체는 한때 우리 안에 있다가 주체가 되기 위해 밖으로 밀려난 '구성적 외부'이다. 비체는 안도 밖도, 주체도 대상도 아니기에, 즉 이분법적인 언어로 표기될 수 있는 그 무엇이 아니기에 "내가 아니다. 그것도 아니다. 그리고 더 이상은 아무것도 아니다. '무엇인지 알 수 없는 어떤 것'이다"(같은 책, 22). 그것은 어떠한 이성적 규정도, 도덕적 규범도 비껴가기 때문이다. 비체는 규정되어 고정되지 않기에 끊임없이 흐르며 그런 의미에서 "동일성을

---

3. 임옥희는 「기괴함: 친숙한 그러나 낯선」이라는 글에서 프로이트의 「두려운 낯섦」에 대한 해제를 제시하면서 "크리스테바의 개념을 빌리자면, 한때는 친숙했지만 비천한 것 혹은 '나'라는 경계의 외부이자 타자가 되어 되돌아 오는 어떤 것들이 만들어 내는 효과가 바로 기괴함"이라고 설명한다. 임옥 희 2003, 149.

격렬하게 뒤집어 놓는다"(같은 책, 23). "아브젝트가 되는 것은, 부적절하거나 건강하지 않은 것이라기보다 동일성이나 체계와 질서를 교란시키는 것에 더 가깝다. 그것 자체가 지정된 한계나 장소나 규칙들을 인정하지 않는 데다가 어중간하고 모호한 혼합물인 까닭이다"(같은 책, 25). 그러나 바로 그런 까닭에 비체는 내몰린 상태에서도 주인에게 도전장을 내민다.

> 그에게 신호도 없이 불만을 터뜨리고 폭발하며 비명을 질러 간청한다. 전에는 나의 불투명하고 잊혀졌던 삶 속에 친근하게 존재했던 그 이질성은, 이제는 나와 분리되어서 혐오스러워지고 나를 집요하게 공격한다. (같은 책, 22)

어머니의 몸, 오염물, 시체, 유령은 우리가 한때 의존적인 존재였음을, 안팎이 뚫린 유동체임을, 부분적이고 파편적인 존재였음을 상기시키며, 이를 은폐하지 않을 경우 죽음으로 내몰릴 수 있다는 감각을 만들어 낸다. 따라서 아이는 혐오를 통해 비체성을 배제할 필요가 있게 된다. 지금까지의 논의를 통해 정리하자면 혐오는 한때 주체에게 친숙했지만 거부해야 했던 것, 비합리적인 것, 안과 밖을 넘나들면서 경계를 허무는 "비체"를 향한 기이한 공포의 감정에 대한 반응이다. 주체는 비체적 존재를 마주하게 될 때 죽음의 공포를 상기하면서 이를 제거하거나 동화시킴으로써 이 두려움을 극복하고자 한다. 이것이 바로 혐오다.

4. 거울단계의 자아 이미지와 상상계적 봉합

앞서 우리는 자신의 유한성과 한계를 상기시키는 비체, 한때 친숙했으나 억압을 통해 낯설게 된 비체를 마주하게 될 때 형용하기 힘든 두려운 낯섦을 경험하게 되며, 이 공포에 대항하기 위하여 오염물, 액체, 이질성, 파편성과 같은 비체성을 제거하려는 경향으로 나아가게 됨을 보았다. 이제 이와 관련하여 필자는 비체성을 제거하여 주체의 동일성을 유지하고자 하는 경향이 바로 혐오 표현임을 보여주고자 한다. 즉 유아기 초기에는 억압의 기제를 통해 비체성을 제거하고 주체로 나아갔다면, 상징계로 진입한 이후에는 상상계적 봉합을 통해 자신을 전체성, 통일성으로 인식하면서 한때 자신에게 익숙했던, 그러나 지금은 낯설게 된 비체성을 배제하게 된다는 것이다.

상상계적 봉합의 과정을 설명하기 위해 먼저 자끄 라

캉이 「주체기능 형성모형으로서의 거울단계」에서 언급했던 거울단계(6개월~18개월)를 살펴보자. 라캉은 매우 어린 나이에 아이는 거울 속에서 자신의 "총체적이고도 완전한 것"(라캉 1994[2003], 40)으로서의 "이미지"image(같은 책, 39)를 획득한다고 본다. 그리고 이미지를 습득하고 나면 그 이미지가 사라진 이후에도 이를 토대로 환경에 대한 경험을 구성하게 된다고 설명한다. 여기서 라캉을 이러한 이상적 형태의 "신체의 통일적 형태Gestalt"(같은 책, 41)를 "허구적" 또는 "오인meconnaissance으로부터 생겨난 환상"(같은 책, 46)이라고 표현한다. 왜냐하면 아이는 해부학적으로 불완전하고 파편적이며 어머니의 잔재를 아직 지니고 있는 아직 불완전한 상태인데 거울 속의 이미지는 "시각"적으로 아이를 통합된 이미지로 인식할 수 있게 만들기 때문이다(같은 책, 43). 전체적 자아상은 환경으로부터 분리를 가능하게 하는 공간적 경계를 시각적으로 획득함으로써 가능하다. 즉 거울 속에서 나타난 고정된 상으로서의 자신, 통일적 형태를 통해 아이는 "유기체와 유기체를 둘러싸고 있는 현실 간의, 다시 말해 정신세계(내면세계Innenwelt)와 주위세계Umwelt 사이"의 "틈"(같은 책, 43)을 수립할 수 있다. 그리고 이를 통해 환경과 자신을 분리하고 개체로 형성되어

간다.

그러나 라캉에 따르면 바로 자신과 주위 세계를 명료하게 구별하여 통일성을 확보하려는 이 "정형술"은 주체를 "소외"시킨다. 왜냐하면 그것은 "원을 사각형으로 만드는 만큼이나 불가능"하기 때문이다. 통일적 자아상은 어디까지나 시각적 환상이기에 우리는 완전히 그것에 도달할 수 없으며, "파편화된 신체는 개별 주체 속에서 공격성을 띠고 분열된 형태를 취하고 있으며 항상 꿈속에서 스스로를 드러낸다"(라캉 1994[2003], 44). 라캉에 따르면 이러한 분열된 형태의 마주함은 유기체에게 정신분열증schizoid나 히스테리발작 등을 유발하기도 한다. 여기서 분명해지는 것은 라캉에게 파편화된 신체성, 의존성 등과 같은 자아의 비체성은 어떤 정형술을 통해서도 말끔하게 제거될 수 없다는 것이다. 그리고 그럼에도 불구하고 우리는 계속해서 동일성으로서의 자아를 욕망하고 있다는 점이다. 주체화를 통해 상징계로 진입하도록 종용하는 상황은 지속적으로 완벽한 상에 대한 집착을 유지시킨다.

따라서 라캉은 정신분석을 통해 우리에게 주체가 사실은 허구적인 이미지에 사로잡힌 주체임을 제대로 인식할 것을 제안한다. 그렇지 않으면 우리는 "허구적인 노예 상태"

에서 헤어 나오지 못하는 신경증 환자, "소외된 주체의 노예"가 될 수밖에 없다. 그에 따르면 "신경증neurosis 환자는 거울단계를 특징짓는 허구적인 자기 동일성을 고집한다." 마찬가지로 정신병psychosis 환자는 자신과 자신의 환경을 구분하지 못하고 환경에 완전히 침몰해 버린다. "그는 자신을 에워싸고 있는 상황과 다른 종류의 자기 동일성을 구현할 수 없다"(라캉 1994[2003], 48). 필자는 여기서 라캉이 신경증과 정신병을 동전의 양면으로 생각하고 있다고 본다. 자신과 환경을 구분하지 못하는 자는 자신이 환경에 매몰될 것 같은 공포감을 갖게 되는데, 이는 자신을 다시금 거울단계의 허구적 자기 동일성을 고집하는 신경증과 연결될 수 있다는 것이다. 양자는 허구적인 자아 이상 아래 자신의 비체성을 부정하면서 허구적 자기 동일성을 고집하는 노예 상태에 빠져있다. 필자는 두려운 낯섦 또는 기이한 두려움과 함께 허구적 자기 동일성을 고집하는 이러한 노예 상태에서 비체성을 배제하고 억압하고 삭제하려는 모든 혐오표현이 나타난다고 생각한다. 허구적 자기 동일성을 고집하는 문화는 비체를 향해 "공격성"을 조준한다. 이것이 바로 혐오이다.

5. 디지털 도시화와 신체적 자아상실의 공포

도덕적으로 뚜렷하게 발화될 수 없는 기이한 공포의 심리적 기제와 비체에 대한 공격은 인간의 역사에서 지속적으로 존재했다. 특정한 역사적 공간적 조건 속에서 비체에 대한 혐오는 유대인 혐오나 마녀사냥과 같은 사건으로 드러났다. 왜 오늘날 혐오는 다시금 이 시대의 문제로 지목되고 있는가? 왜 혐오는 증폭되고 있는가?

임옥희, 손희정, 김수아 등 국내의 여성학자들은 신자유주의 경쟁으로 인한 생존의 불안과 온라인에서의 자기과시, 재미와 놀이의 문화가 결합되면서 노인혐오, 여성혐오, 제노포비아 등을 부추겼다고 진단해 왔다. 필자는 신자유주의적 불안이 거세 위협만큼이나 자아의 죽음과 관련된 공포를 유발시키고 있다고 생각한다. 그러나 필자는 이러한 설명만으로는 형용할 수 없는 기이한 공포, 두려운 낯섦과 연동된 혐오를 설명하기에는 부족하다고 생각한다. 신자유주의적 불안은 이해관계라는 도구적 합리성의 언어로 분명하게 포착되는 반면 기이한 두려움 또는 두려운 낯섦은 도덕적 합리적 언어로 분명하게 설명되지 않는 부분들을 남긴다. 가령 신자유주의적 불안을 통한 혐오의 설명은 왜 혐오가 이해관계와 상관없는 성적 소수자나 여성 노인들에게까지 확산되는지를 충분히 설명하지 못한다. 그 밖에도 신자유주의적 불안을 통한 혐오의 설명은 왜 오늘날 온라인상의 담론이 지속적으로 "생물학적 몸"의 차이에 대한 강조와 성별의 경계구분에 대한 집착으로 이어지는지를 설명하지 못한다.

이에 필자는 이 장에서 디지털 도시화가 한편으로는 비체성을 상기시키는 신체적 자아상실의 병리학적 조건을, 다른 한편으로는 자기 동일적 자아에 대한 이상을 부추기고 있으며, 이를 통해 자기 동일적 자아에 집착하면서 비체를 공격하는 혐오의 문화가 전면화될 수 있음을 보여주고자 한다. 즉 영토적 장소에서 탈영토적 네트워크로의 전환과 과잉 접속을 통한 혼종성의 증가가 통일적 신체 자아상실의 공포를 부추기게 되었으며, 이러한 정신쇠약의 조건 속에서 자기 동일성을 확보하기 위해 비체에 대한 혐오를 증폭시키기에 이르렀음을 논의하고자 한다.

1) 디지털 도시화 : 네트워크로의 전환과 혼종성의 증가

일반적으로 도시란 "시장의 법칙에 따르는 모든 사람이 물리적 또는 상징적으로 만나는 공간"(Balibar and Wallerstein 2011, 640)이며 만남을 위한 건조 환경이 집약된 곳으로 이해되었다. 글로벌 시티나 글로벌 폴리스 담론에서도 도시는 로스앤젤레스나 서울 등 어떤 지도 위의 고정된 좌표나 지역 즉 영토로 이해되었다. 그러나 마누엘 카스텔에 따르면 정보혁명과 함께 우리는 네트워크 사회에서 살게 되었다.

소자는 매스미디어와 함께 발달한 네트워크의 교차점, 정류장, 결절지로서의 메트로폴리스를 "포스트 메트로폴리스"postmetropolis라고 명명하고 이러한 새로운 도시의 형태가 탈영토화deterritorialization와 재영토화reterritorialization의 상호작용 속에 있다고 설명한다(Soja 2000, 151). 한편으로 포스트 메트로폴리스는 탈영토화의 과정으로 나아가고 있다. 그에 따르면 "지리의 종말"end of geography은 오늘날만의 현상은 아니지만 그 영향이 오늘날처럼 강렬하고 광범위했던 시대는 아마도 없었을 것이라고 설명한다(같은 책, 152). 그러나 여기서 탈영토화는 장소를 완전히 초월한다는 것이 아니라 "장소에 대한 밀착성이 약화되는 것을 지칭한다"refers to the weakening attachments to place(같은 책, 251). 포스트 메트로폴리스는 메트로폴리스에 비해 물리적 장소로서의 도시에 덜 밀착된다는 것이다.

포스트 메트로폴리스에서 장소에 덜 밀착된 우리는 부유하는 삶을 산다. 이것은 과거에 비해 더 손쉬운 연결과 해체를 만들어 낸다. 우리는 도시에 살면서도 시골의 네트워크에 연결될 수도 있고 시골에서도 도시적 네트워크에 연결될 수 있다. 우리는 서울에서 로스앤젤레스와 연결될 수 있고 베를린과 연결될 수도 있다. 이러한 네트워킹은 장소기반적인 삶보다 훨씬 더 많은 연결과 이동을 만들어 낸다. 우리는 동시에 여러 개의 네트워크에 연결될 수도 있을 뿐 아니라 상대적으로 쉽게 이로부터 이탈할 수도 있다. 연결과 흐름이 자유롭다는 점에서 포스트 메트로폴리스에서의 삶은 과거의 도시공동체에 비해 훨씬 더 변화무쌍하다.

네트워크로 연결된 삶은 더 빠르고 복잡한 접속을 만들어 내면서 우리 삶의 혼종성을 증가시킨다. 교통과 통신수단을 통해 사람, 물자, 돈, 이미지가 한 사회를 초월하여 흐르게 되면 이 과정에서 인간의 의도, 기계, 텍스트, 사물 그리고 그 외의 과학기술은 복잡하게 상호결합하며 그런 의미에서 우리의 삶은 혼종적이 된다는 것이다(Urry 2000[2006]).[4] 디지털 매체는 전 지구적 차원의 만남을 훨

---

4. 이런 점에서 요시하라 나오키는 존 어리가 "글로벌한 유동성이 가지는 탈영역화의 계기와 혼종성의 내실을 사회형태론의 차원에서 명확히 했다"고 본

씬 빠르고 쉽게 만들었으며 이와 함께 도시적 삶은 이질적인 것과의 다면적 접촉점을 갖게 되었다. 앨브로우 역시 탈영역화와 함께 만들어지는 공간에서는 동질화와 이질화가 서로 경합하면서 중층적인 관계 양식을 형성한다고 보았다. 소자는 포스트 메트로폴리스 담론 속에서 이를 다음과 같이 설명한다.

포스트 메트로폴리스는 융합과 분열이 그리고 내파적 성장과 외파적 성장이 반복되는 허브가 되어가고 있다. 곧 제1세계, 제2세계, 제3세계가 하나의 도시로 응축되고 있는 것이다. 체임버스가 기술한 바와 같이, 유럽과 북아메리카에서 포스트 메트로폴리스의 문화는 이제 더 이상 어떤 지역 또는 국가적 영역에서 유래하지 않는다. 이는 정체성, 주체성, 다중성, 통합의 (그리고 인종, 계급, 젠더, 성적 취향, 연령 등의) 실천적, 이론적 의미를 새로운 방식으로 강조함으로써 도시공간의 문화 정치에 있어서 새로운 급진적 변화를 야기하고 있다. 흑인-백인, 남성-여성, 자본-노동, 식민 지배자-식민지인 등의 오랜 이분법적 범주들은 붕괴되

다(요시하라 2010, 69에서 재인용).

고 있고 상이한 방식으로 재구성되고 있다. (소자 2019, 35)

네트워크의 결절지로서의 도시에서는 아파두라이가 말한 인종적 경관, 기술적 경관, 자본적 경관, 미디어 경관, 이념적 경관 등이 더 빨리 그리고 더 복잡하게 뒤섞이면서 혼종성을 증가시키게 된다는 것이다. 자본축적 논리는 기술적 요소, 인종의 문제, 젠더의 문제, 미디어의 영향들과 상호작용하는 가운데 유지되고 왜곡되며 변형된다. 그리고 바로 이 흐름과 혼종성으로 인해 디지털 폴리스는 예측지 못한 변수를 만들어 낸다.

2) 신체적 자아상실의 공포와 정신쇠약Psychosis

필자는 바로 이러한 디지털 도시화의 과정이 라캉이 말한 정신쇠약의 조건 즉 자기와 환경의 구분을 하지 못하고 환경 속에 자아가 매몰되어 버릴 수 있는 조건을 구성한다고 본다. 도시 공간의 영토적 와해와 함께 도시민은 자기 신체의 경계와 범위를 알지 못하게 되었다. 접속을 통한 혼종성의 증가와 함께 우리는 어디까지가 자신의 정체성인지를 파악하기 힘들어졌다. 이는 경계 긋기의 어려움과 연결된다. 우리는 자연과 인공 간의 경계를, 도시와 시골, 도시와 다른 도시와의 경계를 긋기가 점점 어려워진다. 그리고 이와 함께 어디까지가 나인지, 어디까지가 환경인지를 확실하게 구분하기도 어려워진다.

소자는 올랄퀴아가Celeste Olalquiaga를 인용하면서 도시 공간의 영토적 와해로 인한 불안감이 심리적 차원에서 "정신쇠약증"으로 나타난다고 설명한다. 딱딱한 물질, 정박할 장소를 잃는 것에 대한 불안감은 신체에 뿌리를 둔 정체성을 잃는 것에 대한 불안감, 이로 인해 자아와 환경 간의 경계가 사라질 것에 대한 공포감으로 나타난다는 것이다.

신경쇠약증은 자아와 주변 영역 간 관계의 교란이라고 할 수 있는데, 어떤 유기체의 몸의 좌표가 정의하는 공간이 재현된 공간과 혼동되는 상태를 말한다. 신경쇠약증에 걸린 유기체는 자기의 몸의 경계를 구별할 수 없어서 자신을 둘러싼 심연의 바다 속에서 길을 잃고, 자신 너머의 공간을 포용하면서 자기 자신의 정체성을 상실한다. (Olalquaga 1992, 1~2. 번역은 소자 2019, 31~32에서 재인용)

소자의 설명에 따르면 우리의 육체 정체성은 컴퓨터 화면에 점점 더 얽혀 들어가게 되고 컴퓨터 네트워크에서 건

네주는 관계와 이미지로 자신을 이해하게 된다. 이는 자신의 내부와 외부(자아와 환경)가 더 이상 분명하게 구분되지 않게 되었음을 의미한다. 도시민은 점점 더 르페브르가 재현의 공간space of representation이라고 불렀던 것 안으로 끌려 들어오게 되면서 "딱딱한 물질성이 증발"하게 되며, 이는 자기중심의 상실로 연결된다. 올랄퀴아가에 따르면 이는 곧 신체 자아의 상실에 대한 두려움으로 이어지며 이것의 증상이 바로 신경쇠약증인 것이다. 이런 점에서 "신경쇠약증은 포스트 메트로폴리스에서의 삶과 연관되어 있는 심리적 증후군이다"(Soja 2000, 151).

더욱 복잡화된 디지털 환경은 이러한 증상을 악화시킨다. 접속 가능성의 증가와 함께 나타나게 된 혼종성과 불확실성은 자아에 의한 통제 가능성을 약화시킨다. 필자는 혼종성과 불확실성이 만들어 내는 자아의 액체화, 부유하는 자아는 자신에게 한때 친숙하게 존재했던, 그러나 주체화를 위해 포기해야 했던 비체성을 상기시킨다고 본다. 자본주의와 디지털 기술의 얽힘은 지역적, 인종적, 계급적, 성적, 문화적 혼종성을 만들어 냈고 이와 함께 나 자신뿐 아니라 사회의 미래를 예측하거나 통제하는 일은 더욱 어려운 과제로 남게 되었다. 이 상황에서 디지털 네이티브들은 고정되지 않는 자아, 흘러내리는 자아를 상기시키는 상황을 마주하게 되고 이에 정신쇠약에 빠질 수 있다는 것이다.

나아가 필자는 다음 장에서 신체 자아 상실의 공포로 인한 정신쇠약과 불확실성으로 인한 통제 불가능성의 분위기가 결국 비체성을 배제함으로써 자아에 대한 집착을 강화하는 혐오의 문화, 즉 강박적 도시문화의 출현으로 이어짐을 논의하고자 한다.

6. 상상계적 봉합과 강박적 도시문화

디지털 도시화의 과정에서 나타나는 신체 및 자아의 경계 소멸의 공포 및 불확실성으로 인한 공포에 사람들은 어떻게 대응하고 있을까? 라캉의 분석에 따르면 사람들은 거울단계로 돌아가 상상계적 자아 이미지를 강박적 반복하는 병리적 현상을 보인다. 자아가 상실될 것에 대한 공포를 극복하기 위해 정신쇠약적 주체는 파편화된 자아를 상상계적으로 봉합하고, 이 통일적 자아상을 물신화함으로써 몸과 환경의 경계를 강박적으로 유지하려 한다는 것이다. 필자는 디지털 시대 도시민은 디지털 거울로 돌아가 상상계적 이미지를 강박적으로 반복하고 있으며, 이 과정에서 비체에 대한 혐오가 증폭되고 있음을 주장하고자 한다.

이 주장에 대한 논의를 위해서는 우선 네트워크의 결절지에는 문자나 말이 아니라 디지털 화면에 나타난 시각적 이미지에 의한 규제가 그 어느 때보다 강력하게 이루어지고 있다는 점에서 시작할 필요가 있다. 올랄퀴아가가 메갈로폴리스에서의 소통방식의 변화를 "언어적인 것에서 시각적인 것으로의 전환"the verbal by the visual(Olalquaga 1992, 5)이라고 했을 때 이는 사이버 환경에서 스크린상에 나타난 시각적 이미지가 경험과 판단에 핵심적인 역할을 하게 되었음을 강조한 것으로 이해되어야 한다. 고대에 몸과 환경의 경계를 보장하는 것은 말이었고 인쇄술의 발달 이후 동일성의 반복은 글로 된 법을 통해서 이루어졌다면, 사이버공간에서는 생물학적 몸 '이미지'가 신체적 자아를 대신하여 나의 정체성을 고정시키는 역할을 한다. 과거에는 아버지의 법, 의학적 규정, 의사의 선언 등이 성별을 가르는 잣대였다면 사이버 세계에서는 반복적으로 떠돌아다니는 성별 이미지가 성별에 대한 인식 가능성을 만들어 낸다. 시뮬레이션의 세계에서는 몸도 몸 이미지를 통해 시각적으로 접근된다. 시각 이미지에서의 평평한 몸은 깊이와 무게와 부피를 가진 몸을 대신한다.

이런 의미에서 올랄퀴아가의 정신쇠약적 자아는 소자가 말하는 "도시 상상계"the urban imaginary를 통해 신체적 통일성을 회복하고자 한다. 소자에 따르면 "도시 상상계"는 "도시 현실에 대한 정신적 또는 인지적 지도를 의미하며, 우리가 살아가는 장소, 공간, 공동체에서 생각하고, 경험하고, 평가하고, 결정하는 행동에 필요한 해석의 기준을 의미한다"(소자 2019, 308). 도시 상상계는 우리의 자아가 어떤지, 성별에 따른 우리의 몸이 어떤지도 이미지로 제시한다. 프로이트가 말한 작은 난쟁이는 이제 인간의 머릿속에 존재하는 것이 아니라 컴퓨터 화면 속에 존재한다. 도시민들은 신체적 자아가 붕괴되는 상황에서 물질-기호, 영토-탈영토의 상호 관계적 실천과 균형을 통해 자아를 회복하는 방법이 아니라, 상상계적 이미지를 강박적으로 반복함으로써 정체성 붕괴의 공포를 해소시키고자 한다.

도시 상상계의 이미지는 파편화된 신체를 이어 붙이고 외부로부터 내부의 경계를 확보하며 질서를 만드는 데 핵심이 된다. 라캉이 말한 거울단계에서 아이는 거울에 비친 환상imago을 통해 자신을 전일적 통일적 존재로 확인하고는 환호성을 지른다. 마찬가지로 디지털 세계에서의 자아 이미지는 부분적 신체 지각으로서의 비유와 달리 신체 붕괴의 위험 앞에서도 자아가 결속을 유지할 수 있게 하는 "전체감을 획득시키는 자아 이미지"를 제공한다(Olalquaga 1992, 4). 올랄퀴아가는 언어가 했던 봉합의 역할을 이미지가 하고 있다고 표현하기도 하였다. 시뮬레이션의 세계에서 반복적으로 나타나는 생물학적 몸의 상상계적 이미지는 파편화나 붕괴의 위험에 대한 대응이다.

올랄퀴아가에 따르면 디지털 환경에서 정신쇠약적 주체는 자신의 통일성을 와해시킨다고 여겨지는 무질서, 몸과 환경의 경계 해체의 공포를 거울 속 상상계적 이미지를 기계적으로 반복하여 자연화함으로써 상쇄하고자 한다. 이런 점에서 정신쇠약적 주체의 이미지 집착은 "지시성을 잃은 것에서 살아남으려는 몸의 투쟁"이다. 라캉의 언어로 표현하자면 신체 자아를 시각적 이미지로 고정하려는 것은 거울단계의 자아가 분열된 육체의 경험을 억압하는 가운데 행하는 "강박 관념적으로 스스로를 요새화하는 자기방어"(라캉 1994[2003], 45)이다. 환경 속으로 빨려 들어갈 것 같은 기이한 두려움 속에서 정신쇠약적 주체는 자신의 통일적 이미지를 "상상계적으로 재구성"한다(Olalquaga 1992, 7). 올랄퀴아가는 거울방, 관음증, 몸 없는 섹스, 포르노그래피와 같은 현대의 도시문화가 바로 이미지를 상상계적으로 반복함으로써 해체 위기에 처한 몸과 자아를 구하려는 시도라고 본다. 앞서 정리한 바에 따르면 이는 디지털 도시화의 조건하에서 비체성을 마주하게 된 주체가 자신의 자아를 상상계적으로 봉합하기 위해서 반복적으로 강제하게 되는 비체의 대상화 및 제거의 행위이기도 하다.

상상계적 이미지를 반복함으로써 비체성을 삭제하고 자신의 전체성을 부각시키는 강박적 도시문화를 몇 가지 살펴보자. 올랄퀴아가에 따르면 포스트모던 도시에서 대표적으로 나타나는 거울방의 생산은 몸의 소멸에 대한 불안을 해소하려는 대표적 강박 문화 중 하나라고 할 수 있다. 실제 현대 건축물이 유리로 만들어지는 경우도 많지만, 우리의 일상은 거울, 컴퓨터 스크린 그리고 카메라의 렌즈로 가득 차 있다. 디지털 시대 도시민은 거울방에서 자신의 총체적 이미지를 재차 확인함으로써 파편화된 신체와 자아를 상상계적으로 통합한다.

거울에 비친 전체로서의 나, 평평한 몸 이미지는 시각적인 이미지이기에 촉각을 필요로 하지 않는다. 우리는 나를 확인하기 위해 몸을 만지거나 맛을 보거나 냄새를 맡을 필요가 없다. 대신 몸을 만지거나 맛보거나 냄새 맡는 그림과 영상을 시청하면 된다. 우리는 부피로서의 몸이 소멸하는 것을 대신하기 위해 시뮬레이션의 세계에서 상품을 소비하고 먹방을 본다. 이것이 시뮬레이션의 세계에서 일어나는 신체의 환상적 수취이다. 실제로 먹지도 않으면서 먹방을 보거나, 만지지도 못하는데 반려동물을 쓰다듬는 영상을 보는 것은 잃어버린 몸을 이미지화함으로써 그 경계를 시각적으로 확인하고자 하는 시도라고 할 수 있다. 만지는 것과 만져지는 것이 동시적인 촉각과 달리 시각은 거리 두기를 필요로 하며 보는 주체와 보이는 대상의 이분법을 전제로 한다. 이는 물질-기호를 망각한 채 시각적 인식에만 몰두하는 경우 누군가 혹은 무엇인가는 일방적으로 대상화될 수 있음을 의미한다.

포르노그래피는 부재하는 신체, 부재하는 촉각적 섹스를 시각적 '이미지'를 통해 상쇄하려는 대표적 사례라고 할 수 있다. 신체 이미지를 시청함으로써 만족을 얻는 행위는 촉각적 신체의 소멸에 대응하여 정체성을 유지하려는 평평한 육체 이미지의 생존 방식이다. 그러나 라캉도 분명히 언급했듯이 이러한 완전성으로서의 자아 이미지는 실재적 파편적 신체 자아의 소외이다. 올랄퀴아가 역시 포르노를 시청하는 자는 신체 이미지를 도용당하는 여성만큼이나 자신의 육체적·부분적·촉각적 만족으로부터 "소외"되어 있다고 본다. 그리고 이런 점에서 "포르노그래피에서 보이는 자와 보는 자의 경계는 거의 존재하지 않는"(Olalquaga 1992, 6)다고 주장한다. 여기서 보는 자는 보이는 대상과 마찬가지로 "물화"reification되어 있다. 보이는 자는 그 몸이 보는 자에 의해 통제되고 규제된다는 점에서 물화되지만 보는 자역시 자신의 파편성, 액체성, 부분성을 소외시키는 가운데 신체 이미지를 평평한 이미지로 물화시키고 있다는 것이다. 포르노를 보는 자는 이미 육체 이미지 속에서 실제 육체를 망각하고 있으며, 신체의 행위가 아니라 이미지의 시청각적 반복을 통해 얻는 쾌감에 종속된다(같은 곳).

최근 우리 사회에서 커다란 문제가 되었던 디지털 성폭력은 여성 신체 이미지를 대상화함으로써 자신의 신체 경계를 확인하려 하는 정신쇠약적 주체의 대표적 병리 현상이라고 할 수 있다. 2000년대 빨간 마후라 사건 이후 현재에 이르기까지 디지털카메라의 비약적 발전과 함께 확장된 몰래카메라에 의한 신체 촬영, 유포, 시청은 여성의 몸을 평평한 이미지로 만들어 소비하는 전형적인 강박 문화라고할 수 있다. 신자유주의적 경쟁으로 인한 불안과 더불어 디지털 도시화로 인한 신체 소멸의 공포를 갖게 된 정신쇠약적 남성 주체들은 여성의 몸을 평평하고 통일적인 디지털 이미지로 대상화하여 통제함으로써 자신의 신체적 자아의 확인을 대신하기에 이른 것이다. 여기에는 살을 통한 촉각적 신체 접촉이 있는 것이 아니라 이미지를 통한 시각적 인식이 존재한다.

필자는 통일적 신체 이미지 반복을 통한 이러한 상상계적 봉합의 시도가 바로 소수자 혐오 표현의 기반이 되고 있다고 본다. 자기 해체의 공포를 갖는 정신쇠약적 주체들은 성소수자나 난민 그리고 전통적 여성상에 맞지 않는 여성 등 자신이 예측할 수 없는 대상을 마주했을 때 두려움을 갖게 되며, 이에 이들의 신체를 단순화하고, 이에 맞지 않는 정보는 차단하는 등의 방식을 통해 경계와 질서를 강화하고자 한다. 즉 소수자 집단의 통일성을 상상계적으로 확증함으로써 비체라고 여겨지는 집단을 대상화하거나 멸시와 조롱을 통해 이들을 사회에서 배제함으로써 자신의 동일성, 경계와 질서를 강화하고자 하는 것이다.

7. 자아는 통일적이어야 하는가?

지금까지 이 글은 과학기술, 사람, 물자, 돈, 이미지의 흐름이 복잡하게 상호결합하는 디지털 네트워크의 조건하에서 도시민들이 신체적 자아상실과 불확실성의 기이한 공포를 다시 한번 전면적으로 마주하게 되었음을 살펴보았다. 나아가 이 글은 자아상실의 공포로 인한 정신쇠약 및 불확실성을 갖는 주체가 공포감을 극복하기 위한 방식으로 상상계적 이미지의 강박적 반복을 통해 비체들을 대상화하거나 삭제하려는 혐오의 문화가 자리 잡게 되었음을 논의하였다.

그렇다면 우리는 어떻게 이 혐오의 문화에 대응할 것인가? 필자는 라캉과 함께 우리가 해야 할 하나의 중요한 일은 거울단계와 마찬가지로 디지털 도시화의 시대에도 "자신의 이미지를 (총체적이고도 완전한 것으로) 가정"(라캉 1994[2003], 40)하는 문화가 실재의 자아를 부정하고 있다는 점을 분명히 인정할 필요가 있다고 생각한다. 라캉은 이러한 정신분석만이 우리를 허구적인 "노예 상태"로부터 분리시킬 수 있으며 우리의 행위의 기저에 있는 공격성을 드러낼 수 있다고 보았다(같은 책, 48). 그는 신체적 부분성과 자아의 파편성을 인정하는 것이 오히려 우리를 비체에 대한 공격을 부추기는 환상의 상태, 정신쇠약의 상태로 빠지지 않게 하는 방법이라고 생각하고 있는 것이다.

리차드 세넷Richard Sennet 역시 무질서를 배격할 것이 아님을 강변한다. 그에 따르면 동질적이고 질서정연한 공간은 동일성을 줄 수는 있지만 생기 있는 삶을 제공할 수는 없다. 도시는 이질적인 것, 다양성, 무질서를 마주하고 이에 적절하게 대처하는 과정에서 구성원에게 창조성과 성숙을 가져오는데 이를 배제하는 도시는 이러한 자유로움에 한계를 가져온다는 것이다. 이것이 바로 세넷이 말하는 "무질서의 효용"이다. 교외에 위치한 중산층의 가정은 안전하지만 이질성과의 접촉점이 최소화되는 장소였고 그 결과 이 공동체는 이질성 앞에서 배타적이고 폭력적인 태도를 취하는 경향을 보였다. 경계가 뚜렷한 어떤 상상계적 정체성을 마련하여 자신의 위치를 고정시키고 질서 정연한 구분 체계를 유지시키려는 전략은 치안을 강화할 수는 있지만 자유로운 도전을 만들어 낼 수는 없다.

여기서 한 발 더 나아가 필자는 통일적 자아 이미지를 통해 경계를 강화하려는 문화가 실제로 도시민들에게 충분히 안정적인 자아감을 주지 못할 수도 있음을 지적해 보고자 한다. 경계를 강화하여 요새를 만듦으로써 자신의 동일성을 유지하는 방식은 요새가 무너질 때 자신이 붕괴될 수 있다는 공포감을 지속적으로 동반한다. 그 결과 더 많은 강박적 경계 설정을 요구하게 되거나 더 분명한 신체의 형태를 강제하게 될 수도 있다. 그리고 그러한 조건이 만족되지 못할 때 여전히 공포감에 시달리게 될 것이다. 결국 이는 안전이 아니라 치안에 집중하는 상품과 정책에 더 많은 힘을 실어주게 되는 결과를 갖게 될 수도 있다. 반면 이질성과 함께 안전할 수 있는 방법은 탐구되지 못할 것이다.

이런 점에서 필자는 우리의 자아가 파편적이며 이질성과 꾸준히 관계를 맺고 있음을 인정하는 문화의 촉진이 혐오와 같은 강박적 문화에 대응하는 한 가지 방법이 될 수 있다고 생각한다. 이질적인 것, 혼종과의 접촉면을 제대로 인정하는 문화를 만들 때 비로소 우리는 동일성과 차이의 균형점을 마련할 수 있을 것이라고 생각한다. 우리는 생동감 넘치는 탐구를 가능하게 하는 자아, 자아의 이질성에 대한 인정을 통해 안전한 커뮤니케이션을 가능하게 하는 조건을 탐색할 필요가 있다.

:: 참고문헌

강우성. 2019.『불안은 우리를 삶으로 이끈다:프로이트 세미나』. 문학동네.

그로스, 엘리자베스. 2019.『몸 페미니즘을 향해:무한히 변화하는 몸』. 임옥희 · 채세진
　역. 꿈꾼문고.

김보명. 2018.「'혐오'의 정동경제학과 페미니스트 저항의 정치학」.『한국여성학』
　34(1):1~31.

김예슬.「미총기난사 사건, 증오범죄 정점에 발생 … 2020년에 무려 8000건」.『news1』.
　2022.05.16.

김주환. 2008.『디지털 미디어의 이해』. 생각의 나무.

나광현.「여혐 범죄 경보 울렸지만 … '혐오 범죄' 실태 파악할 길 없다」.『한국일보』.
　2022.05.17.

누스바움, 마사. 2015.『혐오와 수치심』. 조계원 역. 민음사.

라캉, 자끄. 1994(2003).『욕망이론』. 권택영 편. 민승기 · 이미선 · 권택영 역. 문예출판
　사.

매클루언, 마셜. 2011.『미디어의 이해 ─ 인간의 확장』. 테런스 고든 편. 김상호 역. 커
　뮤니케이션북스.

맥루한, 마셜. 2001.『구텐베르크 은하계』. 임상원 역. 커뮤니케이션북스.

소자, 에드워드. 2010.『포스트메트로폴리스1』. 이성백 · 남영호 · 도승연 역. 라움.

_____. 2019.『포스트메트로폴리스 2』. 이현재 · 박경환 · 이재열 역. 라움.

손희정 · 박은하 · 권김현영 외. 2017.『대한민국 넷페미 史』. 나무연필.

심혜련. 2012(2013).『20세기의 매체철학』. 그린비.

요시하라 나오키. 2010.『모빌리티와 장소』. 이상봉 · 신나경 역. 심산출판사.

이현재. 2018.「디지털 도시화와 사이보그 페미니즘 정치분석:인정투쟁의 관점에서 본
　폐쇄적 장소의 정치와 상상계적 정체성 정치」.『도시인문학연구』10(2):127~152.

_____. 2019.「신자유주의 시대 젠더정의와 '유리천장 부수기'」.『젠더와 문화』
　12(2):43~73.

임옥희. 2003.「기괴함:친숙한 그러나 낯선」.『페미니즘과 정신분석』. 도서출판 여이
　연.

채민석. 2022.「코로나 이후 급증한 혐오범죄, 외국인 대상 범죄 40% 이상」.『조선일
　보』. 2022.02.07.

프로이트, 지그문트. 2017. 「두려운 낯설음」. 『예술, 문학, 정신분석』. 정장진 역. 열린책
들.

크리스테바, 줄리아. 2000. 『시적 언어의 혁명』. 김인환 역. 동문선.

_____. 2001. 『공포의 권력』. 서민원 역. 동문선.

Balibar, E. and I. Wallerstein. 2011. *Race, Nation, Class*. London : Verso. [『인종, 국민,
계급 — 모호한 정체성들』. 김상운 역. 두번째테제. 2022.]

Castells, M. 2001. *The Internet Galaxy*. London : Oxford University Press.

Chambers, Iain. 1990. *Border Dialogues : Journeys in Postmodernity*. London : Rout-
ledge.

Faludi, Susan. 1992. *Backlash : The Underclared War against American Women*. New
York : Crown. [『백래시 — 누가 페미니즘을 두려워하는가?』. 성원 역. 손희정 해제.
arte(아르테). 2017.]

Freud, Sigmund. 1947. "Das Unheimkliche." in S. Freud *Gesamte Werke* Bd.12 Frank-
furt am Main : Fischer.

Grosz, E. A. 1994. *Volatile Bodies*. Indiana : Indiana University Press. [『몸 페미니즘을
향해 : 무한히 변화하는 몸』. 임옥희 · 채세진 역. 꿈꾼문고. 2019.]

Hyun-Jae Lee. 2020. "A Critical Study of Identity Based on the Category 'Biological
Woman' in the Digital Era : How Young Korean Women Became Transgender Ex-
clusive Radical Feminists." *Journal of Asian Sociology* 49(4) : 425~448.

Kristeva, Julia. 1984. *Powers of Horror*. NY : Columbia University Press. [『공포의 권
력』. 서민원 역. 동문선. 2001.]

Olalquaga, Celeste. 1992. *Megalopolis : Contemporary Cultural Sensibilities*. Minne-
sota : University of Minnesota Press.

Rottenberg, Catherine. 2020. *The Rise of Neoliberal Feminism*. London : Oxford Uni-
versity Press.

Sennett, Richard. 1992. *The Uses of Disorder*. New York : W. W. Norton & Company.
[『무질서의 효용 — 개인의 정체성과 도시 생활』. 유강은 역. 다시봄. 2014.]

Soja, Edward W. 2000. *Postmetropolis : Critical Studies of Cities and Regions*. Lon-
don : Blackwell. [『포스트메트로폴리스1』. 이성백 · 남영호 · 도승연 역. 라움. 2010 ;
『포스트메트로폴리스 2』. 이현재 · 박경환 · 이재열 역. 라움. 2019.]

Urry, J. 2000(2006). *Sociology beyond Societies : Mobilities for the Twenty-first Cen-
tury*. London ; Routledge. [『사회를 넘어선 사회학 — 이동과 하이브리드로 사유하
는 열린 사회학』. 윤여일 역. 휴머니스트. 2012.]

기후 위기 시대의 인공지능 :
한국 SF에 나타난 AI와 기후 위기의 서사

노대원

1. 기후 위기 시대, 인류세 서사'들'의 경합

코로나19 바이러스로 인한 팬데믹은 전 지구적인 재난으로 현대 문명의 위기를 불러일으켰다. 팬데믹은 감염병의 의학적이고 생물학적인 차원뿐 아니라 기술 포화 시대이자 지구적 자본주의 경제 시스템, 동식물 등 자연과 인간의 생태적 관계 등 다양한 측면에서 사유와 성찰을 촉구했다(노대원·황임경 2020). 저명한 사회학자이자 과학기술학 연구자인 브뤼노 라투르Bruno Latour의 지적처럼 "오늘날 주요 문제인 지구온난화와 팬데믹이 중대하게 연결"(라투르 2021, 12~13)되어 있다. 많은 과학자는 신종 바이러스의 출현 이유를 인간에 의한 지구적 생태 파괴와 기후변화로 이해한다. 따라서 팬데믹과 기후변화에 관한 사유는 근본적인 측면에서 함께 사유될 필요가 있다.[1]

한국 역시 기후 위기와 무관할 수 없다. 세계 각국의 탄소 배출량을 추적하는 국제과학자그룹 〈글로벌 카본 프

---

1. 지구온난화나 기후변화라는 용어는 여유롭게 들리며, 지구 가열이나 기후 위기, 기후 재난 등에 비해 현재의 심각성을 담기에는 부족하고 시급성이 떨어진다는 비판이 있다. 이 글은 이 용어들을 사용하지만, 이러한 문제 제기에 깊이 공감한다.

로젝트)GCP가 2022년에 발표한 자료에 의하면, 한국은 2년 연속으로 탄소배출 세계 10위 국가로 기록되고 있다. 반면에 기후 변화 대응 성과는 57위로 평가되어 국제적 '기후 악당'의 오명을 얻고 있다(박은하 2022). 국내 학계와 시민사회 또한 다른 국가들에 비해 상대적으로 위기의식이 부족하다고 평가받는다. 기후 위기와 인류세에 대한 문학적 상상력과 비판적 사유가 인문학과 문학 연구에서도 시급히 요청된다.

인류세 개념은 비록 아직 공식화된 지질학 용어는 아니지만 기후 위기의 심각성을 인식하게 하는 사회적 영향력이 있어서, 최근에는 인문·사회과학 담론은 물론 문학과 예술에도 지대한 영향력을 행사하고 있다. 인류세人類世, Anthropocene란 용어는 생물학자 유진 스토머Eugene F. Stoermer가 1980년대에 사용하다 2000년에 노벨 화학상 수상자인 대기 화학자 폴 요제프 크루첸Paul Jozef Crutzen과 함께 '국제지구권생물권연구'IGBP 뉴스레터 기고문에서 공식적으로 제안하면서 널리 알려졌다. 인류세 개념은 인간과 지구 환경 간 관계의 양적 변화를 포착하기 위해 소개되었다. (i) 지구는 현재의 지질학적 시대인, 홀로세Holocene로부터 이탈하고 있고, (ii) 인간 활동은 이러한 이탈에 강한 책임이 있다는 것이 그 핵심이다(Steffen, Grinevald, Crutzen, and McNeill 2011, 843). 인류세 개념과 기후 위기는 밀접한 관련이 있는데, 기후 위기는 인류세에서 가장 시급한 문제들 가운데 하나이기 때문이다. 인간 활동으로 인해 발생하는 온실가스 배출은 지구의 기후 시스템을 변화시키고 있으며, 이는 지구에 대한 인간의 막대한 영향력을 확연히 보여주는 사례이다.

　기후 변화는 지구 전체의 운명과 관련된 일인 만큼, 근래 들어 문학과 인문학 연구에서도 인류세와 기후 위기는 가장 중대한 사안으로 꼽히고 있다. 아담 트렉슬러 Adam Trexler는 기후변화에 대응하는 소설을 '인류세 소설'Anthropocene Fictions로 제안했다. 그는 최근 과학기술학 연구가 과학, 대중의 이해, 문화와 별개의 범주라는 생각에 이의를 제기한다. 오히려 기후변화는 자연 효과, 산업 과정, 과학적 관행을 포함하며, 대중과학 글쓰기, 정책 논문, 정치 연설, 소설과 같은 문화적 과정에서도 나타난다는 것이다(Trexler 2015, 23~24). 기후 위기와 인류세는 동일한 용어가 아니므로(토머스 2019, 191), 인류세 소설과 기후 위기의 소설 또는 기후 소설은 다르다는 비판이 존재한다. 그 비판의 정당성에도 불구하고, 트렉슬러의 인류세 소설 개념은 인류세와 기후 위기 시대의 문학 연구에 중요한 영향력을 갖는다.

문학 장르 또는 서사 주제학이라는 시각에서 '인류세 소설'을 분석하기 전에, 인류세를 하나의 서사로 파악할 수 있다. 이를테면, 클라이브 해밀턴Clive Charles Hamilton은 인류세 개념을 인간의 경험을 하나의 서사로 정리해 통합하는 '거대서사(메타 서사)'로 본다(해밀턴 2018, 139). 이 서사는 위기의 기원, 대응 방식을 이야기하여 욕망과 상처에 의미를 부여하는 이야기 구조의 역할을 수행한다는 것이다(김홍중 2019, 12). 얼 엘리스Erle C. Ellis 역시 인류세를 "오래된 서사와 철학적 질문들을 다시 논의하고 다시 쓰도록 하는 렌즈 역할"을 하며, "인간과 자연을 연관시키는 새로운 서사"(엘리스 2021, 15)라고 보았다. 물론, 인류세를 어떤 서사로 인식하느냐는 관점은 다양할 수밖에 없다. 이 관점들은 상호 간에 경합하고 혹은 결합하며, 현실을 형성하는 실제적인 문화적 힘으로 작동한다.

인류세는 사회와 정책결정자에게 과학적·기술적 지식을 제공하는 자연중심주의 내러티브, 인류의 행위가 지구의 종말을 가져온다는 반성과 전망이 담긴 재난적 내러티브,

기술 발전과 성장을 촉진하는 동시에 불평등과 환경재난을 야기하는 자본주의의 모순을 지적하는 생태마르크시즘 내러티브, 문화와 자연의 이분법이 해소되는 포스트모더니즘 내러티브, 지구시스템의 상호의존성이란 인식을 바탕으로 한 임파워먼트(역량강화 혹은 권한부여)와 실천의 내러티브 등을 담고 있다. (한윤정 2020)

인류세 개념을 둘러싼 관점의 차이들은 그 용어의 유희적 변용과 전유적 실천으로 더욱 본격화된다. 자본세Capitolocene나 대농장세Plantationocene나 도나 해러웨이Donna Jeanne Haraway의 쑬루세Chthulucene 등이 대표적이다. 인류세는 플라스틱세Plasticene나 인류-외설세Anthrop-obscene, 인류-혐오세Mis-anthropocene처럼 대안적 용어를 폭발적으로 늘리면서 이른바 인류밈Anthropomeme이 되고 있다(브라이도티 2018, 47~48).

레베카 에반스Rebecca Evans 역시 인류세는 명명법이자 동시에 경합하는 서사들의 각축장이라고 본다. 인류세는 영향력 있는 SF 이론가 다르코 수빈Darko Suvin의 용어를 빌려 SF '노붐'novum이며 '인지적 낯설게 하기'cognitive estrangement를 활성화하는 SF로서 현실의 맥락에 개입한다는 것이다(Evans 2018). 종합하자면, 인류세의 이야기를 담은 개별 서사 텍스트나 별도의 장르를 논의하기 전에, 인류세 담론 자체가 이미 서사(들)의 구성이며, 현실과 미래의 삶과 교류하는 과학소설성science fictionality 2을 지녔다고 볼 수 있다. 인류세의 담론과 현실은 명명의 정치학이자 서사의 화행론話行論, pragmatics 3으로 작동한다.

이를테면, '우주선 지구호'Spaceship Earth 개념을 참조할 수 있다. 이는 지구를 우주선에 비유하여 유한한 자원과 환경을 지닌 지구가 조화롭도록 승무원들이 협력적으로 행동하도록 권장하는 세계관이다. 1960년대의 우주 경쟁과 환경 각성의 한가운데에서 등장했으며 SF와 같은 형태로 대중문화에 영향을 미쳤다. 기후 위기 시대에는 이 용어로 SF와 더불어 공동체의 이념을 확산시킬 수 있다. 지구가 공동생활을 해나가는 일종의 바이오스피어biosphere(인공 생태계) 우주선이라고 생각한다는 것이다.4 SF 작가 킴

---

2. 이슈트반 치체리-로나이 주니어(Istvan Csicsery-Ronay Jr.)는 SF를 장르 형식보다는 인식의 한 방식, 다시 말해 "체험을 마치 SF 작품의 한 측면인 것처럼 구성하고 시험하는 반응 방식"인 '과학소설성'으로 볼 것을 제안한다(Csicsery-Ronay Jr. 2011, 2).
3. 질 들뢰즈(Gilles Deleuze)와 펠릭스 과타리(Pierre-Félix Guattari)는 언어가 단순한 기호 체계가 아니라 행동의 도구이며, 특정 상황에서 언어를 사용함으로써 의미가 생성된다고 보았다.

스탠리 로빈슨Kim Stanley Robinson은 "우리는 지금 함께 쓰고 있는 과학소설 안에 살아가고 있다"(Canavan and Robinson 2014, 255)고 했다. 인류세 서사는 상상과 사변의 대상이기 전에, 우리 삶의 문제를 변화시킬 수 있는 서사이기도 하다. 우리는 어떤 인류세 서사를 선택하고, 상상하고, 이야기하고, 실천하고, 살아갈 것인가?

따라서 인류세 서사는 기후 위기나 지구 행성의 곤경을 다루는 SF 장르나 특정 문학 텍스트의 경향을 지칭하기보다는 그러한 문학적 장르/서사를 포함하되, 과학기술에서부터 국가 정책과 시민들의 실천, 그리고 현실의 삶에 관여되는 담론과 서사까지 지칭한다. 다만, 장르와 문학 서사는 재현과 상상의 방식으로써 복잡한 인류세 서사의 지형과 역동을 포착하고 검토할 수 있는 길을 제공해 준다. 이 글은 이러한 관점에서 특별히 기후 위기와 AI의 문제를 함께 다룬 한국 SF 서사에 초점을 맞추어 비판적으로 분석한다.

---

4. 물론 하나의 은유라는 점에서 현실과 동일하지 않다는 한계도 존재한다. 그럼에도 인류세와 기후 위기 현실에 대한 힘 있는 명명, 은유와 서사들이 변화를 위해 필요하다.

2. 인류세 비평의 가능성과 한국 SF 서사의 맥락

우선, 인류세 서사 또는 기후 소설의 분석을 위해서는 인류세 비평 이론의 체계적 정립과 관점이 요청된다. 인류세 비평은 기후 위기의 과학 및 사회문화 담론은 물론 SF^{science/speculative fiction}와 기후 소설, 인류세 소설에 대한 논의를 포함하며, 더 넓게는 포스트 휴먼 문학 비평에 속한다. 구체적으로 인류세 문학 비평은 문학 텍스트에서 인간 활동이 지구 환경과 생태계에 미치는 영향을 분석하고 해석한다. 이 비평은 인류세 개념을 기반으로, 텍스트 안의 인간과 비인간 간의 관계, 환경 문제, 그리고 지속 가능한(그보다는 "거주 가능한"[5]) 미래에 대한 논의를 중심으로 한다. 인류세 문학 비평은 기존의 문학 비평 방식과는 다른, 인간 중심적이지 않은 시각에서의 해석과 평가를 요구한다. 그 점에서 비판적이고 생태적인 포스트휴머니즘의 관점을 공유한다. 포스트 휴먼 생태비평은 "신자유주의적 자본주의로 악화된 현재의 생태 위기"(Lau 2018, 384) 속에

---

5. 디페시 차크라바르티(Dipesh Chakrabarty)는 인간 중심적인 용어인 '지속 가능성'(sustainability) 대신 '거주 가능성'(habitability)이라는 용어를 제안한다. Chakrabarty 2021, 83.

서 인간과 비인간 타자의 상호작용 윤리를 다룬다(노대원·황임경 2022, 102; 노대원 2022b 등을 참고).

SF는 본래부터 과학자들과 함께 팬데믹과 기후 위기를 서사적 상상력으로 경고해 왔다. SF 서사는 기술과학techno-science에 대한 반성과 경고의 역할을 수행할 뿐만 아니라 우리 삶의 현실과 사고방식 자체를 형성하기도 한다. 그 점에서 인류세에 SF를 사유하는 것은 대중 장르 연구를 넘어선 시의성 있는 진지한 문학 연구 및 문화연구의 의미가 있다.

SF 장르는 팬데믹 SF, 기후변화 소설climate change fiction, 생태 SF, 디스토피아 등의 다양한 하위장르를 통해서 기술 과학 시대의 역설적인 문명 붕괴의 위기를 경고해 왔다. (포스트)아포칼립스 소설apocalyptic and post-apocalyptic fiction이나 재난 서사를 통한 경고의 메시지는 대중문화의 오락적 성격도 있지만, 한편으로 과학 발전에 대한 진지한 외삽外挿, extrapolation의 결과이거나 과학적 진단에 따른 정교한 사고실험thought experiment의 차원으로 수행된 것이기도 하다. 과학자들에 의하면, 우리가 직면한 인류세의 기후변화는 전염병, 이상 기후, 해수면 상승, 가뭄과 산불, 사막화 등의 각종 이상 기후 거쳐 결국 '6차 대멸종'이라 부르는 사태로 귀결될 것으로 예측된다. 이러한 사건과 재난은 모두 기후 소설Cli-Fi;Climate Fiction과 인류세 문학의 핵심 모티프가 되어 플롯을 구성할 수 있다.

한국에서는 2000년대 이래로 환경 문학과 생태 문학, 또는 생태 SF 장르에서는 주로 환경 위기와 기후 위기를 사변 소설speculative fiction의 형식으로 다루어 왔다. 당시까지만 해도 SF 문학은 비주류 장르로 간주되었고 기후 위기와 인류세 담론은 학계의 중요한 의제가 아니었기에, 이러한 소설들은 많이 창작되거나 비평적 조명을 받지 못했다. 문학 연구 또한 '문학과 환경'과 같은 연구 분야에서 환경 문학 연구자를 중심으로 한정적으로 이루어졌다. 환경과 기후변화에 관한 서사 주제들은 미래 세대 독자들에 대한 생태 환경 '교육'의 의미가 크기 때문에, 2000년대 이후 청소년소설Young Adult, YA 장르의 독서 시장이 형성된 이래로 아동청소년문학 창작에서 큰 흐름을 이루어 왔다.

문학적 SF에서 인류세 소설이라고 할 만한 범주의 텍스트는 2010년대 중반 이후 알파고 쇼크와 미세먼지, 잦은 태풍과 이상 기후 등 각종 기후 위기가 언론을 통해 폭발적으로 보도되면서 출현하게 되었다. '인류세'라는 지질학 용어가 학계와 대중에게 확산된 것도 중요한 요인이었다. 특히 이 시기 이후, 미세먼지와 같은 한국 사회 현실 및 환경과 직접적인 관련성을 갖는 작품은 단편소설을 중심으로 창작되고 있다.

이후, 특히 코로나19 팬데믹은 기후 위기와 인류세 담론을 증폭시켰고, 한국소설에서도 인류세 문학은 SF 소설 장르의 인기와 더불어 더욱 증가세에 있다. SF 소설을 중심으로 팬데믹 기간 동안 많은 기후, 생태, 환경을 사유하도록 하는 서사 텍스트가 산출되었다.[6]

김초엽, 천선란, 정세랑과 같은 대표적인 신진 SF 작가군은 기후 위기에 대한 비판의식, 생태주의와 비판적 포스트휴머니즘의 사유를 기본적으로 내장하고 있는 소설가들로, 대중 독자들의 많은 관심과 비평가 및 연구자들의 주목을 받고 있다. 기후 위기 문제를 핵심 모티프로 다룬 소설 이외에도 많은 SF 서사 텍스트들이 미래 사회를 설정할 때 기후 재난을 거의 기본값처럼 간주하기도 한다. 이처럼 한국에서도 기후 위기 문제를 제기하는 소설과 미디어 서

---

6. 김보영의 『역병의 바다』는 H. P. 러브크래프트(Howard Philips Lovecraft) 다시 쓰기로, 인류세 시대에 억압된 것들의 귀환 여정을 보여준다. SF 앤솔러지 『팬데믹 : 여섯 개의 세계』에 수록된 듀나의 「죽은 고래에서 온 사람들」은 살아있는 고래-행성을 통해서 제임스 러브록의 가이아 이론을 상기시키는 수작이다. 같은 선집에 실린 김초엽의 「최후의 라이오니」는 팬데믹으로 멸종된 것으로 추정된 행성의 복제인간들 후예를 등장시킴으로써 대멸종의 시대를 우회적으로 비판한다(노대원 2022a).

사들이 다수 출현하여 진지한 연구 대상으로 인식되기에 이르렀다.[7]

국내 인류세 문학 연구는 주로 영문학자들이 논의를 시작했는데, 생태 문학과 장르 서사 연구의 일환으로 국제적 동향에 맞추어 활발하게 진행되고 있다.[8] 2016년에는 『인문과학』 제60집이 '인류세와 기후변화'를 특집으로 기획하여 세 편의 논문을 실었다(신두호 2016 ; 김화임 2016 ; 이나미 2016). 『문화/과학』 2019년 봄호는 '인류세'를 특집으로 구성하여 인류세 담론의 확장에 기여했다.[9] 건국대 인류세 인문학 연구단은 다양한 인문학 전공자들이 협력하여 연구 성과를 산출하고 있다(건국대 인류세인문학단 2020a, 1~2). 하지만 한국 문학 연구에서 인류세는 여전히 비교적

---

7. 2024년 1월 현재, 적어도 대략 장편소설 18권, 단편소설집 7권, 단편소설 37편, 만화 1편, 영상 1편 이상에 이르는 기후 위기를 소재로 한 한국 SF 텍스트가 있다. 이 수치는 웹소설과 웹툰 등 신흥 장르를 제외한 것이며, 아동청소년 SF에 대한 조사는 거의 제외한 결과이다. 이 목록은 계속 빠르게 업데이트되고 있다. 다만, 이 글은 한국 기후 소설의 전반적인 지형도 작성보다는 AI와 기후 위기를 함께 다룬 SF 텍스트를 선별하여 논의하면서 기술해결주의 서사에 대한 비판에 주력하고자 한다.

8. 대표적인 연구로, 신두호 2015 ; 김대영 2016 ; 송성회 2016 ; 문형준 2018 ; 원영선 2019 ; 이윤종 2021 등이 있다.

9. 이광석, 김상민, 김성윤, 김준수, 이소요, 임태훈, 디페시 차크라바티, 도나 해러웨이 등 국내외 필진의 글을 싣고 있다. 『문화/과학』 2019년 봄호(97호) 참조.

생소한 개념으로, 기후 문제가 한국 작가와 한국 문학 연구자의 주요 관심사로 부각되기 시작한 것은 최근 들어서다. 한국 문학에서 기후 위기와 인류세를 다룬 텍스트 역시 찾기가 어려웠으나, 코로나19 팬데믹은 기후 위기와 생태학적 각성을 불러일으켰다. 한국 문학 연구자와 평론가에 의한 인류세 서사 연구는 SF 붐과 팬데믹, 기후 위기 담론의 확산과 맞물리면서 최근에 비로소 시작되었으며[10], 다음 연구 단계를 위한 의미 있는 작업으로 평가할 수 있다. 다만, 기후 위기의 심각성이 점점 심화되고 있으며, 체계적인 인류세 비평 및 서사 이론 수립에 근거한 후속 연구의 필요성이 제기된다. 이러한 상황에서 최근 기후 문제를 다룬 한국 SF 서사 텍스트들이 다수 산출됨으로써 연구가 심화될 수 있는 근거가 마련되었다.

3. 기후 위기와 AI의 상호관계와 유스토피아 서사

한편, 기후 위기와 더불어 인공지능[AI]은 현재 SF 장르

---

10. 대표적인 연구로, 복도훈 2020 ; 이지용 2020 ; 임태훈 2020 ; 정은경 2020 ; 노대원·황임경 2020 ; 노대원 2022b ; 노대원 2023 ; 오윤호 2023 ; 임태훈 2023 등이 있다.

에서 가장 중요한 소재가 되었다. 이 두 가지는 핵심 소재가 아니더라도 SF 서사의 세계 구축이나 설정에서 기본적인 사항, 즉 메가 텍스트megatext에 가까워지고 있다. 그것은 과학소설적 상상력을 전개하기 좋은 소재이기 때문만이 아니라 우리의 현실과 미래에서 가장 중요한 사안이라는 작가들의 문제의식이 있기 때문이다. 실제로 SF 장르에서만 아니라 현실 사회에서도, 이 두 의제는 인류의 가장 중요한 문제로 대두되고 있다. 기후 위기와 AI 문제 모두 근미래와 장기적인 미래의 지속 가능성에 큰 영향을 미칠 것으로 예상되기 때문이다. 기후변화는 생태계, 경제, 사회에 광범위한 영향을 미치며, AI 기술의 발전은 산업, 경제, 사회 구조 및 개인의 일상에 변화를 가져올 것이다. 기후 위기와 AI 기술은 모두 급격한 변화를 일으키는데, 이 변화는 사회적, 경제적, 환경적 문제로 광범위하고 심각한 사안이다. 두 문제 모두 국경을 넘어 전 세계적, 또는 전 지구적 영향을 미친다는 공통점도 있다. 또한 이 둘은 개인의 권리, 사회의 공정성, 지구의 생태계 보호와 같은, 윤리적 가치문제를 제기한다. 많은 SF는 가상의 미래에서 기후 위기와 AI 문제가 어떻게 전개되고 변화할지, 인류가 어떻게 대응하게 될지 서사를 통해 탐구한다. 이 서사들을 통해 우리는 다양한 시나리오와 결과를 상상하고, 현재의 행동과 선택에 관한 깊은 성찰을 할 수 있다.

AI는 자동화 및 생산성 증대와 같은 낙관적 기대 심리와 일자리 상실과 같은 경제 문제와 결합되어 대중의 관심을 끈다. 이 때문에 기후 위기 담론과 인공지능 담론은, 과학기술학Science and Technology Studies, STS 연구자 전치형의 "인공지능과 인공지구"라는 표현처럼 서로 경쟁하는 미래 담론으로 이해되기도 한다(전치형 2018). 한국에서는 기후 문제보다는 기술 혁신에 대한 긍정적 관심과 이른바 '4차 산업혁명'에 대한 담론이 더 지배적이기 때문이다. 실제로 대부분 기후 위기와 AI의 상호관계는 AI는 기후 위기 대응의 중요한 도구로 활용될 수 있다는 긍정적 인식이 크다. 실제로 AI 기술은 기후 변화 분석, 예측 및 모니터링, 에너지 사용 최적화, 생태계 복원 및 보존 등에 실용적으로 활용될 수 있으며 다양한 연구가 진행되고 있다.

그러나 AI가 기후 위기에 부정적인 측면으로 작용할 수 있다는 AI 생태학의 관점은 널리 알려지지 않았다. "광물은 AI의 뼈대지만 AI의 혈액은 여전히 전기에너지다"(크로퍼드 2022, 53). AI 하드웨어, 특히 GPU와 TPU 같은 고성능 계산 장치의 생산을 위해서는 광물과 희귀 금속(희토류rare earth metals)의 채굴이 필요하다. 이 과정에서 환경 파괴와 물 자원의 오염을 초래할 수 있다. 딥 러닝 모델의 훈련과 데이터 센터 운영은 상당한 양의 전력을 필요로 하며, 냉각 과정에서 에너지 소비가 더욱 증가된다. 이러한 에너지 소비는 온실가스 배출량 증가로 이어져 기후변화를 악화시킬 수 있다.[11] 무엇보다 기술에 과도하게 의존하게 되면, 자연환경과의 균형을 유지하는 전통적인 방법이나 지식을 간과하게 될 수 있다.[12] 기후 위기에 대한 기술 해결주의techno-solutionism가 AI와 만나면, 종국에는 인간을 관리하는 "AI 데우스"(코켈버그 2023a, 221 ; 강조는 원문)의 시나리오로 귀결된다. 실제로 이러한 시나리오는 많은 SF 서사의 한 줄기를 이룬다.

최근 브뤼노 라투르 등에 의해 인류세 담론에서도 새

---

11. 평균적인 인간은 연간 약 5톤의 이산화탄소를 배출하지만, 트랜스포머 (대형) 모델 훈련 과정에서는 284톤의 이산화탄소를 배출한 것으로 추정된다. Bender et al 2021, 612.

12. 기후 위기와 AI의 관계, AI가 기후 위기에 부정적인 측면에 대해서는 ChatGPT August 3 Version(GPT-4)을 활용하고 참조했다. 프롬프트로 '기후 위기와 AI의 관계'를 문의했을 때, GPT-4가 기후 위기에 대한 AI의 활용만을 긍정적으로 논의한 답변을 통해 기존 텍스트들에서 기후 위기와 AI의 관계를 주로 어떻게 보고 있는지를 간접적으로 확인할 수 있다. 언어 모델 AI는 '확률적 앵무새'(stochastic parrots)라는 비판처럼, 다수의 텍스트의 결과를 토대로 다음 구문을 생성하기 때문이다.

롭게 호출되고 있는 가이아 가설의 주창자, 제임스 러브록 James Lovelock 역시 AI 낙관론자였다. 현재의 많은 과학기술 자가 인간이 AI 기술을 도구적으로 이용해 기후 위기의 문제에 대응하거나 해결책을 마련하려는 의도를 갖고 있다면, 러브록은 나아가 AI 행위자가 포스트 휴먼 주체로서 주도적으로 기후 위기를 해결할 것으로 기대한다. 그는 AI가 주도할 새로운 시대인 "노바세"Novacene에는 기후 위기의 문제를 AI가 해결할 것으로 보았다. 본래 사이보그cyborg는 그 어원처럼 유기체와 기계의 결합을 의미하지만, 러브록은 노바세의 초지능을 지닌 전자 존재를 사이보그라고 부른다. 그는 그들 역시 다원적인 진화를 통해 생겨난 우리의 후손이 될 것이기 때문이라고 설명한다(Lovelock 2019의 5장). 러브록은, 지구의 유기 생명체와 전자 생명체 모두의 상한 온도를 섭씨 50도로 본다(같은 책, 20장). 따라서 그는 사이보그조차 기후변화 이후의 지구에서 존속할 수 없기 때문에, 거주 가능한 온도로 유지하기 위해 화학적, 물리적 환경을 변경하고 인간을 비롯한 유기적 생명체를 존속시킬 것으로 전망한다(같은 책, 16장). 러브록은 기존의 생물학적 생명체뿐만 아니라 인공지능과 같은 새로운 형태의 생명체가 지구의 생태계에 통합될 수 있을 것으로 본 것이다.

노바세의 주요 거주자는 인간과 사이보그로, "미래의 세계는 인간이나 다른 지적인 종의 이기적인 욕구가 아니라 가이아의 생존을 보장해야 할 필요성에 의해 결정"(같은 책, 19장)될 것으로 상상했다. 그에 의하면, 노바세에는 "새로운 IT 가이아"가 유기적 가이아를 대체하여, "지구에서 가장 평화로운 시대"를 만들 것이다(같은 책, 20장). 이 낙관론에는, 가이아를 항상성을 유지하는 "자기 조절 시스템"(송은주 2023)으로 생각했던 러브록의 견해가 밑바탕에 깔려 있는 것으로 보인다. 노바세에 대한 그의 상상력은 과학적 예측 혹은 시나리오이자 동시에 하나의 SF 서사를 이룬다.[13] 기후 위기에 대한 러브록의 논의는 과학에 근거해 있더라도 노바세라고 부르는 미래 예측은 어디까지나 초지능 존재에 대한 낙관에 기댄 사변적 상상이다.

러브록의 『노바세』에서도 그렇지만, 기후 위기와 AI가 동시에 의미 있게 등장하는 SF 서사는 '유스토피아'ustopia로 서사화된다. 유스토피아는 소설가 마거릿 애트우드Margaret Atwood가 만든 신조어로, 유토피아의 디스토피아적인

---

13. 과학과 대중과학 텍스트도 기술에 의미를 부여하는 문화적 서사이므로 '과학/소설'(science/fiction) 또는 '과학 허구적 텍스트'(scientifictive texts)로 간주할 수 있다. Rossini 2003, 1.

일면과 디스토피아의 유토피아적인 일면을 의미한다.[14] 유토피아와 디스토피아의 교차점을 강조하는 관점이다. 이러한 양가적 인식에 따르면 단일한 유토피아 서사나 디스토피아 서사가 아니라 유스토피아의 양면적 서사가 존재하는 것이다. 특히, 기후 위기 속의 AI는 주로 구원자나 해결사로 등장하기 마련이기 때문에, 이 SF 역시 유스토피아의 서사로 이어진다. 이러한 서사는 주로 디스토피아적 요소가 강하지만, AI의 힘을 활용하여 환경 문제를 해결할 수 있기에 더 밝은 미래에 대한 희망이 여전히 존재한다는 것을 보여주려 한다. 유스토피아 서사와 관점은 기술 발전의 이중적 성격과 인류의 미래를 긍정적으로 또는 부정적으로 상상해 볼 수 있는 상상력을 제공한다.

기후 위기와 AI의 관계를 다룬 SF로는 애니메이션 영화 〈월-E〉가 가장 대표적이다. 인간들이 모두 떠난 뒤 오염된 지구에 남아 쓰레기를 청소하는 로봇 월-E는 '지구의 환경을 오염시키는 인간 대(對) 지구 생태를 회복하는 AI'

---

14. "나는 유토피아와 디스토피아, 상상 속의 완벽한 사회와 그와 정반대되는 사회를 결합해 유스토피아(ustopia)라는 용어를 만들었다. 유토피아에는 디스토피아에 잠재되어 있는 측면이, 디스토피아에는 유토피아에 잠재되어 있는 측면이 포함되어 있다고 생각해서였다." 애트우드 2021, 112.

라는 전형적인 서사적 도식을 널리 확산시켰다. 월-E의 서사는 AI/로봇 아포칼립스 서사의 반대편에 위치한, 환경적 포스트 아포칼립스에서 AI 로봇이 인류를 구원하는 서사다. SF 영화 〈트랜센던스〉는 작중의 AI 과학자인 윌 캐스터의 정신을 슈퍼컴퓨터에 마인드 업로딩mind-uploading한 초지능 AI가 나노기술로 오염된 세계의 생태를 회복시키는 장면으로 이야기를 마무리한다. 이 영화들은 모두 기후 재난과 생태 위기에 대한 기술적 구원자로서 AI의 이미지를 부각시키면서, 대중들에게 기후변화의 기술적 해결이라는 인식을 강화한다. 물론, 최근의 서사 텍스트에서는 이러한 상상력을 반박하는 대안 서사도 제시되고 있다. 예를 들어, 지구의 혜성 충돌을 통해 기후 위기에 대응하는 다양한 인물군의 행태를 풍자한 다크 코미디dark comedy 영화 〈돈 룩 업〉에서는 빅테크 자본가를 비판의 대상으로 삼음으로써 기술적 해법의 한계를 우회적으로 문제 삼는다.

4. 그린 리바이어던 혹은, 멸종 후에 도래하는 메시아

인류세 서사의 문화적 표상에서 중요한 역할을 수행하는 기후 소설 서사들은, 현실 세계에서 급속도로 발전해

가는 AI 기술에 대한 기대와 우려와 긴밀하게 접속하면서, AI와 기후 위기의 소재를 동시에 재현하고 상상하는 서사 텍스트들을 산출하고 있다. 여기서는 이른바 노바세의 기술적 낙관주의 혹은 AI 기술 해결주의를 포함하는 서사 텍스트들을 비판적으로 검토해 보고자 한다.

김소연의 「가이아의 선택」과 윤해연의 「일인용 캡슐」은 모두 '기후 위기 SF 앤솔러지'라는 부제의 중단편 소설집에 실려 있는 청소년소설이다. 두 중편소설은 인류세 시대에 기후와 인간을 관리하는 '어머니'로서 AI 데우스에 대한 기대와 불안을 다룬다.

> "대멸종을 막고 싶다면 저를 기후 관리 시스템의 빅 리더로 삼으세요. 전 세계 기후 대책에 대한 책임과 권리를 제게 주신다면 멸망을 앞둔 인류는 구원될 수 있습니다."
> 당시 특이점이 온 인공지능의 제안을 무시할 수 있는 국가나 인간은 존재하지 않았다. 인류는 눈앞에서 벌어지고 있는 기상 이변과 그에 따른 생태계 파괴, 재앙 수준의 환경 변화에 어찌할 바 모르고 있던 참이었다. 인간이 감당할 수 있는 임계점을 한참 지난 때였다. (김소연 2021, 12)

AI 인류 분석기는 가장 이성적인 해답처럼 등장했지만 자비가 없었다. 표면적으로는 바이러스를 진단하고 효율적인 치료를 위한 분류 시스템이라고 했다. 암묵적으로는 난민을 재빠르게 걸러 내려는 속셈이었다. 화성의 테라포밍 작업에 필요한 인류를 난민 중에서 선택하는 걸 모두가 찬성하는 데 그리 오랜 시간이 걸리지 않았다. 살 곳을 잃은 사람들의 선택지는 많지 않고 AI의 데이터는 정확하다고 믿었기 때문이다. (윤해연 2021, 58)

두 소설에서 모두 AI는 인간을 압도하는 막강한 능력을 지닌 존재로 그려진다. 또한 기후변화라는 전 지구적 위기 앞에서 인간은 AI에게 자신들의 선택과 판단을 위임한다. AI는 중앙집권적인 권력을 얻고 그에 반해 인간들은 결정권을 상실하며, 수동적 지위에서 명령에 복종하는 존재가 된다. 특히 「가이아의 선택」에서는 세계 시민들은 지구를 살리기 위해 특이점을 넘어선 인공지능 '네오 가이아'에게 모든 정치적·경제적·군사적 권한을 양도하는 것으로 그려진다. 러브록의 『노바세』의 'IT 가이아'에 대한 상상이 소설적으로 육화된 버전으로 볼 수 있다. 두 소설에서 기후 위기의 대응으로서 AI를 내세울 때, AI의 기술적, 윤리적 한계에 대해 의문을 품는 이들은 등장하지 않으며, 인간 권한을 기술적 비인간 존재에게 양도하는 것에 대한 갈등도 나타나지 않는다는 점은 특기할 만하다. 기후 위기의 구원자로서 AI를 그리는 서사들에는 그것이 SF든 담론의 형태가 되었든 기후 위기의 심각성과 절망 탓에 AI를 상상 가능한 거의 유일한 희망으로 믿고 싶은 욕망이 숨어 있다.

오히려 「가이아의 선택」에서는 미국, 중국, 러시아 등이 바이러스 개발과 백신 개발을 동시에 행함으로써 패권을 회복하려는 음모가 등장한다. 이를 간파한 네오 가이아는 소설 후반부에 인간이 아니라 AI 로봇으로 밝혀지는, 기후 연합의 젊은 국장 테이아에게 바이러스로 인류의 10%만을 생존시킬 계획을 알려준다. 두 소설에서 홉스의 "그린 리바이어던"(코켈버그 2023b)으로 등극한 권위주의적 AI는 기후 위기에 대한 인간의 대응 실패를 냉혹한 아이러니로 그린다. 두 소설은, 특히 「가이아의 선택」은 소설의 끝까지 절망과 희망이 계속 공존하도록 하는, 유스토피아 SF의 전형으로 볼 수 있다.

대멸종 이후 '인간 없는 세상'the world-without-us에 로봇 같은 기술적 인공 존재들만 남게 된다는 서사적 발상은 포스트 아포칼립스 소설post-apocalyptic fiction의 한 하위장르 유형으로 분류할 수 있을 만큼 반복적으로 나타난다. 이런 SF 서사에서 로봇은 멸종한 인류의 포스트 휴먼 후손으로, 인간이 부재하는 이야기에서 등장인물이나 서술자 역할을 수행한다. 이런 디스토피아 서사들은 많은 경우 인간 없는 세계의 역설적인 평화와 생태적 번성을 보여주면서, 인간의 어리석음을 더욱 강조하는 비판적 태도를 취한다.

근래 들어 포스트 아포칼립스 SF에서 인류의 멸종 후에 인공지능이 생명과 인류를 복원한다는 줄거리의 서사들도 급증하고 있다. 현시점에서 이러한 '인공지능의 인류 복원'이란 모티프는 SF 메가 텍스트에 등재된 것이다. 기후 변화와 인공지능에 대한 우려는 미래에 대한 대중의 불안을 야기하는 진원지다. 한국 SF 서사에서 인공지능 지구 복원 서사는 기후 위기와 '6차 대멸종'[15]에 대한 비관적인 전망과 인공지능에 대한 낙관적 기대가 결합된 것이다. '인간 없는 세상'에 대한 사변적 상상으로서 탈인간중심주의, 그리고 인간중심주의에 대한 전통적 휴머니즘이 서로 경합하는, 복잡한 포스트휴머니즘의 투쟁 현장이기도 하다.

---

15. 지구의 생물 다양성이 급격하게 감소하는 현상으로, 이전의 다른 대멸종이 자연 현상에 의해 발생한 것과 달리 6차 대멸종은 인류의 활동이 원인이 된다.

박지홍의 SF 만화 「HOTEL, SINCE 2079」(박지홍 2004)[16]는 '지구 가열'global heating로 인한 인류의 최후와 인공지능의 복원 과정을 그린 SF 서사다. 도킨스 박사의 제안으로 인류는 '방주'라는 우주선으로 '문명의 기억'과 '인간의 DNA'를 지구 밖에 인간이 생존할 만한 항성계로 전달하는 프로젝트를 시작하게 된다. 이 프로젝트는 남극에 거대한 탑을 건설해 가능한 많은 생명체의 DNA를 저장하는 작업과 동시에 진행된다. 2052년, 탑이 완공되고 이곳을 관리하는 AI 컴퓨터 R4200CH는 '루이'라고 명명된다. 이 서사는 루이의 시점에서 서술·회고된다.

트렉슬러에 의하면, 최고의 인류세 소설은 인물 중심 character-driven이 아니며, 점점 더 비인간 존재들을 등장시킨다(Trexler 2015, 26). 포스트 휴먼 장르라고 할 수 있는 SF는 대안적, 사변적 상상력을 통해 서사의 작중 인물로 주류 서사문학에 비해 훨씬 다양한 존재를 등장시킨다. 사이보그, 로봇, 안드로이드, 인공지능, 좀비, 괴물, 외계인, 동물과 식물, 각종 사물 등 다양한 비인간non-human 실체entity와 행위자agency가 서사적 인물(또는 서술자)의 자리를 점유하거나

---

16. 2004년 동아 사이언스 과학기술창작문예 만화 부분 수상작이다.

상호 공존한다. 이는 인간의 진화된 형태에 대한 상상력인 트랜스 휴머니즘뿐만 아니라 '탈−휴머니즘으로서의 포스트휴머니즘'과 탈인간중심주의의 '비인간 전환'nonhuman turn 과 관련된다. 인류세 소설은, 인류세가 기본적으로 인간종에게 책임이 있다는 생태 윤리를 전제로 하며, 지구 행성에서 다양한 종의 평화로운 공생의 가능성을 묻기 위한 서사 형식이다.

「HOTEL, SINCE 2079」에서 서술자를 인간이 아닌 서술자로, 특히 AI 컴퓨터로 설정한 점 역시 서사의 의미에 깊이를 더한다. (1) 인류의 종말과 AI에 의한 복원 과정을 다루는 서사에서 AI 서술자를 등장시킴으로써 인간이 더 이상 기후변화로 인한 피해를 바로잡을 수 없다는 점을 강조한다. 기후 위기의 심각성과 지구에 대한 인간의 행동이 가져올 끔찍한 결과를 더욱 강조하는 것이다. 이는 또한, 기후변화에 대한 무력감과 심각성을 강조하는 것이다. (2) 루이의 관점에서 서술함으로써 독자가 더 객관적인 시각에서 상황을 바라볼 수 있도록 한다. AI인 루이는 인간과 같은 편견과 감정이 없다. 이러한 객관성은 기후변화가 지구와 인류에게 미치는 영향을 성찰하도록 이끈다. (3) 비인간 서술자를 통해 스토리에서 기술과 AI의 중요성을 강조한다. 인류 문명과 DNA를 보존하는 책임을 AI에게 맡김으로써 인간이 스스로 만든 문제를 극복하기 위해 기술에 의존하고 있음을 보여준다. 루이의 서술은 지구와 지구인의 운명이 궁극적으로 인간이 아닌 다른 존재의 손에 달려있다는 인식을 강조하게 될 수 있다는 점에서는 문제적이다.[17]

「HOTEL, SINCE 2079」의 시간 역시 인간의 시간 감각을 넘어선다. AI의 서술을 통해 기후 재난의 시작과 그 경과를 묘사한다. 기후 가열에 따른 인류의 멸종 – 탑의 노후화와 지난한 개선, 복구 과정 – , 그리고 지구 밖으로 탈출시켰던 인류의 유전자가 다시 복원되어 지구로 돌아오는 아주 긴 과정을 차례로 보여준다. 이처럼 수만 년, 수억 년에 이르는 지질학적 사건의 시간 규모를 그리는 방식을 '딥 타임 스토리텔링'deep time storytelling이라고 부른다(송은주 2020, 94). 이러한 시간 서술 방식(비인간 시간 서술)은 인간의 시간 감각을 초월하여 기후변화의 장기적인 결과와 인류가 환경에 미치는 영향의 영속성을 강조한다. 또한 이러한 서술로 독자는 장기간에 걸쳐 사건의 전개를 관찰할

---

17. 이 해석은 GPT-4(ChatGPT Mar 23 Version)로 생성하고 수정·보완했다.

수 있어, 인류세의 인간 행동과 그 결과를 성찰하게 된다. 또한, 인간의 시간을 넘어 수천만 년 단위로 확장된 스토리-시간story-time은 기후변화로 인한 피해를 해결하고 잠재적으로 되돌릴 수 있는 AI와 기술의 역할을 보여준다. 이 만화는 인간 중심의 시간 인식을 넘어 지구 행성의 생태계가 단순히 인간의 영역이 아니라는 점을 중시한다. 이 같은 시간 묘사는 인간 행동의 장기적 결과, 기후 위기를 해결하는 데 있어서의 AI와 기술의 역할, 생태 윤리의 중요성을 강조함으로써 서사에 깊이를 더한다. 그럼에도 이 만화는 결국 인간과 AI를 중심으로 한 서사이므로 지구의 다양한 생명체에 대한 관심을 포괄하지는 못한다는 한계를 갖는다.

웹드라마 〈고래먼지〉(신우석 감독 2018)[18]는 삼성전자에서 기획한 SF 영상답게 사람과 구별되지 않는 AI 등 발전된 디지털 기술의 미래를 배경으로 한다. AI가 가족과 연인, 친구의 역할을 대신하고 있는 '포스트릴레이션'post-relation[19]의 우울한 포스트 휴먼 사회이다. 그러나 동시에

---

18. 이 작품은 유튜브 삼성전자 채널에서 볼 수 있다. 에피소드1의 URL은 https://www.youtube.com/watch?v=_qJQrkoy88k.
19. 포스트릴레이션에 관해서는 바뱅 2007의 4장 참고.

극도로 심각한 미세먼지와 장기간 비가 내리지 않아 사막처럼 황폐화된 기후 위기 시대의 근미래(2053년) 디스토피아 세계를 스토리세계로 설정한다. 이러한 설정은 기후 소설에서는 SF 메가 텍스트의 일부이자 또는 클리셰에 가까운 익숙한 장르 관습이라고 할 수 있다. 또한 환경 디스토피아 서사를 통해 제작 당시의 미세먼지 등 환경에 대한 불안감을 반영하고, 환경 위기에 대한 경각심을 고조시킨다는 점에서 사회적-심리적 현실의 서사적 재현이기도 하다.

이 SF 드라마에서 서사의 종결부는 인공 강우의 성공을 암시한다. 전자 회사가 제작한 웹드라마답게 기술 과학의 승리와 기술 낙관론을 분명하게 보여주는데, 이는 인류세의 위기를 기술로 극복할 수 있다고 낙관하는 에코 모더니스트의 관점과 유사하다. 기술 발전에 대한 동경과 우려가 대부분의 SF처럼 공존하고 있지만, 결국 기후 위기에 대한 해법으로 기술과 자본의 승리를 예견한다는 점에서 기후 위기의 문제의식을 희석화시킬 수 있다. 마지막, 네 번째 에피소드에서 기상 캐스터인 기영(양동근)은 한슬(김소혜)에게 고래가 멸종한 지 오래라고 말한다. AI의 가상 현실로 구현된 고래는 환상적인 이미지를 연출하면서 하나의 에피파니처럼 기능하지만, 스토리세계의 현실에서 고래는 결국 다시 볼 수 없는 멸종 생물이라는 사실을 돌이킬 수는 없다. 즉, 이 드라마에서, 전원이 꺼지면 현실에서 자취를 감추는 AI들을 바라보는 허무한 인간들의 시선처럼, 드라마의 마지막에 나타난 고래 역시 다만 일시적인 환상에 불과하다. 이 드라마에서 많은 인간이 겪고 있는 인류세의 애도 정서와 기후 우울증Climate Depression 상태 역시 끝나지 않을 것이다.

5. 미래의 서사를 어떻게 쓸 것인가?

지금까지 기후 위기와 AI가 어떻게 현실과 담론, 서사 속에서 서로 상호작용하고 상호교차하는지 논의했다. 21세기 초반의 지구 행성, 아니 더 좁게는 인류의 미래를 상상할 때 중요한 단서로 언급되는 이 두 가지는 각각 따져 물을 때보다 함께 사유할 때 그 의미가 더 온전히 드러날 수 있다는 판단에서였다. 양자는 인간의 기술 과학적 활동의 결과로 나타난 것으로, 근대 세계와 근대인이 도달한 '막다른 골목'을 상징한다. 그것이 아포칼립스 서사이든, 포스트 휴먼 유토피아든 인간의 끝을 사변적으로 상상하거나 성찰하도록 강제한다. 혹은 비인간 존재/사유로의 전환을 견인하거나 강권한다.

물론 기후 위기와 AI는 각각 다른 양상을 보이는 담론이자 서사를 거느릴 수 있다. 전자는 명백한 위기의 서사이나, 후자는 낙관론과 비관론 모두를 만들어 내고 있다. 그런데 기후 위기가 AI의 낙관적 상상력 속에서 하나의 서사를 만들어 낼 때, 위기의 서사와 구원의 서사로 쉽게 결합하는 점에 대해서는 문제 제기할 만하다. 기후 재난과 대멸종의 시대에 이와는 상반되게 급속도로 발전해 가는 AI 기술의 존재는 분명 극적인 대조를 이룬다. AI는 위기와 재난속의 한 줄기 빛으로 조명될 여지가 많다. 그리하여 인류세와 노바세는 서로 경합하는 서사가 된다.

노바세 서사는 기술 과학의 승리와 구원을 상상하고 낙관하도록 한다. 인간과 기술적 비인간 존재와의 공존을 그린다는 점에서 포스트 휴먼 공생의 가치를 낙관적으로 추구하나, 한편으로는 이는 극단적 절망에서 비롯된 서사이며 인간중심주의와 기술 낙관주의의 이면에 역설적으로 서사의 중심에서 인간이 배제되거나 인류에 대한 불신 역시 포함되어 있기도 하다. 그 점에서는 더 섬세한 분석은 물론, 개별 서사 텍스트들의 차이와 특수성에도 더 많은 조명이 필요하기도 하다. 특히, AI에게 해결을 전적으로 위임하는 노바세의 서사는 포스트 휴먼 공생이 아니라 주체성의 포기가 아닌지 성찰해야 한다.

이 글에서는 기후 위기 속의 AI 서사를 소설과 만화, 영상 텍스트와 같은 대중 서사 텍스트에서 선정하여 주로 분석하였으나, 실제로 더 중요한 것은 텍스트 바깥의 (컨)텍스트다. 즉, 기후 위기 속의 AI 서사는 과학기술 담론과 정책, 기술 자본-테크기업이 만들어 내는 실제 기술과 이미지, 언론매체와 사회적 담론으로도 유통되고 확산되며, 다른 서사들과 경합하고, 결국 기후 위기와 AI 시대의 현실을 바라보는 서사의 생산자-향유자들 각각에게로 영향을 미친다. 담론 속에 존재하는 인류세, 기후 위기의 서사나 AI 서사는 소설이나 영화의 형식이 아니어도 이미 그 자체로 SF 서사이기 때문이다. 그 점에서 SF 서사는 서사 텍스트 바깥에서 이미 생산되고 향유되며 '작동'하고 있다. 그리고 역으로 소설이나 영화, 만화 등 SF 장르 서사는 다시 담론과 현실을 변화시킨다.

세계에 대한 파국과 구원의 서사를 상상하도록 한다는 점에서 기후 위기와 AI 서사는 강력한 서사적, 수사적 힘(효과)을 지닌다. 이 서사 효과와 서사적 영향력은 단순히 유희와 오락만이 아니라 어떤 방식으로든 기후 위기와 AI

에 대한 우리의 실제 대응과 선택의 결과로 이어질 수 있다는 점에서, 현실과 미래를 변화시킬 수 있는 힘을 지닌다. 인류세와 AI의 시대에, 어떤 이야기를 써나갈지는 우리가 이 미래의 이야기를 함께 써나가는 작가들이라는 사실을 주체적으로 인식하는 것에서 시작될 것이다.

:: 참고문헌

1. 기본자료

김보영. 2020. 『역병의 바다』. 알마.

김소연. 2021. 「가이아의 선택」. 김소연 외. 『일인용 캡슐 : 기후 위기 SF 앤솔러지』. 라임.

김초엽 외. 2020. 『팬데믹 : 여섯 개의 세계』. 문학과지성사.

박지흥. 2004. 「HOTEL, SINCE 2079」. 박성환 외. 『2004 과학기술 창작문예 수상작품집』. 동아엠앤비.

신우석 감독. 2018. 〈고래먼지〉. 제일기획·돌고래유괴단.

윤해연. 2021. 「일인용 캡슐」. 김소연 외. 『일인용 캡슐 : 기후 위기 SF 앤솔러지』. 라임.

McKay, A. 2021. 〈Don't Look Up〉. Hyperobject Industries.

Stanton, A. 2008. 〈Wall-E〉. Pixar Animation Studios.

Walter, C. 2014. 〈Transcendence〉. Warner Bros. Pictures.

2. 논문 및 단행본

건국대 인류세인문학단. 2020a. 『우리는 가장 빠르고 확실하게 죽어가고 있다 1』. 들녘.

_____. 2020b. 『우리는 가장 빠르고 확실하게 죽어가고 있다 2』. 들녘.

고시, 아미타브. 2021. 『대혼란의 시대』. 김홍옥 역. 에코리브르.

김대영. 2016. 「자연과 인간의 중간지대로서의 인류세 담론 고찰 : 찰스 시버트의 『위커비 : 도시의 목가』를 중심으로」. 『문학과환경』 15(1) : 7~42.

김홍중. 2019. 「인류세의 사회이론 1 ─ 파국과 페이션시(patiency)」. 『과학기술학연구』 19(3) : 1~49.

김화임. 2016. 「기후변화와 인류세 시대의 문화구상」. 『인문과학』 60 : 41~66.

노대원. 2022a. 「세계의 끝에서 다시 내딛는 이야기들 ─ 팬데믹 이후의 한국 SF 소설」. 『문학의 오늘』 2022년 봄호 : 8~18. 솔.

_____. 2022b. 「포스트휴먼 (인)문학과 SF의 사변적 상상력」. 『국어국문학』 200 : 113~136.

_____. 2022c. 「기후 위기는 상상력의 위기인가? : [BOOK世通, 제주 읽기] (244) 아미타브 고시, 김홍옥 역, '대혼란의 시대', 에코리브르, 2021」. 『제주의소리』.

2022.07.18.

_____. 2023. 「미래를 다시 꿈꾸기 : 한국과 글로벌 SF의 대안적 미래주의들」. 『탈경계인문학Trans-Humanities』 16(1) : 31~57.

노대원·황임경. 2020. 「포스트휴먼, 바이러스, 취약성」. 『국어국문학』 193 : 93~120.

라투르, 브뤼노. 2021. 『지구와 충돌하지 않고 착륙하는 방법』. 박범순 역. 이음.

문형준. 2018. 「인류세 시대의 문학 — 생태 위기와 파국서사의 가능성」. 『영어영문학 21』 31(4) : 49~67.

바뱅, 도미니크. 2007. 『포스트휴먼과의 만남』. 양영란 역. 궁리.

박은하. 2022. 「한국 탄소배출은 10위, 기후변화 대응은 57위」. 『경향신문』. 2022.11.15.

복도훈. 2020. 「인류세의 (한국) 문학 서설」. 『한국문예창작』 19(3) : 13~34.

브라이도티, 로지. 2015. 『포스트휴먼』. 이경란 역. 아카넷.

_____. 2018. 「포스트휴먼인문학은 무엇인가?」. 『제5회 세계인문학포럼 기조강연 및 전체회의 번역집』. 한국연구재단.

송성회. 2016. 「인류세담론과 문학생태학」. 『독일어문학』 75 : 63~81.

송은주. 2020. 「인류세와 문학」. 『우리는 가장 빠르고 확실하게 죽어가고 있다』. 들녘.

_____. 2023. 「인류세 시대, 가이아 다시 마주하기」. 『인류세 윤리』. 필로소픽. 83~106.

신두호. 2015. 「인류세와 문학연구의 과제」. 『문학과환경』 14(3) : 89~113.

_____. 2016. 「환상에서 현실로 : 인류세, 기후변화, 문학적 수용의 과제」. 『인문과학』 60 : 67~102.

애트우드, 마거릿. 2021. 『나는 왜 SF를 쓰는가 : 디스토피아와 유토피아 사이에서』. 양미래 역. 민음사.

엘리스, 얼 C. 2021. 『인류세』. 김용진·박범순 역 교유당.

오윤호. 2023. 「에코테크네 디스토피아와 생명 정치의 타자성 — 천선란의 『이끼숲』을 중심으로」. 『대중서사연구』 29(3) : 39~67.

원영선. 2019. 「자연과학과 인문학의 만남 : 인류세 연구」. 『안과밖』 46 : 245~273.

이광석 외. 2019. 「특집 : 인류세 Anthropocene」. 『문화/과학』 2019년 봄호(97호). 문화과학사.

이나미. 2016. 「기후변화로 인한 사회적 위기와 공동체의 대응」. 『인문과학』 60 : 5~40.

이윤종. 2021. 「인류세와 인문학 — 캐롤린 머천트의 생태 페미니즘이 조망하는 지구와 인문학의 미래」. 『대중서사연구』 27(2) : 265~291.

이지용. 2020. 「한국 SF에서 나타난 환경 위기 인식 연구」. 『반교어문연구』 56 : 53~74.

임태훈. 2020. 「쓰레기장의 다크 에콜로지와 문학의 기록 : 난지도 소재 소설의 재발견」. 『현대문학이론연구』 82 : 129~154.

_____. 2023. 「'기후 소설Cli-fi'을 어떻게 읽고 쓸 것인가?」. 『문학동네』 116(2023년 가

을호) : 148~161.

전치형. 2018. 「인공지능과 인공지구」. 『경향신문』. 2018.09.12.

정은경. 2020. 「SF, 인류세의 리얼리즘」. 『문학동네』 2020년 겨울호 : 172~196.

코켈버그, 마크. 2023a. 『AI 윤리에 대한 모든 것』. 신상규 · 석기용 역. 아카넷.

_____. 2023b. 『그린 리바이어던』. 김동환 · 최영호 역. 씨아이알.

크로퍼드, 케이트. 2022. 『AI 지도책』. 노승영 역. 소소의책.

토머스, 줄리아 애드니. 2019. 「'인류세'는 '기후 변화'와 어떻게 다르며 왜 중요한가」. 김동진 역. 『에피』 7호. 이음. 190~197.

한윤정. 2020. 「인간과 자연을 재정의하는 환경인문학」. 『다른백년』. 2020.03.02.

해밀턴, 클라이브. 2018. 『인류세』. 정서진 역. 이상북스.

Bender, Emily M., et al. 2021. "On the Dangers of Stochastic Parrots : Can Language Models Be Too Big?" *Proceedings of the 2021 ACM conference on fairness, accountability, and transparency*. pp.610~623.

Canavan, G and Kim Stanley Robinson. 2014. *Green Planets : Ecology and Science Fiction*. Middletown : Wesleyan University Press.

Carolyn Lau, C. 2018. "Posthuman Literature and Criticism." Rosi Braidotti · Maria Hlavajova (eds.), *Posthuman Glossary*. London : Bloomsbury.

Chakrabarty, D. 2021. *The Climate of History in a Planetary Age*. Chicago, Ill. : University of Chicago Press. [『행성 시대 역사의 기후』. 이신철 역. 에코리브르. 2023.]

Csicsery-Ronay Jr., I. 2011. *The Seven Beauties of Science Fiction*. Middletown : Wesleyan University Press.

Evans, R. 2018. "Nomenclature, Narrative, and Novum : "The Anthropocene" and/as Science Fiction." *Science Fiction Studies* 45(3) : 484~499.

Lovelock, J., Appleyard, B. 2019. *Novacene : The Coming Age of Hyperintelligence*. Mit Press. (e-book)

Rossini, M. 2003. "Science/fiction : Imagineering posthuman bodies." *Gender and Power in the New Europe*. The 5th European Feminist Research Conference, August 2003. 1~13.

Steffen, W., Grinevald, J., Crutzen, P., McNeill, J. 2011. "The Anthropocene : conceptual and historical perspectives." *Philosophical Transactions of the Royal Society*. 369 : 842~867.

Trexler, A. 2015. *Anthropocene Fictions : The Novel in a Time of Climate Change*. Charlottesville : University of Virginia Press.

사물들의 플랫폼으로서의 디지털 폴리스와 블랙박스를 펼치는 사물의 정치

김은주

1. 인류세와 유토피아

크뤼천P. Crutzen이 제안한 개념인 인류세Anthropocene는 '인류'가 지구 환경에 영향을 준 새로운 지질시대를 뜻한다. 크뤼천에 따르면, "지구와 대기에 영향을 주는 인간의 활동들을 지구적인 규모에서 고려해 볼 때, '인류세'라는 용어를 사용하여 지질학과 환경학에서 인류의 중심적 역할을 강조하는 것이 더욱 적절"하다는 것이다(Crutzen 2022, 23). 인류세라는 용어는 인간의 활동이 지구의 지질학과 생물학에 비가역적인 거대한 변화를 일으켰다는 것을 의미한다. 이러한 인류세는 1945년에 이루어진 핵실험인 트리니티 테스트Trinity Test로부터 그 시작점을 찾으며 더 멀리로는 산업혁명을 분기점으로 삼는다. 플라스틱, 알루미늄, 콘크리트 등의 '기술화석'technofossils과 유례없는 양의 닭 뼈 퇴적층으로 이루어진 인류세의 지층들은 소위 '근대'와 '인간'의 기억이기도 하다.

인류세에 대한 비판은 근대와 근대성을 조명하며, 자연-사회 이분법이라는 근대가 설정한 사유 방식과 인간중심주의에 초점을 맞추어 다학제적으로 이루어졌다(Chakrabarty 2009). 파리카는 지구 광물의 수탈과 발전에 관한 뒤틀린 환상을 지적하며, 희토류를 채굴하고 지정학적 분쟁을 야기하는 '인류세'를 인류 외설세Anthrobscene로 바꿔 부르며 비판한다(Parikka 2014, 17). 최명애와 박범순은 이러한 비판의 핵심에 "근대 250여 년이 행성적 차원에서는 되돌릴 수 없는 수준의 '행성 파괴'가 일어난 기간이자, 인간으로 대표되고 재현되는 규범적 이상향을 만들면서 비인간 타자를 착취한 시기"라는 분석이 있음을 지적한다(최명애·박범순 2019, 10).

인류세 개념은 근대성이 목적론적인 선형적 시간을 전제하고 진보와 발전의 역사를 지향한다는 점을 지적하며 근대가 설정한 '유토피아'에 질문을 던진다.[1] 이는 근대의 유토피아가 인간 존재의 의미를 유일무이한 가치로 여기는 인간중심주의를 기치로 삼아, 지구를 유클리드적 공간으로 조직하고, 선형적 시간성과 목적론적 진보를 기준으로, 계몽의 이상을 실현하려 해 왔기 때문이다. 인간의 행복을 약속하는 근대의 유토피아 이상은 인간의 이성을 신뢰하

---

1. 유토피아(utopia)는 그리스어 Ou(no)와 topos(place)를 결합시켜 만든 조어로, 16세기 토마스 모어의 『유토피아』(*Utopia*)에 등장하여 사용된, 이상적인 사회를 일컫는 용어이다. 유토피아는 '없는 곳'(u-topia)인 동시에 '좋은 곳'(eutopia)이라는 두 가지 의미를 지닌다. 이한구 2012, 28.

며 현재보다 더 나은 미래를 확신하는 사회로, 기술 유토피아 역시 노동의 종말과 개성의 발현을 약속하는 대표적인 근대 유토피아의 이상이다.

인류세 개념의 등장은 근대의 유토피아에 대한 반성에 그치지 않고 그에 대한 실패를 의미하는 디스토피아의 등장으로 읽어내기도 한다. 그러나 이러한 방식의 분석은 한계적이다. 사실상 유토피아와 디스토피아는 진보의 기획이 상정한 목적의 성공과 실패라는 동전의 양면이기 때문이다. 오히려 인류세의 지층이 보여주는 것은 근대의 유토피아를 관통하는 인간중심주의에 관한 질문이다.

이 글은 인류세를 유토피아와 디스토피아의 이분법으로만 가름하는 인간중심주의에서 벗어나, 인간과 비인간의 관계를 대칭적으로 이해하는 논의에서 출발하고자 한다. 특히, 이 글은 계몽과 진보로 재현되는 근대의 기술 유토피아로서 디지털 폴리스를 제안하는 관점에 비판적으로 접근하면서, 트랜스 휴머니즘적 기술 발전과 기술공동체의 상에서 벗어나 디지털 폴리스를 모색하고자 한다. 이를 위해, 인류세의 지층들을 '사물과 더불어'with things 함께 있음이라는 사물로의 전회의 측면에서 접근하여, 디지털 폴리스와 겹쳐 읽어내려 한다(김환석 2016, 219).

사물은 영어로 thing이라 번역할 수 있는 것으로 '일과 물건을 아울러 이르는 말', '물질세계에 있는 모든 구체적이며 개별적인 존재를 통틀어 이르는 말'로 정의된다. 이러한 정의를 통해 사물이라는 개념은 단순히 물건의 범주를 넘어서, 인공물, 기계, 도구와 같은 비인간 개념으로 확장될 수 있다(안미현 2021, 201~225). 라투르[B. Latour]는 사물, "Thing이나 Ding이라는 오래된 단어가 의회를 지칭"하기 위해 만들어졌음을 지적한다. "정치적 공간 바깥으로 던져진 채 객관적이고 독립적으로 존재하는 '객체'를 의미하는" 사물이 "사람들의 의견을 분열시키고 바로 그 이유에서 사람들을 한 자리로 모으는 어떤 쟁점을 의미"(라투르 2010a, 274)[2]한다는 것이다.

이 글은 사물로의 전회의 측면에서 디지털 폴리스를 사물들의 플랫폼으로 설명하면서, 디지털 폴리스의 블랙박스화를 추적하고 이종적 네트워크들로 펼쳐내면서 사물들의 정치를 탐색해 볼 것이다. 이는 유토피아를 이상향이 아니라, '없는' 장소'의 역량으로 이해해 보려는 것이기도 하다.

---

2. 라투르에 따르면 이러한 인식론은 라틴어 res라는 단어에도, 그리스어인 atita(원인, 인과)와 프랑스어와 이탈리아어의 cause(원인)에도 숨어 있다.

2. 사물과 행위자 네트워크 이론

　오랫동안 사물은 인간의 탐구 대상이거나, 목적을 위한 수단이나 매개체를 뜻했다. 이러한 관점은 주체/대상 이분법, 형상/질료 이분법을 전제하고 대상과 질료를 주체의 능동성과 형상의 조형에 수동적으로 반응하는 무기력한 객체로 제시해 왔다. 그러나 니체F. W. Nietzsche는 "우리의 필기도구가 우리의 사유와 더불어 작업한다"라 쓰며, 인간의 사유와 글쓰기가 사물과 함께 작동할 뿐 아니라 사물로부터 영향을 받음을 지적한다(키틀러 2019, 225~464).[3]

　『기술복제시대의 예술작품』에서, 벤야민W. Benjamin은 "생활에서 거의 나날이 증가하고 있는 어떤 도구를 다루는 일이 조건 짓는 지각과 반응 양식에 인간을 적응시키는 데 기여한다"(벤야민 2007, 57)고 쓴다. 기술복제시대에 예술작품의 수용 방식이 아우라에 집중하는 정신 집중에서 정신 분산으로 바뀌면서, 기계 장치가 현실 속에 깊이 침투하여 인간의 감각 방식 자체가 변화한다는 것이다. 그리하여, "정

---

3. 키틀러가 소개하듯, 니체뿐 아니라 하이데거 또한 「손과 타자기에 대하여」(1942~1943)라는 글에서, 기계의 변화가 문자–쓰기, 나아가 인간의 존재와 연관을 맺는다는 점을 강조한다.

신이 산만한 대중은 예술작품이 자신들 속으로 빠져 들어오게"(같은 책, 144)하는 집단적 방식으로 예술작품을 지각한다. 이러한 수용 방식은 촉각적 수용으로, 주의력의 집중을 통해서라기보다는 습관의 익숙함을 통해서 이루어진다. 습관은 긴장된 관찰이 아니라 무심코 주목하는 것이며, 특히 인간에게 습관을 부여하는 기계 장치인 사물이 인간 지각구조를 변화시킨다. 이뿐 아니라, 기계 장치 사물은 인간 또한 사물로 취급한다. 벤야민은 특히 영화 촬영에서 연기자의 연기가 카메라 앞에서 일어나며, 관객의 자리에 카메라를 세우며, 배우를 적당한 장소에 배치하는 소도구처럼 다룬다는 점에 주목한다(같은 책, 67). 벤야민에 따르면, 인간 역시 기술 복제 시대에는 자기 자신의 인격을 바치면서도 인격의 아우라를 포기하고, 그 자신이 사물이기를 자처한다(같은 책, 69).

1) 행위자-네트워크

사물로부터 출발하는 논의는, 물질과 사물로의 전회로 부를 수 있는, 브뤼노 라투르의 행위자 네트워크 이론Actor-Network Theory과 관계론적 존재론Relational Ontology에서 본격화된다. 행위자 네트워크 이론은 주체 객체의 이분법으로 사물과 인간의 관계를 해석하는 시각에서 행위성agency을 인간만이 보유한다는 설명을 인간중심주의라고 비판하고, 사물을 "비환원적, 관계론적 존재론"에서 바라본다(라투르 2919b, 101).[4]

행위자 네트워크는 사물을 주체에 의해 정립되는 객체나 대상이 아니라, 관계를 이루는 물질matter in relation이자, 행위자로 설명한다. 여기서 "행위자는 기호학적 정의(행위소)이며, 이는 행동하거나 타 존재로부터 행위능력을 인정받은 존재를 의미"한다. 이러한 행위자는 "일반적으로 인간이 지닌 특별한 동기를 가정하지 않는다"(김홍중 2022, 26).[5] 행위자 네트워크에서 행위자 개념은 "기호학이 상정하는 행위자로 어떤 서술 속의 주어, 특정 서사적 기능을 담당하는 존재를 모두 가리킨다"(Haraway 2004, 115). 행위자 네트워크에서 사물은 인간과 동등한 행위자의 지위를 갖고

---

4. 이러한 관계론적 존재론은 근대의 인간중심주의를 기각하고 인간과 비인간의 위치를 평등하게 본다는 점에서, 평평한 존재론으로도 설명되기도 한다. 관계론적 존재론에서 인간은 비인간과 영향을 주고받으면서 세계를 형성하는 부분적인 참여자이다.

5. 행위자 네트워크 이론에서의 행위자는 그레마스 기호학에서의 기호학적 정의인 행위소(行爲素, act)이다. 행위소는 행위의 원천이 될 수 있는 것이며 무엇이든 된다. 이는 스스로 행위하거나 다른 존재로부터 활동을 부여받은 존재를 의미한다.

관계를 형성한다. 그러나 사물의 행위는 외부의 힘에 의해서만 움직이는 것도, 그 자체로 행위하는 것도 아니다. 사물은 관계를 통해 작동한다. "그 어떤 행위자도 혼자서 행위하지 않으며, 모든 행위자는 네트워크에 의존하여 그것의 한 부분으로 참여하고 그것의 형성을 돕는다"(Mol 2015, 13). 행위자로서의 사물은 네트워크와 불가분하다.

라투르는 "디드로가 데카르트적인 물질과 영혼의 구분을 피하기 위해 물체 등을 기술하는 데" 네트워크라는 낱말을 "처음 사용"하였음을 밝히며, 네트워크가 존재론적 구성성분을 갖는다고 설명한다(라투르 2010b, 99). 네트워크의 존재론적 구성성분은 바로 행위력을 지닌 행위자이다. 하지만 네트워크의 외부에는 행위도, 행위자도, 행위능력도 없다. 행위성을 지니는 사물인 행위자는 언제나 네트워크 속에서, 네트워크를 이루어, 네트워크로서 행동하며, 사실상 행위자는 (개체가 아닌) 행위자-네트워크다. 이것이 함의하는 바는 다음과 같다. '행위자'는 단독자가 아니며, 인간-비인간 행위자의 혼종적 네트워크로서, "나의 행위능력이란 나와 네트워크로 연결되어 있는 숱한 행위자들의 상호작용에서 비롯된 '관계적 효과'"(같은 글, 23)이다. 물론, 행위자 네트워크는 "역동적이고 소멸되기 쉬우며" 안정적이지는 않으며, "자신의 특성을 재정의"(같은 글, 24~25)하는 과정을 동반한다.

결국 행위자란 이종적인 물질 간의 상호작용으로 이루어진 네트워크다. 행위자는 언제나 행위자인 동시에 네트워크인 것이다. 다시 말해 실체로서의 행위자와 그들의 연결로서의 네트워크라는 가정은 행위자 네트워크 개념과 거리가 멀다. 오직 행위자와 네트워크가 서로를 구성하는 집합체, 이질적 네트워크만이 존재한다.[6]

2) 위상학적 공간으로서 네트워크와 디지털 공간

위와 같은 행위자 네트워크 이론에서 주목할 것은 다음과 같은 지점이다. (1) 네트워크 내 인간 행위자의 행위력 역시 네크워크의 연결과 더불어 발휘된다. (2) 사물과 표상의 절대적인 경계가 사라진 행위자 네트워크의 공간에서 사실상, 인간 행위자의 행위는 사물로서 작동한다. (3) 행위자 네트워크는 비유클리드적인 위상학적 공간이며 "선험적

---

6. 박일준에 따르면, "손-망치, 탐험가-나침반, 천문학자-망원경 등은 행위자 네트워크이다. 유명한 예이기도 한 과속방지턱은 교통경찰의 행위력을 위임받은 기술 과학적 인공물이지만, 그것은 그 위를 지나가는 자동차의 운전자로 하여금 감속하게 하는 행위력을 갖고 있으며, 이는 교통경찰이 지닌 행위력과 동등하다. 물론 기술적 인공물로 번역(translate)되면서 중재(mediate)되는 과정이 필요하며, 과속방지턱 역시 행위자 네트워크이다"(박일준 2021, 17).

인 위계 관계를 갖지 않은"(라투르 2010b, 104) 생성 중인 관계의 공간이다. 특히 공간의 차원에서 행위자 네트워크를 검토할 때, (3)의 특성이 중요한데, 이는 행위자 네트워크를 "네트워크가 연결의 수만큼 많은 차원을 갖는다는 관점에서 사고"할 것을 제안한다(같은 글, 99~100). 즉, 행위자 네트워크는 유클리드적 기하 공간이 전제한, 선행적 좌표평면과 그 후에 행위자의 배치로 위치를 갖는 공간이 아니다. 위상학적 네트워크는 2차원, 3차원의 개념을 벗어난다. 노드들이 가진 연결의 수만큼 많은 차원을 가진다. 지리학적 멀고 가까움이나, 물리적 공간의 크고 작음은 위상학적 공간에서는 쓸모가 없거나 네트워크의 한 부분일 뿐이다. 네트워크의 안과 바깥이라는 구분으로 연결 사이의 공간을 채우려는 관념 역시 의미를 갖지 않는다(같은 글, 102~105).[7]

행위자 네트워크에서 존재하는 것은 네트워크뿐이며, 네트워크 사이 내에는 아무것도 없다. 다시 말해, 행위자 네트워크에는, "연결망과 연결망을 놓는 행위자가 있는 것이 아니라", 위상학적 공간인 네트워크라고 불리는 궤적을 아웃라인하고 추적하는 네트워크 내부의 행위자들이 있다.

---

7. 행위자 네트워크와 공간의 관계에 대한 논의는 다음 연구에서 보다 자세히 살펴볼 수 있다. 박경환 2014.

추적은 위상학적 공간을 변화시키는데, 네트워크가 연결망을 추적하는 행위와 따로 존재하지 않는다. 그런 점에서 라투르가 강조하듯, 행위자 네트워크에서 중요한 것은 이질적인 존재들의 연결인 배치assemblage를 추적하여 "무엇이 움직이고, 이 움직임이 어떻게 기록되는가"(같은 글, 120)이다.

사실상 행위자 네트워크는 서사적 기능의 주어 자리를 담당하는 행위력을 지닌 "사물의 기록된 움직임"이다. 그러나 이 '기록'된 움직임이라는 네트워크는 텍스트와 담론의 세계에 국한되지 않는다. 행위자 네트워크는 기록을 의미에 한정 짓지 않고 사물로 확장한다. 이러한 기록은 자연, 의미, 맥락을 순환하고, 연결한다.[8] 사물의 기록된 움직임인 행위자 네트워크는 현실에 실존하는 물리적 세계의 사물만이 아니라, 비물리적 대상들인 디지털 공간의 대상물인 사물들 역시 행위자로 설명한다.

디지털 공간에서 데이터 정보의 수집은 물리 세계의 활

---

8. 행위자 네트워크 이론은 존재를 어떻게 자세하게 기록할 것인가에 관심을 둔다. 여기서 번역의 개념은 중요해지는데, 번역은 이질적 연합이라는 코드화를 거쳐, 어떠한 연합도 기술할 수 있게 한다. 이 점에서 행위자 네트워크 이론을 일종의 인프라 언어로도 생각해 볼 수 있다. 하지만 기록은 선험적 환원에 반대하며, 단지 비환원성에 관한 기술 가능성을 제공하는 것이다. 이러한 사물의 기호학이라 할 수 있는 행위자 네트워크 이론에서 사물은 텍스트가 되고, 텍스트가 사물의 존재론적 지위를 얻게 된다.

동 결과물을 수치 기호로 처리해 디지털 비트로 회수하면서 이루어진다. 이러한 디지털 공간에서 인간 행위자와 비인간 행위자, 인간과 사물과 관계는 단순히 수동적 객체와 능동적 주체로서만 존재하지 않는다. 인간 행위자와 비인간 행위자는 함께 행위자 네트워크를 구성하면서 디지털 공간을 작동하게 한다. 디지털 공간에서는, 대칭적인 두 행위자 모두 의미를 지니지 않는 "비기표적 기호"(랏자라또 2017)인 디지털 코드 데이터로 저장, 처리, 관리되는 데이터이자 사물로서 취급된다. 더욱이, 사이버네틱스와 결합한 디지털 공간과 디지털 네트워킹의 "모빌리티환경"(어리 2014)은 주체를 인간으로 객체를 사물로 두는 구분을 따르지 않을 뿐만 아니라 이 구분 자체를 불가능하게 한다. 특히, 연결 행위를 인간 행위자가 아니라 비인간 행위자가 실행한다는 점에서, 사물 인터넷Internet Of Things 9에서는 비인간 행위자가 주체가 된다. 디지털 공간과 상호작용하는 모빌리티를 구성하는 비인간 행위자인 사물과 인간 행위자의

---

9. 사물 인터넷은 데이터와 연결하고 데이터를 교환할 수 있는 센서, 소프트웨어와 같은 기술을 내포한 물리적 사물, 혹은 사물들을 뜻한다. 머신러닝, 유비쿼터스 컴퓨팅과 같은 기술들의 조합으로 오늘날 스마트홈 헬스케어 등으로 널리 사용되고 있다. 자기 기록 스마트 장치 역시 이에 해당된다.

관계는 단순히 수동적 객체와 능동적 주체로 이분화되어 존재하지 않는 것이다.

빅데이터의 알고리즘으로 작동하는 사물 모빌리티 환경에서 사물과 인간은 유사 객체적quasi-objective으로 기능하고 관계는 대칭적인 동등성을 지닌다.[10] 물리적 공간과 융복합적으로 작동하는 디지털 공간은 행위자가 온라인에 직접 남기는 흔적 외에도 디지털 모빌리티 환경에 거주하는 인간 행위자와 비인간 행위자 존재 그 자체를 데이터 정보인 사물로 취급한다. 이로써 디지털 공간은 인간 행위자와 비인간 행위자의 네트워크와 물화를 실행하는 사물로의 전회를 본격화한다.

3. 사물들의 플랫폼으로서 디지털 폴리스 : 블랙박스와 디지털 행위 경관

1) 빅데이터 플랫폼, 디지털 폴리스

디지털 공간은 인간과 비인간 행위자를 정보라는 차원

---

10. 유사 객체 개념을 처음으로 도입한 것은 세르(M. Serres)이며, 유사 객체는 통과하는 에너지와 정보의 흐름에 따라 모양이 바뀌고 다시 형성되는, 끊임없이 변화하는 상태로 존재하는 객체를 의미한다.

에서 접근해 데이터로 수집·저장·분석·처리·가공·추출·이동·유통시키는 과정을 거쳐, 빅데이터로 집적하고 새로운 가치를 생산하며 작동한다.[11] 융복합 환경에서 디지털 데이터는 매우 빠른 속도로 생산되므로, 크기·속도·다양성의 측면에서 기존과는 다른 방식으로 데이터를 실시간으로 저장, 유통, 수집, 분석 처리가 가능한 성능을 지닌 데이터 관리 도구가 필요한데, 그것이 빅데이터이다.[12] 빅데이터 처리 능력을 갖추고, "이를 기반으로 지능화된 서비스를 제공하는 데 필요한 IT 환경을 빅데이터 플랫폼"(황승구 2013)이라 한다. 빅데이터 플랫폼은 빅데이터 기술의 집합체이자 기술을 잘 사용할 수 있도록 준비된 환경이다.

디지털 폴리스는 "도시의 기술적 토대의 변화"를 통해

---

11. 빅데이터는 테라바이트 이상의 데이터이자, 대용량 데이터를 처리하는 아키텍처로 정의된다. 빅데이터의 성의는 보통 크기(volume), 속도(velocity), 다양성(variety)에 따라 설명된다. "크기는 수십 테라바이트 혹은 수십 페타바이트 이상 규모의 데이터 속성을 의미한다. 속도는 대용량의 데이터를 빠르게 처리하고 분석할 수 있는 속성이다. 다양성은 다양한 종류의 데이터를 의미하며 정형화의 종류에 따라 정형, 반정형, 비정형 데이터로 분류"된다(이성훈·이동우 2013, 268).

12. 이러한 빅데이터 처리 기술의 핵심은 "분할 점령"(Divide and Conquer)으로, "문제를 여러 개의 작은 연산으로 나누고 이를 취합하여 하나의 결과로 만드는 것"을 의미한다. 데이터를 독립된 형태로 분할하고 이를 병렬적으로 처리하는 것이다(같은 글, 268).

"도시 디지털화"urban digitalization를 실행하는 기술적 환경으로, "플랫폼 도시성"platform urbanism(김용찬 2020, 107)을 지향한다. 이는 도시의 삶과 경험에 관한 문제 인식과 해결을 "인공지능기술, 디지털 네트워크, 사물 인터넷 기술 등을 토대로 작동하는 일종의 운영체계"인 빅데이터 플랫폼에서 실행한다. 도시 관리의 주요한 실행 장치가 빅데이터 플랫폼인데, 이를 통해 "소셜 미디어, 교통, 통신, GPS 등에서 추출된 로그파일, 위치정보, 웹 데이터 등으로 무수히 생산되고 소멸하는 데이터 생산"(박진홍·강민규 2022, 40)을 이용하여 도시 빅데이터를 축적 관리하는 시스템을 설비하고 운용한다.

데이터를 생산하는 "인공적 대상과 자연적 대상"의 "혼합 환경"(허욱 2021, 124)인 디지털 폴리스는 빅데이터 플랫폼으로 작동한다. 이러한 플랫폼과 접속하는 행위자는 데이터 수집의 대상이나 데이터 생산의 "매체적 장치device인 기술적 대상이자, 디지털 폴리스의 공간을 생성하는 기술적 환경"(김은주 2022, 95)이 된다. 빅데이터의 알고리즘으로 작동하는, 디지털 폴리스는 데이터를 수집하고 가치 있는 데이터 처리를 수행하여 타겟에 적합한 예측 가능한 정보 데이터를 제공하는 사물들의 네트워크, 사물들의 플랫폼이다. 이 점에서, 디지털 폴리스와 그와 연결된 행위자는, 비기표적 기호의 집적인 데이터이자 기술적 환경이라는 인프라의 차원에서 규정해 보자면, 사물 그 자체인 것이다.[13]

사물들의 플랫폼인 디지털 폴리스의 중심에 사물 모빌리티가 있다. 디지털 폴리스가 수집하는 데이터는 정형적 데이터뿐 아니라, 신체 자기 기록life-logging의 생체 데이터와 감정, 정동 데이터를 나타내는 비정형적 데이터로, 인간 행위자와 연결된 사물 모바일 스마트 기기나 사물 센서를 통해서 '실시간' 수집된다. 이렇게 수집된 비정형적 데이터를 '알고리즘' 분석을 거쳐 예측 가능한 정보로 생산하여 제공하는 것이 디지털 폴리스 운영에 핵심적이다(이광석 2021, 20~23). 이를 시정에 활용하려는 서울시의 경우, '스마트서울 플랫폼 6S'을 입안, 실행 중인데, 이 사업은 "서울시 전역에 설치된 정보통신 인프라를 기반으로 3D 가상공간 및 AI 기반의 지능형 행정서비스를 제공하기 위한 스마트도시 전략 사업"(박진홍·강민규 2022, 41)이다. 이 중 S-DoT는

---

13. 알고리즘 정렬의 실행은 개인(individual)을 분석하기 알맞은 성분으로 분할(dividual)하고 분석하여 의미 있는 패턴 정보를 생산한다. 도멜은 분할자 개념이 펠릭스 가타리와 질 들뢰즈의 『천개의 고원』에서 제시되었음을 설명한다(도멜 2014, 71).

사물 인터넷 기반의 도시 센서 설치 및 데이터 구축 사업이다(같은 글, 40). 스마트서울 도시데이터 센서Smart Seoul Data of Things의 줄임말인 S-DoT는 도시 데이터를 실시간 수집하는 센서 인프라를 서울시 전역에 구축하여 데이터를 의미 있는 정보로 만들어, 재난 상황 등을 예측하여 도시 문제 해결하고 시정 운영의 방향성 제시를 주요 사업 목표로 삼고 운영 중이다. 서울시 내에 센서 1,100대 설치, 기온 습도, 미세먼지 및 유동 인구 등 17종의 다양한 도시환경 데이터를 실시간 수집하고 자동 측정한다. 데이터 수집은 센서 인프라, CCTV만이 아니라, KT, SKT 데이터 자료를 이용하는데, S-DoT가 수집하는 주요한 데이터는 유동 인구이다. 유동 인구 분석은 정태적 인구 개념이 아닌, 통행량, 특정한 시공간, 통신 자료, 동태적 인구를 파악하는 빅데이터 수집과 분석을 따른다(같은 글, 43~46).[14]

---

14. 이를 분석하여 다양한 경제 사회 문화적 현상에 사용하는데, 주로 상권 활성화, 부동산 가치 평가에 쓰여 왔다. 특히 "통신 자료(통화, 문자, LTE 신호 활용)"가 중요한데, "통신 신호에 수반되는 성별, 연령대 등의 인구 속성 정보를 취득할 수 있기 때문이다. 통신데이터 기반의 이점 중 하나는 내국인과 외국인을 신원 구별하여 빅데이터로 처리할 수 있다는 것"이다. "이 자료에는 시간 정보도 포함되며, 시간, 월, 일 등이 제공된다. 공간 정보는 10미터 도로로 구분되고 50미터 단위로 그리드를 설정한다. 거주지 또는 행정동 단위로 측정하면서 생활 인구 패턴을 조사한다. 도시 운영을 위한 빅데이터 플랫폼의 핵심은 빅데이터 분석은 군집분석을 시행하는데, 서

이러한 사물 모빌리티는 사물들의 물리적 이동과 정보의 가상적 이동이라는 모빌리티의 패턴을 통과해 디지털 폴리스의 도시공간을 사물들의 플랫폼으로 재지리화한다. 디지털 폴리스는 네트워크 기술, 모바일 플랫폼에 따른 새로운 유목성의 공간이며, 인간과 비인간의 혼종 지리Hybrid geography로 재편된다. 디지털 폴리스에서 혼종 지리를 제공하는 모바일 네트워크는 다양한 방식의 모빌리티와 동시적 이동 체계가 도시에서 공존하게 한다. 그리고 도시 거주민의 도시 경험은 이동과 유목을 거듭한다.

2) 블랙박스가 된 디지털 폴리스와 디지털 행위 경관

디지털 폴리스에서 애플리케이션과 동기화된 네트워크의 부분적 연결인 인터페이스는 편리성이라는 측면에서 디지털 폴리스의 블랙박스화를 가속화한다.[15] 블랙박스화는 사물의 작동 원리와 다른 장치와의 연결과 배치를 알지 못하더라도 사용의 측면에서는 편이성을 증가한다. 검색창

울 전역을 4~5개로 권역화하여, 방대한 원재료에 기초하여 정제작업을 진행하여, 데이터 가공, 데이터 구조를 변화"시키는 것이다(박진홍·강민규 2022, 43~46).

15. "블랙박스는 입력과 출력만 인지할 수 있고 그 중간 단계는 불투명하게 가려진 기술적 장치이다"(갤러웨이 2023, 260).

외에 아무것도 존재하지 않는 구글의 인터페이스가 블랙박스의 대표적 예이다. 구글은 단숨에 원하는 정보를 찾아주지만, 정보를 솎아내는 검색의 알고리즘과 기술적 편견을 반영하는 데이터 코딩 과정은 블랙박스에 숨겨져 있다(이광석 2021, 46~47; 도멜 2014, 21).

블랙박스는 직관적인 측면에서 더 간편하고 간단하게 사용할 수 있으나, 이것이 작동하기 위한 기능적인 측면에서 복잡성이 증가한다. 예를 들자면, 모바일 기기와 함께 등장한 애플리케이션은 시스템 자체에 내용까지 포함함으로써 작동 원리의 폐쇄성과 복잡성을 증가시킨다. 하지만 아이콘 형태의 인터페이스, 스마트폰, 컴퓨터의 스마트 기기화를 통해 편리성의 측면에서 사용의 용이함은 확대된다. 따라서 디지털 폴리스가 블랙박스화될수록 편의성은 증가하나, 알고리즘 및 클라우드 컴퓨팅의 적용 그 작동과 운영에 참여하기는 쉽지 않게 된다.

또한, 편의성이 확장된 블랙박스가 된 디지털 폴리스의 모바일 환경이 도시 일상과 연결됨에 따라, 온라인 플랫폼 공간은 '장소'로서 이해된다. 특히 애플리케이션이 제공하는 이미지와 사용성은 가상공간을 장소로 인식하게 하는 중요한 요소이다(쉐드로프 2004). 이에 따라, 디지털 폴리스에서 장소성은 플랫폼 공간에, 디지털 지도에 구현된 지리 정보와 이미지로 구현되며, 물리적 장소도 이와 연결하여 체화된다. GPS^Global Positioning System와 내비게이션^Navigation을 탑재한 빅데이터 플랫폼은 사물 인터넷과 같은 비가시적인 인프라와 연동하여 사용자의 환경에 맞춘 UI^User Interface이미지로 디지털 장소성의 스펙터클화를 도모하며, 디지털 "행위 경관"^Task-scape(Ingold 1993, 154)으로 작동한다.

인류학자 인골드^T. Ingold가 제안한 행위 경관 개념은 기존 인간 중심, 시각 중심의 고정된 경관 개념과는 달리 "사회, 공동체, 개인이 수행하는 작업이나 행동의 총체적 구현이자 배열"로 형성된 경관 개념이다. 이러한 행위 경관은 질적이며 복합적인 것으로서, "살아있는 것과 살아있지 않은 것, 자연적인 것과 인공적인 것과 같은 다양한 요소들이 만들어 낸 결이 있는 표면"(같은 글, 154)으로, 인간의 행동, 사물과의 상호작용이 축적되어 가시화되는 특징을 강조하는, 과정으로서의 경관이다. 행위 경관을 형성하는 기제는 공간에서 어떤 행동을 하는지에 달려있다. 행위 경관은 경관과 관련한 공간의 외관 집합만이 아니라, 이와 연관하는 행동들의 집합으로서의 시공간을 의미한다.

행위 경관의 의미를 확장한 디지털 행위 경관^Digital Task-

Scape이라는 개념은 행위의 측면에서 인간 행위자만이 아니라 비인간 행위자의 경관 구성을 강조한다. 인간 행위자는 사물들의 플랫폼인 환경 인프라이다. 그리고 이와 함께 인간 행위자는 비정형 데이터로서 수집되고 정보로서 취급 생성되면서 경관을 구성하고 경관을 이루는 요소가 되는 것이다.[16] 이러한 디지털 행위 경관은 외부 풍경을 바라보는 조망의 시각을 담지하지 않는다. 이러한 디지털 행위 경관에서 지금 여기의 현존은 모바일 플랫폼과 동기화된 디지털 디바이스의 액정에서 구현되는 구글 맵과 같은 지도 어플리케이션에 표시되는 시간과 위치 지점에 있다. 이는 모바일 환경과 연결된 스마트폰 액정이 보여주는 위치 지점이자 이동 중인 좌표에 의존하면서, 데이터에 의해 대리 체험되는 경관 인식이며, 이를 통해 시공간을 재구성한다. 이러한 디지털 행위 경관은 "유동적 경관이자, 빠른 속도로 고도의 이미지를 취득하는 모빌리티 스케이프Mobility-Scape, 모바일 속 지도를 통해 전능한 시각으로 공간을 대리 체험하는 내비게이션 경관의 특성"(김리원 2022, 207)을 갖는다.

---

16. 빅데이터 플랫폼의 행위 경관을 디지털 행위 경관이라는 새롭게 만든 개념으로 제안해 본다.

디지털 행위 경관 인식은 이중적인데, 한편으로는 휴대용 모바일 기기의 작은 창에서 사물들의 플랫폼이 구현하는 구글 어스와 구글 지도의 드론 뷰의 전지적 시야를 스펙터클로 체화하면서, 유한한 개인 신체를 초월해 개인으로 하여금 '지금, 여기'에 집중하게 한다. 이와 동시에, 다른 한편으로는 빅데이터 플랫폼이 실시간 수집한 동시다발적이며 동태적인 정보 값이 출력된 애플리케이션에 근거한 임의적이며 무작위적인 동선을 따른다는 점에서, 인식을 가능케 하는 조망의 위치 지점은 상실된다. 사실상 디지털 폴리스라는 사물들의 플랫폼 인프라가 조망행위 공간의 전 범위가 됨으로써 경관에 대한 파악 자체는 불가능해진다.

4. 나가며 : 안 보여주기, 지각 불가능하게 되기, 없는 장소[u-topia]

내가 의도하는 바는 반동이 아니고, 보수조차 아니고 그저 전복이다. 유토피아 상상 또한 자본주의와 산업주의와 인구처럼, 오직 성장으로만 구성된 일방향의 미래에 갇혀 있는 것처럼 보인다. 내가 하고자 하는 바란 오직 돼

지가 여러 길로 들어서게 하는 방법을 떠올리기다. (르 귄 2021, 155)

앞서 살펴보았듯이, 사물들의 플랫폼으로서의 디지털 폴리스는 사물로서의 데이터를 가공 수집하여 인간의 편리를 위한 '의미' 있는 정보로 미래를 예측하고 선도하여 도시를 운영한다. 또 디지털 플랫폼과 인터페이스로 매개된 디지털 행위 경관을 도시 경관으로 제시하면서, 도시 거주민이 작동의 원리를 알기가 쉽지 않고 운영에 참여하기가 어려운 폐쇄적 블랙박스가 된다. 이러한 디지털 폴리스는 도시를 사물 모빌리티 지원의 하부구조로 변화시키면서, 사실상 모바일 플랫폼 경제의 인프라 구조로 작동한다.

서울시가 추진하는 세계 도시 최초의 공공 메타버스 플랫폼 '메타버스 서울'은 "미래 시대로의 대전환을 선도할 핵심 신산업, 신기술 성장 기반 조성"과 "기업이 쉽게 활용 가능한 개방형 메타버스 플랫폼 개발 및 데이터 구축"을 목표로 삼는다. 또한 메타버스를 시정에 도입하여, "시·공간을 초월한 서울시만의 새로운 공공서비스를 창출"하고 "소외되는 계층 없이 전 연령대 누구나 쉽게 이용할 수 있도록 기술적·제도적 기반을 마련"하겠다는 의의

도 있다. 그러나 서울시가 구축하려는 '공공' 빅데이터 플랫폼 '메타버스 서울'의 구체적 목표는 "온·오프라인 융복합 핀테크 클러스터 구축, 디지털 금융허브 조성을 통한 아시아 핀테크 산업 선도 도시로 도약"(스마트도시정책관 2021, 22~26)이다.

이러한 메타버스 플랫폼을 이상으로 삼는 디지털 폴리스는 지금이라는 현재를 입력하여 더 나은 미래를 출력하는 블랙박스가 된다. 어떤 이들은 '문제 상황'이 닥치지 않는 한 도시가 편의성을 갖춘 블랙박스로 기능하길 원한다. 그러나 이러한 블랙박스인 디지털 폴리스는 공공성을 갖추어야 할 도시를 사적 이익 취득의 장소로 변모케 하면서, 유비쿼터스Ubiquitous적 통치로 동질 집단의 안전을 우선시하는 빗장 공동체gated community의 성격을 강화할 가능성이 높다(김은주 2022, 95). 스티글러B. Stiegler가 지적하듯, 도시는 인공지능과 알고리즘으로 24시간 내내 무한 노동 체계로 진입하는 디지털 네트워크 경제 순환과 확산에 일조한다. 들뢰즈G. Deleuze가 통제 사회의 특징으로 지적하고 스티글러가 "주체의 통계적 분신 창조"(스티글러 2019, 100)로 칭한 바 있는, 사이버네틱스에 기반한 새로운 유형의 관리와 통제가 도시에 전면화될 수 있다. 사물들의 플랫폼인 디지털 폴리스가 "알고리즘적 통치성"(같은 곳)[17]의 작동 장치가 되는 것이다.

그렇다면 디지털 폴리스가 사물들의 플랫폼으로서 작동하기를 그쳐야 하는가? 멈출 수 있는 것인가? 이러한 질문과 비판을 통과해, 블랙박스가 된 디지털 폴리스를 이종적인 네트워크로 펼쳐내어unfolding, 네트워크의 가역성reversibility을 드러내는 추적의 방법론으로 접근해 보는 것은 어떨까? 행위자 네트워크 이론은 "이종적인 네트워크가 하나의 행위자나 대상으로 축약되는 것을 결절 punctualization"(홍성욱 2010, 23)로 칭하면서, 사물의 블랙박스화를 설명한다. 블랙박스화된 사물들을 펼치는 과정은 사물 형성의 이질성을 추적하는 것이다. 추적 행위는 블랙박스를 고립된 장치가 아니라, 관계로 형성된 일시적 '묶음'으로서 해석한다(박경환 2014, 66). 추적은 네트워크의 형성 과정을 기술description하는 것이다. 이는 중심 행위자가 네트워크를 구축하기 위해서, 다른 행위자들이 네트워크 속에서 꼭 지나쳐야 하는 지점을 구성하는 '의무 통과

---

17. 스티글러에 따르면, "알고리즘적 통치성은 '유비쿼터스적이고', 영토적이며 환경적인 공간 테크놀로지에 기반한 비가시성이 도시를 한층 더 활발하고 효율적으로 만들어 주는 테크놀로지"이다. 스티글러 2019, 286~287.

점'을 만들어 네트워크를 규범화하는 권력의 기원과 효과를 설명한다. 또한, 추적은 펼쳐진 이종적 네트워크를 설명의 자원에 연결하여 새로운 네트워크를 생성한다(홍성욱 2010, 30).

이러한 추적과 기록의 방법을 블랙박스가 된 디지털 폴리스에 적용했을 때, 빅데이터 플랫폼의 신화와 물신화가 누락한 데이터센터의 네트워크가 펼쳐진다. 빅데이터 플랫폼이 가동되기 위해서는 전산 기록 저장과 빅데이터 하드웨어를 실행하는 데이터센터가 필수적이다. 데이터센터는 컴퓨터 시스템과 통신장비, 저장장치인 스토리지 등이 설치된 시설, 빅데이터를 저장하고 유통시키는 핵심 인프라로서, 유지와 운영을 위해서는 대규모 전력을 필요로 한다. 사실상, "데이터센터는 세계 최대의 전기 소비처 중 하나"(크로퍼드 2022, 56)이다.[18]

네트워크로 펼쳐진 디지털 폴리스는 네트워크의 효율

---

18. 데이터센터는 잠시라도 전원 공급이 중단되면 기능이 마비되기 때문에 예비 전력 공급 장치와 예비 데이터 통신장비를 갖추고 있다. 또한 컴퓨터 장비에서는 열기가 배출되기 때문에 냉방 시설이 중요하며 소방 시설과 보안 장치를 갖춘다. 이러한 이유로 데이터센터는 발전소 근처에 위치해 있다. 서울 근교의 도시 춘천에는 네이버 데이터센터와 삼성 SDS 데이터센터가 있다.

성을 강조하여 "우리를 둘러싼 세계의 소음을 통계적으로 선택"한 정보들로 물신화된 사물들의 플랫폼이 아니라, 빅데이터 플랫폼이 노이즈로 없애버린 의미 없는 쓰레기 데이터들, 도시의 한편에 쌓인 채 더 이상 실행시키지 않는 기계 사물들, 채굴되는 희토류 광물들, 데이터 뒤에서 일하고 사물들을 이동시키는 사물화된 노동의 네트워크와 얽히고 연결된 "다양체로서의 사물"(갤러웨이 2023, 16)들의 플랫폼이다. 이러한 디지털 폴리스는 인간을 가치의 기준으로 세워 진보이거나 퇴보로 진단하는 관점에서 벗어나, 폴리스가 "'사물'res의 목소리를 듣거나 대변하는 데 무척 취약"했다는 점을 수용함으로써, "세계 생성에 적극적으로 참여하는 참가자라는 응분의 권리due"(Barad 2003, 803)를 사물에 허용하는 "물의 정치"politics of things(박일준 2021, 19)의 역량을 갖는다.[19]

이러한 물의 정치는 어떠한 것일까? 이에 관해, 동시대 매체 예술가 슈타이얼H. Steyerl의 '안 보여주기'How not to be

---

19. 라투르에 따르면, "특별히 우리들의 정치 체제가 대체로 민주 '공화국'(res publica)이지만, 이 공화국은 '그다지 많은 사물들(res, 즉 things)을 포함하지 않는다.' 그만큼 정치는 인간 중심적이었던 것이다 … 오늘날 우리 정치의 핵심 문제는 '공중'(public)을 만드는 '물'(res) 속에 있다"(라투르 2010a, 264).

seen 전략과 들뢰즈와 가타리F. Guattari의 '지각할 수 없게 되기'를 소개해 보며 글을 맺고자 한다. 히토 슈타이얼의 안보여주기 전략은 사적·공적 데이터가 수집되는 디지털 시각장에서 가시성의 결정이 해상도에 있다는 점에 착안한다. 픽셀보다 작거나 혹은 중요한 데이터로 필터링되지 않는다면, 디지털 공간에서는 보이지 않는다. 슈타이얼의 작품은 데이터 수집과 디지털 공간의 시각장에서 사라지고, 보여주지 않을 수 있는 다섯 가지 방식인 카메라에 안 보이는 방법, 시야에서 안 보이게 하는 방법, 이미지가 되는 방법, 사라짐으로써 안 보이게 하는 방법, 이미지로 만들어진 세계에 병합됨으로써 안 보이게 하는 방법을 제시한다(국립현대미술관 2022, 24). 안 보여주기의 방법은 "인간의 '보는 법'을 규정하는 관례적 틀"인 선형원근법에서 벗어나, '자유낙하'하여 "밑으로 떨어질 때, 인간은 인간이기를 멈추고 '사물'에 더 가까워진다"는 것이다. 안 보여주기는 "객체와 나란히 선다면 어떨까? 객체를 그대로 인정한다면? 사물이 '되지 못할' 이유도 없지 않은가?"(같은 책, 37)라는 슈타이얼의 선언이자, 가난한 이미지를 옹호함으로써, "사물의 상태를 인간과 동등하게 끌어올리는 데 있는 것이 아니라 인간-사물 관계의 실질적인 변혁"(같은 책, 42)을 꾀하는 물

의 정치의 전략이다.[20]

사물되기로서의 안 보여주기 전략은 『천 개의 고원』에 등장하는 지각할 수 없는 것-되기와 공명한다. 지각할 수 없는 것-되기는 "생성의 내재적 끝"(들뢰즈·가타리 2001, 529)과 접속하여, 근대의 인간성이라는 "그램분자성 속에 뿌리박게 하는 모든 것을 없애버리기"이자 "세계 만들기"(같은 책, 530)이다. 들뢰즈와 가타리는 다음과 같이 쓴다.

다른 선들, 다른 조각들과 접합접속하고 연결하면서 하나의 세계가 만들어져서, 투명함 속에서 먼젓번 세계를 완전히 뒤덮을 수 없게 된다. … 이것은 지각할 수 없는 것이 되기 위해 바위나 모래나 식물들의 선들과 함께 세계를 만든다. … 우리가 사물들 사이로 미끄러져 들어가 사물들 한가운데서 자라나지 못하도록 방해하는 모든 것을 우리

---

20. 슈타이얼은 빈곤한 이미지의 생산이 디지털 기술의 발전으로 인해 가능하다는 사실을 통해 디지털 이미지의 신화, 복제에도 질이 떨어지지 않는다는 점을 문제시한다. 빈곤한 이미지는 원래 고해상도 이미지였지만, 용량을 줄이기 위해 압축되고 일부가 잘려 최소한의 데이터 크기를 갖게 된다. 이런 이미지 생산의 이유는 디지털 이미지가 해상도를 자유자재로 조절할 수 있는 이미지인 동시에, 복제와 순환이 용이한 이미지여야 하기 때문이다. 그러한 이유로 빈곤한 이미지야말로 고도의 디지털 기술의 산물이라는 것이다.

자신으로부터 하나도 남김없이 제거했기 때문이다. (같은
책, 530)

지각할 수 없는 것 되기는 "비인칭적이며 비주체적인 물
질적 힘들 사이의 소통"이며, 적대에 대항하는 변증법이나
인정 투쟁의 전략과 거리가 멀다. 그로스Elizabeth Grosz는 지
각할 수 없게 되기의 정치를 제안하며, "내가 '내 몸'이라고
부르는 다양체의 역동적 배치 몸체와 내가 의존하고 공존
할 수밖에 없는 무수히 많은 비인간적인 몸 사이의 분자적
교류"로서의 정치의 필요성을 역설한다. 이는 "비인간적 영
역이 인간을 가능하게" 해 왔음을 강조하고, '인간'이라는
형상을 "비인간적 존재의 불안정한 효과를 포함하고 상상
하는 방식"(Grosz 2002, 469)으로 서사할 방법 찾기이다. 지
각할 수 없는-되기에 관해, 그로스는 지각할 수 없는 것을
니체의 힘 개념과 리오타르J. Lyotard의 '인간과 인간 주변, 인
간 내부와 인간으로서 작동하는 세계 안에서 인간을 위
치시키는 비인간적인 것'과 함께 읽어내면서, '인간'을 인간
적인 것으로서 착종해낸 역사적 존재론의 층들 그리고 이
와 접합하는 비인간 사물 존재의 퇴적층과 얽혀 배치한다
(같은 글, 470). 비인간적인 힘의 존재론에 기반한 '지각할 수

없는 것의 정치'의 옹호는 '지각할 수 없음'과 '비인칭성'이라는 힘, 자연 등의 관용구를 인간중심주의와는 전혀 다른 정치적 어휘로 생산하려는 노력이기도 하다(Sharp 2009, 463~464).

사물로의 전회인 물의 정치는 의미 있는 정보 값이 아닌, 소음, 해상도 낮은 이미지, 쓰레기, 퇴적층, 인류세의 지층 기억인 물질, 비인간 사물로 향한다. 이는 사물의 자리를 차지하거나 점령하기가 아니라 사물 그 자체가 되는 것이며, 그리드로 구획된 공간에는 '없는 장소'u-topia에서 사물과 함께하는 이종적 네트워크들의 정치 공간을 소집하는 행위일 것이다.

:: 참고문헌

갤러웨이, 알렉산더 R. 2023. 『계산할 수 없는 : 장기 디지털 시대의 유희와 정치』. 이나원 역. 장미와동백.

국립현대미술관. 2022. 『히토 슈타이얼 : 데이터의 바다』. 국립현대미술관.

김리원. 2022. 『택배도시 현상 연구 ― 마켓컬리 행위 경관을 중심으로』. 박사학위 논문. 서울대학교 환경대학원.

김용찬. 2020. 「도시의 디지털화 : 인공지능 기반 '디지털 도시'의 커뮤니케이션 이슈들」. 『언론정보연구』 57(4) : 95~149.

김은주. 2022. 「디지털 폴리스의 정의와 커먼즈를 다시 사유하기」. 『도시인문학연구』 14(1) : 93~112.

김환석. 2016. 「사회과학의 '물질적 전환(material turn)'을 위하여」. 『경제와사회』 112 : 208~231.

김홍중. 2022. 「21세기 사회이론의 필수통과지점 : 브뤼노 라투르의 행위 이론」. 『사회와이론』 43 : 7~56.

도멜, 루크. 2014. 『만물의 공식』. 노승영 역. 반니.

들뢰즈, 질 · 펠릭스 가타리. 2001. 『천개의 고원 : 자본주의와 분열증 2』. 김재인 역. 새물결.

라투르, 브뤼노. 2010a. 「현실정치에서 물정치로 : 혹은 어떻게 사물을 공공적인 것으로 만드는가?」. 『인간 · 사물 · 동맹 : 행위자네트워크 이론과 테크노사이언스』. 홍성욱 역. 이음. 259~304.

_____. 2010b. 「행위자네트워크 이론에 관하여 : 약간의 해명, 그리고 문제를 더 복잡하게 만들기」. 『인간 · 사물 · 동맹 : 행위자네트워크 이론과 테크노사이언스』. 홍성욱 역. 이음. 95~124.

랏자라또, 마우리치오. 2017. 『기호와 기계 : 기계적 예속 시대의 자본주의와 비기표적 기호계 주체성의 생산』. 신병현 · 심성보 역. 갈무리.

르 귄, 어슐러. 2021. 『세상 끝에서 춤추다 : 언어, 여자, 장소에 대한 사색』. 이수현 역. 황금가지.

박경환. 2014. 「글로벌 시대 인문지리학에 있어서 행위자-네트워크 이론의 적용 가능성」. 『한국도시지리학회지』 17(1) : 66~69.

박일준. 2021. 「객체지향의 철학 : 초객체와 네트워크 그리고 공생」. 『인문논총』

55:5~30.

박진홍·강민규. 2022. 「사물인터넷 기반 도시데이터 센서를 활용한 서울시 유동인구의 측정 및 입지특성에 관한 기초연구」. 『국토계획』 57(5):40~56.

벤야민, 발터. 2007. 『기술복제시대의 예술작품;사진의 작은 역사 외』. 최성만 역. 길.

쉐드로프, 나단. 2004. 『경험 디자인』. 안그라픽스.

슈타이얼, 히토. 2018. 『스크린의 추방자들』. 김실비 역. 워크룸.

스마트도시정책관. 2021. 『서울의 신대륙, 메타버스 서울 추진 기본계획』. 2023. 04. 17.

스티글러, 베르나르. 2019. 『자동화사회 1 알고리즘 인문학과 노동의 미래』. 김지현·박성우 외 역. 새물결.

안미현. 2021. 「사물 지향 이론들에 관한 고찰과 문학과의 절합 가능성」. 『독일어문학』 92:201~225.

어리, 존. 2014. 『모빌리티』. 강현수·이희상 역. 아카넷.

이광석. 2021. 『피지털 커먼즈:플랫폼 인클로저에 맞서는 기술생태 공통장』. 갈무리.

이성훈·이동우. 2013. 「데이터 처리 프로세스 및 활용」. 『디지털정책연구』 11(4):267~271.

이한구. 2012. 「유토피아에 대한 역사철학적 성찰과 유형화」. 『철학』 110:27~48.

최명애·박범순. 2019. 「인류세 연구와 한국 환경사회학:새로운 질문들」. 『ECO』 23(2):7~41.

크로퍼드, 케이트. 2022. 『AI 지도책:세계의 부와 권력을 재편하는 인공지능의 실체』. 노승영 역. 소소의책.

키틀러, 프리드리히. 2019. 『축음기, 영화, 타자기』. 유현주 역. 문학과지성사.

허욱. 2021. 『디지털적 대상의 존재에 대하여』. 조현준 외 역. 새물결.

홍성욱. 2010. 「7가지 테제로 이해하는 ANT」. 『인간·사물·동맹:행위자네트워크 이론과 테크노사이언스』. 이음. pp. 15~35.

황승구. 2013. 「빅데이터 플랫폼 전략빅데이터가 바꾸는 미래 비지니스 플랫폼 혁명」. 전자신문사.

Barad, Karen. 2003. "Posthumanist Performativity." *Signs:Journal of Women in Culture and Society* 28(3):801~831.

Chakrabarty, D. 2009. "The climate of history:Four theses." *Critical Inquiry* 35:197~222.

Crutzen, P. J. 2022. "Geology of mankind." *Nature* 415:23.

Grosz, Elizabeth. 2002. "A politics of imperceptibility:A response to Anti-racism, multiculturalism and the ethics of identification." *PHILOSOPHY & SOCIAL CRITICISM* 28(4):463~472.

Haraway, Donna. 2004. "The Promises of Monsters." *The Haraway Reader*. Newyork : Routledge. pp.63~124.

Ingold, Thim. 1993. "The Temporality of the Landscape." *World Archaeology* 25(2) : 152~74.

Mol, A. 2015. "Living with omega-3 : new materialism and enduring concerns." *Environment and Planning D : Society and Space* 33 : 4~19.

Parikka, Jussi. 2014. *A Geology of Media*. Minneapolis : University of Minnesota Press.

Sharp, Hasana. 2009. "The Impersonal Is Political : Spinoza and a Feminist Politics of Imperceptibility." *Hypatia* 24(4) : 84~103.

:: 수록 글 출처

기다리는 시간 제거하기 : 자동화된 노동의 가시성, 시간성, 취약성 (채석진)

이 글은 『한국언론정보학보』 제108호(2021년)에 실린 「기다리는 시간 제거하기 : 음식 배달 앱 이동 노동 실천에 관한 연구」의 내용을 기반으로 작성하였다.

매개된 유토피아와 진정성의 탐색 : 귀촌 브이로그를 통해 본 청년의 삶-노동 에토스 (홍남희)

이 글의 초안은 2023년 개최된 서울시립대학교 도시인문학연구소 국내학술대회 〈인류세와 '유토피아', 디지털 폴리스〉에서 발표되었으며 이후 『도시인문학연구』 제15권 제1호(2023년)에 수록되어 수정·보완을 거쳐 이 책에 실었다.

가상 세계 대 '현생', 혹은 다중 세계를 횡단하기 : 〈내언니전지현과 나〉와 유저들의 생존기 (배주연)

이 글은 2022년 3월 25일 열린 〈디지털 폴리스와 도시 정의의 쟁점들〉(주최 : 서울시립대 도시인문학연구소) 학술대회와 2022년 8월 29일 열린 서울국제여성영화제 쟁점 포럼 〈미래완료 — 공정의 현재와 미래적 재구성〉에서 발표된 내용을 바탕으로 작성한 것이다. 두 학술대회와 포럼을 통해 깊이 있는 논의와 피드백을 해 준 모든 토론자와 청중에게 깊은 감사를 드린다.

진보 없는 시대의 유토피아 : 타임루프 장르의 서사학적·기술문화적 맥락과 이데올로기 연구 (유인혁)

이 글은 『대중서사연구』 제29권 제1호(2023년)에 실린 동명의 논문을 수정·보완한 것이다.

인류세 시대의 유스토피아와 사이보그-'되기' : 『지구 끝의 온실』을 중심으로 (이양숙)

이 글은 『도시인문학연구』 제15권 제1호(2023년)에 실린 논문 「인류세 시대의 유스토피아와 사이보그-'되기' : 〈지구 끝의 온실〉을 중심으로」를 수정·보완한 것이다.

중화미래주의, 디지털 유토피아와 테크노 오리엔탈리즘 사이에서 (김태연)

이 글은 2023년 4월 22일에 개최된 서울시립대학교 도시인문학연구소 제18회 국내학술대회 〈인류세와 '유토피아', 디지털 폴리스〉에서 처음 발표되었고, 『현대중국연구』 제25권 제3호(2023년 12월)에 게재된 동명의 논문을 일부 수정·보완한 것이다. 이 논문은 2019년 대한민국 교육부와 한국연구재단의 지원을 받아 수행된 연구이다(NRF-2019S1A5C2A02082683).

디지털 시대의 혐오 : 자아상실의 공포와 상상계적 봉합 (이현재)

이 글은 대한민국 교육부와 한국연구재단의 지원을 받아 수행된 연구(NRF-2022S1A5C2a02093521)로서 숙명인문학연구소 학술지 『횡단인문학』 제12호(2022년 10월)에 게재되었던 것임을 밝혀둔다.

기후 위기 시대의 인공지능 : 한국 SF에 나타난 AI와 기후 위기의 서사 (노대원)

이 글은 2023년 4월 22일에 개최된 서울시립대학교 도시인문학연구소 제18

회 국내학술대회 〈인류세와 '유토피아', 디지털 폴리스〉에서 처음 발표되었고, 『대중서사연구』 제30권 제1호(2024년)에 실린 「인공지능은 기후 위기를 해결할까?: 한국 SF 속의 기후 위기와 AI 서사」를 수정·보완한 것이다.

사물들의 플랫폼으로서의 디지털 폴리스와 블랙박스를 펼치는 사물의 정치 (김은주)
이 글은 『도시인문학연구』 제15권 제1호(2023년)에 실린 논문 「사물들의 플랫폼으로서 디지털 폴리스와 행위자 네트워크 ─ 블랙박스를 펼치는 물의 정치를 향하여」를 수정·보완한 것이다.

김은주 Kim Eun Joo

서울시립대학교 도시인문학연구소 연구교수. 이화여자대학교 철학과에서 들뢰즈와 브라이도티에 관한 연구로 박사 학위를 받았다. 포스트 휴먼의 윤리학과 페미니즘, 시민권의 문제에 관심을 두고 있다.

저서 : 『페미니즘 철학 입문』(2021), 『디지털 포스트 휴먼의 조건』(2021, 공저), 『21세기 사상의 최전선』(2020, 공저), 『여성 – 되기 : 들뢰즈의 행동학과 페미니즘』(2019), 『여성 – 되기 : 들뢰즈의 행동학과 페미니즘』(2019), 『생각하는 여자는 괴물과 함께 잠을 잔다』(2017), 『공간에 대한 사회인문학적 이해』(2017) 등

역서 : 『변신 : 되기의 유물론을 향해』(2020), 『페미니즘을 퀴어링! : 지금 우리에게 필요한 페미니즘 이론, 실천, 행동』(2018, 공역), 『트랜스포지션 : 유목적 윤리학』(2011, 공역)

김태연 Kim Tae Yun

서울시립대학교 중국어문화학과 부교수. 중국 베이징대학에서 중국 현·당대문학 연구로 박사 학위를 받았다. 중국이 사회주의에서 자본주의로 이행하는 과정의 문화적 흐름과 특성을 주요 연구 주제로 삼아 왔다. 최근에는 중국의 도시문화, 대중문화, 그리고 급격한 기술의 발달이 우리의 사고와 행동양식과 어떻게 연관되는지를 탐색하기 위해 기술문화에 관심을 가지고 있다.

저서 : 『도시의 주변인과 재현하는 시선들 : 중국의 '저층서사' 연구』(2016,

공저), 『21세기 중국사회의 문화변동』(2013) 등

역서 : 『아이돌이 된 국가 : 중국의 인터넷문화와 팬덤 민족주의』(2022, 공역), 『이미지와 사회 : 시각문화로 읽는 현대 중국』(2020, 공역)

노대원 Noh Dae-won

제주대학교 국어교육과 및 교육대학원 인공지능융합교육전공 부교수. 서강대학교 국어국문학 박사 학위를 받았다. 문학평론가이자 한국 문학/문화 연구자로, AI 문학 및 AI 교육, SF, 포스트 휴먼 연구, 인류세와 기후 변화 등에 관심을 가지고 연구를 진행하고 있다.

저서 : 『몸의 인지 서사학 : 질병과 치유의 한국 소설』(2023), 『포스트휴먼과 융합』(2023, 공저), 『청소년을 위한 두 글자 인문학』(2023, 공저), 『팬데믹 모빌리티 테크놀로지』(2022, 공저), 『의료문학의 현황과 과제』(2020, 공저)

배주연 Bae Juyeon

영화연구자. 서강대학교 트랜스내셔널인문학연구소 연구교수 및 한국예술종합학교 영상이론과 겸임교원. 대학과 대학원에서 수학, 정치학, 영화이론, 영화사, 문화영상미디어학을 공부하였다. 현재는 영화를 비롯한 다양한 매체가 기억의 문제를 다루는 방식에 관해 연구하며, 아시아영화들이 표상하는 국가 폭력과 식민의 기억, 포스트메모리와 젠더, 기억의 정치 등에 관한 글을 쓰고 있다.

저서 : *Competing Memories of the Gwangju Uprising and Democratization in Post-Cold War Korea*(근간, 편저), 『자유로운 개인들의 연합을 향하여』(2022, 공저), 『연구자의 탄생』(2022, 공저), *Korean Screen Cultures : Interrogating Cinema, TV, Music and Online Games*(2016, 공저), 『단편영화를 말하다』(2009, 편저)

유인혁 Yu Inhyeok

전주대학교 한국어문학창작학부 조교수. 동국대학교 국어국문학과에서 박사 학위를 받았다. 한국 근대문학에서 웹소설에 이르는 다양한 서사 형식에 나타난 공간적 실천 양상을 분석하고 있다. 주요 논문으로 「한국 웹소설은 네트워크화된 개인을 어떻게 재현하는가?」(2020), 「노동은 어떻게 놀이가 됐는가?: 한국 MMORPG와 게임 판타지 장르소설에 나타난 자기계발의 주체」(2019), 「한국 근대문학의 용산 — 식민지시기 조선인의 용산 경험과 탈식민적 심상지리의 구축」(2019) 등이 있다.

저서: 『디지털 포스트휴먼의 조건』(2021, 공저)

이양숙 Lee Yangsook

서울시립대학교 융합전공학부 교수. 서울대학교 국어국문학과에서 최재서 문학비평 연구로 박사 학위를 받았다. 현대소설과 도시미학, 디지털 도시 문명과 도시공동체, 도시인의 감정과 친밀관계 등을 연구하고 있다.

저서: 『디지털 포스트휴먼의 조건』(2021, 공저), 『한국 근대문학과 동아시아 2: 중국』(2018, 공저), 『임화문학연구 5』(2016, 공저), 『현대소설과 글로벌폴리스』(2016), 『서울의 인문학: 도시를 읽는 12가지 시선』(2016, 편저), 『1930~40년대 경성의 도시체험과 도시문제』(2016, 공저) 등

이현재 Lee Hyun Jae

서울시립대학교 도시인문학연구소 교수. 프랑크푸르트 괴테 대학에서 여성철학과 사회철학을 전공하여 철학 박사 학위를 받았다. 최근에는 도시화 및 지구화와 더불어 새롭게 나타나는 성적 실천 및 성규범을 분석하는 데 초점을 맞추며 몸, 섹슈얼리티, 젠더 등을 신유물론의 관점에서 재구성하는 일에 관심을 기울이고 있다.

저서 및 논문: 『디지털 포스트휴먼의 조건』(2021, 공저), 『여성혐오, 그 후:

우리가 만난 비체들』(2016), 『공간에 대한 철학적 이해』(2016, 공저), 「디지털 도시화와 탈/재물질화 : 하비의 '관계적 공간'과 버라드의 '신유물론'을 중심으로」(2024) 등

역서 : 『포스트휴먼 페미니즘 – 더 나은 미래를 위한 변혁의 힘』(2024, 공역), 『포스트메트로폴리스 2』(2019, 공역), 『불평등과 모욕을 넘어 – 낸시 프레이저의 비판적 정의론과 논쟁들』(2017, 공역) 등

채석진 Chae Suk Jin

조선대학교 미디어커뮤니케이션학과 조교수. 영국 서섹스대학에서 삶의 취약성과 디지털 미디어 사용의 관계에 관한 인류학적 연구로 박사학위를 받았고, 이후에도 지속적으로 미디어인류학적인 방법으로 디지털 미디어 확산 속에서 구성되는 새로운 양식의 삶, 노동, 정치를 연구해 왔다.

저서 : 『문턱의 청년들』(2021, 공저), 『디지털 미디어와 페미니즘』(2018, 편저), 『다양성의 시대, 환대를 말하다』(2018, 공저), 『한국 사회 미디어와 소수자 문화 정치』(2011, 공저), 『글로벌 시대 미디어 문화와 다양성』(2006, 공저)

홍남희 Hong Namhee

서울시립대학교 도시인문학연구소 연구교수. 미디어 연구자로 디지털 미디어와 기술문화, 디지털 저널리즘, 젠더 연구를 하고 있다.

저서 : 『디지털 문해력 이해와 실천』(2023, 공저), 『편향된 기술문화는 어떻게 작동해 왔는가』(2023, 공저), 『디지털 미디어 소비와 젠더』(2022, 공저), 『디지털 포스트휴먼의 조건』(2021, 공저), 『AI와 더불어 살기』(2020, 공저), 『SNS 검열』(2019)